本书为国家自然科学基金资助项目，项目名为：创新制度环境
对员工创造力的跨层次作用机制研究（基金号：71872084）

城市硅巷
运行机制研究
——以秦淮硅巷为例

蒋春燕 黄 庆 常 淼 著

南京大学出版社

图书在版编目(CIP)数据

城市硅巷运行机制研究 ：以秦淮硅巷为例 / 蒋春燕，黄庆，常淼著. — 南京 ：南京大学出版社，2022.5
ISBN 978 - 7 - 305 - 25628 - 8

Ⅰ．①城… Ⅱ．①蒋… ②黄… ③常… Ⅲ．①高技术产业－经济开发区－研究－南京 Ⅳ．①F127.534

中国版本图书馆 CIP 数据核字(2022)第 065295 号

出版发行　南京大学出版社
社　　址　南京市汉口路 22 号　　　　　邮　编　210093
出 版 人　金鑫荣
书　　名　**城市硅巷运行机制研究——以秦淮硅巷为例**
著　　者　蒋春燕　黄　庆　常　淼
责任编辑　张婧妤
照　　排　南京南琳图文制作有限公司
印　　刷　江苏凤凰数码印务有限公司
开　　本　787×1092　1/16　印张 16　字数 250 千
版　　次　2022 年 5 月第 1 版　2022 年 5 月第 1 次印刷
ISBN 978 - 7 - 305 - 25628 - 8
定　　价　58.00 元

网址：http://www.njupco.com
官方微博：http://weibo.com/njupco
官方微信号：njupress
销售咨询热线：(025) 83594756

推荐序

"更高质量、更有效率、更加公平、更可持续"是新时代发展的新目标新要求。近些年来,南京抢抓"共同富裕"、"数字经济"、加快推进长三角一体化发展等国家战略的叠加机遇,积极打造"创新名城",聚合全球创新资源,不断释放改革红利,持续优化营商环境,显著提升了经济发展质量,现已成为长三角城市群的重要增长极。2019 年南京新时代中国特色社会主义发展研究院从南京经济社会发展的实际出发,通过招投标立项了 5 个课题,分别聚焦于城市硅巷、科技创新和合作、文化品牌打造、基层党组织组织力和紫东地区区域协同发展机制等问题,其中城市硅巷是两个重点课题之一。秦淮区作为最早提出并实践城市硅巷的南京主城区,已有较好的城市硅巷建设基础。但随着科技进步和数字经济的加快发展,秦淮区城市硅巷在发展过程中还面临着一些新的困难和问题,特别是关于硅巷的运行机制问题尤其需要加以研究和解决。在此背景下,由秦淮区区委主要领导亲自挂帅,南京大学商学院、南京航空航天大学和秦淮区相关部门共同参与,联合申请并完成了这一重点课题的研究,最终成果获得评审专家组"优秀"等级鉴定。在此基础上,课题组撰写了《城市硅巷运行机制研究—以秦淮硅巷为例》一书,即将出版。

　　该著以习近平总书记关于创新发展的重要论述为指引，以秦淮硅巷为例，结合全球创业观察 GEM 模型、新制度经济学和产业组织理论分析了城市硅巷的功能特征，通过对相关政府部门、硅巷区域院校和企业发放近千份调查问卷，获得了大量的一手资料和数据，同时组织召开了多场专题座谈会，广泛征询各方面意见和建议，"以一粒沙里见世界"的维度，透视南京城市硅巷建设的现状、举措和未来动向，总结实践经验，展示发展成绩，寻找问题症结，探求破解之道。

　　该著在理论上丰富了国际创业学和新制度主义的"情境化"研究，从制度、产业和企业三个层次分析了城市硅巷的运行机制，发展了公司创业的中国情境化理论；在实践上，为南京市各城市硅巷的管理者和参与者提供了许多可操作性的建议，认为未来的城市硅巷建设应从运行机制的完善入手，充分发挥各类创新主体的能动性，以实现城市硅巷更高质量的可持续发展。

　　南京大学商学院蒋春燕教授是我指导的 2001 届硕士研究生，毕业后我推荐她到香港中文大学工商管理学院攻读博士学位，博士毕业后又回到母校南京大学商学院任教。她与秦淮区合作的缘分源于 2016 年秦淮区政府和南京大学商学院合作培养干部的秦淮领导力强化班，被秦淮区的学生亲切地称为"情怀教授"。因为有了这群特殊的学生，她一直关注秦淮的发展，深入基层社区，培养了一批有理想、有情怀、有责任、有担当、有作为的干部，现在这些学生都已经在建设"强富美高新"秦淮的一线发挥着重要的作用。我希望这本书的出版可以作为她把论文写在祖国大地上的一个新起点、新实践。也希望她作为商学院年轻一代中最早的留学归国人员之一，牢记习总书记在南大百廿校庆上给留学归国人员回信中的谆谆教导：心系"国家事"，肩扛"国家责"，以报效国家、服务人民为自觉追求，在坚持立德树人、推动科技自立自强上再创佳绩，在坚定文化自信、讲好中国故事上争做表率，为全面建设社会主义现代化国家、实现中国民族伟大复兴的中国梦积极贡献智慧和力量。

作为她的导师，我为本书的出版感到欣慰。受作者之邀，特此作序！

南京大学人文社会科学资深教授、

商学院名誉院长、行知书院院长、博士研究生导师

赵曙明博士

2022 年 7 月 15 日

于南京大学商学院

目　录

第一章 导 论

第一节 研究背景与问题提出

对广大新兴市场国家和发展中国家而言,这个世界既充满机遇,也存在挑战。未来 10 年,将是世界经济新旧动能转换的关键 10 年,在新一轮科技革命和产业变革大潮中,中国和其他新兴经济体国家应当坚持创新引领,把握发展机遇。创新是引领发展的第一动力,是建设现代化经济体系的战略支撑。近年来,"大众创业、万众创新"持续向更大范围、更高层次和更深程度推进,创新创业与经济社会发展深度融合,对推动新旧动能转换和经济结构升级、扩大就业和改善民生、实现机会公平和社会纵向流动发挥了重要作用,为促进经济增长提供了有力支撑。当前,我国经济已由高速增长阶段转向高质量发展阶段,对推动大众创业、万众创新提出了新的更高要求。

我国创新创业环境持续改善,创新创业政策体系不断完善,营商环境不断优化。在创新创业的主体和平台方面,120 家"双创"示范基地逐渐成为区域创新高地,众创空间数量超过 6900 家,科技企业孵化器超过 4800 家,国家电网等一批大企业发挥龙头带动作用,不断促进着大中小企业的融通发展。在创新创业的社会氛围方面,"双创"活动周、"创响中国"等活动成功举办,各类创新创业大赛遍布全国,创新创业理念日益深入人心,取得显著成效。在创新创业的成果方面,创新的科技含量更加凸显,创业所带动的就业活力不断显现,创新创业创造已经成为推动经济转型升级的重要力量和促进就业的重要支撑。伴随社会、经济、文化的发展,科技创新在产业发展、社会进步中的推动作用显得格外强劲,创新型企业在当前城市发展中的影响也得到极大提升,创新创业俨然成为城市竞争的核心竞争力。

与此同时,世界各国的城市发展都面临着一个共同的难题:老城区的衰退。老城区的衰退是指在老城区的发展过程中表现出的经济、政治、文化、社会等方面的停滞、倒退、发展速度的减缓,或在与其他城区的比较中地位下降等(陈玉光,2010)。老城区发展空间逼窄,土地价格高昂,交通、供电、供水等压力大,其他基础设施落后,老企业改造成本巨大,此类问题成为制约老城区吸引投资的因素。除此之外,科技的发展打破了城区之间原有的优劣势格局,给新城区发展带来新机遇。因此,早期创新型企业,特别是科技类企业的空间集聚区位以城市边缘区甚至远郊区为主,如美国硅谷、波士顿 128 公路和我国台湾地区的新竹等(邓智团,2015)。具有一定历史人文性质的老城区则面临着早期简单扩建和翻新带来的产业与空间错配、文化传承缺失以及社会活力衰退等问题。

在城市发展动力依靠资本与创新双引擎的背景下,城市规模扩张受到限制,城市发展不能继续沿用传统扩张模式,城市更新成为城市发展的新增长点,城市的发展与更新不仅要有解决老城复兴的初始动力——文化复兴,更要有承担起城市税收的关键命题——科技创新。同时,信息与互联网技术的广泛应用逐渐改变着创新型企业的传统空间区位,为"以商业和商务办公推动中心城区更新"的传统路径带来变革契机。以科技创新为代表的创新型企业在中心城区呈现出集聚的新趋势,如以纽约硅巷和伦敦肖迪奇为代表。中心城市转型、老城复兴、旧城改造等开始成为城市发展的焦点,应当顺应社会进步潮流,从人文底蕴、社会生活、产业活力和城市配套等方面进行综合性的提升与发展。

西方国家在科技创新赋能城市复兴方面的实践起步较早,在旧城更新中有着不少成功案例,比如纽约硅巷。纽约作为一个快速成长的高科技枢纽,在短短十年间成为能与硅谷匹敌的美国第二大科创高地。与硅谷的郊区科技园不同,纽约的科创产业聚集在中心城区,短短十年间,硅巷的辐射范围从曼哈顿下城的熨斗大楼一直到SOHO区和特里贝卡区附近,该区域迅速发展成为能与加利福尼亚的硅谷并驾齐驱的科创高地,被视作计算机时代的新起点(何乐,2019)。而到了千禧之交,硅巷的互联网投资公司实现了数十亿美元的年收入,受到城市规划学界与政策制定者们的广泛关注。经过20多年的发展,纽约硅巷聚集了越来越多的高科技初创企业,早已在金融危机中弯道超车领先于硅谷,并助力纽约成为世界"创业之都"(邓智团,2017)。在这样的发展背景下,学术界中关于纽约硅巷模式的讨论也日益活跃,但已有的文献大多是对硅巷模式的描述性说明或宣传性报道,缺少系统、深入的研究(姜琴、陆红姝,2019)。

2018年以来,南京市认真贯彻习近平新时代中国特色社会主义思想,落实江苏省委推进"两聚一高"新实践、加快建设"强富美高"新江苏的要求,实施创新驱动"121"战略、推动高质量发展的部署,培育和集聚一批名校名所名企名家名园区,打造综合性科学中心和科技产业创新中心,构建一流创新生态体系,全面启动具有全球影响力的创新名城建设,全力打造"创新名城、美丽古都"建设、推动南京高质量发展。在这一过程中,南京市坚持把"做优做强创新载体"放在突出位置,2019年,南京聚焦打造创新名城建设,升级版出台市委一号文件,明确提出重点实施"六大计划",将城市硅巷建设作为一号文件"创新载体升级计划"的重要举措,推动创新载体与高校院所、城市空间的有效融合。近期出台的《南京市硅巷建设工作方案》提出,构建"一环三区四轴多点"的硅巷发展布局,以明城墙为环,以玄武、秦淮、鼓楼三区为核心,重点打造四条轴线,利用高校院所闲置载体打造城市硅巷。围绕硅巷建设的"四条原则"和"五个要素",南京主城三区齐头并进,探索中心城区创新发展模式,推动人才、技术、资本、信息等各项要素聚变融合、裂变创新。建设城市硅巷,有力支撑了创新名城建设的良好起势,是创新载体提档升级的重要举措,也是主城转型发展的有效路径。

南京市秦淮、鼓楼、玄武三个中心城区探索建设城市硅巷,推动创新载体与高校院所、城市空间的有效融合。其中,鼓楼区硅巷致力构建"一圈两轴多点"格局;玄武区以大设计、数字经济、金融服务为产业引导,建设"一轴、两翼、'非字'型街巷"的空间布局;秦淮区构建4.4平方千米"一城一谷,一带一片"的秦淮硅巷空间格局,集聚了南京航空航天大学、金城集团、55所、8511所、5311厂等一批大学大院大所大企,打破院墙隔阂,构建"无边界"园区,赋能"老破旧"载体,激发区域创新活力;突出平台搭建,高效率推动成果转化,坚持党建引领,持续优化创新生态,努力让老城焕发新活力、产业回到城墙内,探索形成了一条推动老城创新发展的有效路径。

但是,目前国内外关于建设城市硅巷的研究仍然处于发展阶段。对我国政策制定者和学术研究者而言,如何建设城市硅巷更是一个全新的课题。城市硅巷定位哪些功能特征? 什么样的投融资模式分别适合这些功能特征定位? 应该确定怎样的运营管理机制以匹配不同的投融资模式? 国外的相关实践和研究是否适合中国? 这些越来越成为理论和实践工作者以及政策制定者迫切需要解决的关键问题。本书拟以习近平总书记关于创新发展的重要论述为指引,将秦淮硅巷作为研究对象,基于全球创业观察(Global Entrepreneurship Monitor,GEM)模型以及创业制度环境和事件系统理论,从城市硅巷的功能特征、投融资模式、运行机制及发展对策建议四个方面研究南京创新名城建设中如何发展城市硅巷经济,并进行一系列实证研究。

第二节　研究目的和意义

一、研究目的

党的十八届五中全会通过的《中共中央关于制定国民经济和社会发展第十三个五年规划的建议》根据全面建成小康社会决胜阶段面临的新形势新任务,着眼于破解发展难题、增强发展动力、厚植发展优势,提出必须牢固树立创新、协调、绿色、开放、共享的发展理念,指出坚持创新发展、协调发展、绿色发展、开放发展、共享发展是关系我国发展全局的一场深刻变革。

《江苏省国民经济和社会发展第十三个五年规划纲要》指出,"十三五"时期,必须认真贯彻落实好中央提出的"六个坚持"原则,结合江苏实际,重点把握好五个方面:以习近平总书记视察江苏重要讲话精神为总领,协调推进"四个全面"战略布局,全面贯彻落实五大发展理念,主动适应和积极引领经济发展新常态,把增进人民福祉、促进人的全面发展作为出发点和落脚点。根据五大发展理念和发展阶段的新变化新任务新要求,在保持发展战略连续性、稳定性的基础上,与时俱进丰富完善发展战略,深化拓展战略内涵,努力实现更高质量、更有效率、更加公平、更可持续的发展。

"十三五"时期,南京发展既处于可以大有作为的重要战略机遇期,也面临诸多矛盾叠加、风险隐患增多的严峻挑战。"一带一路"倡议、长江经济带建设、长三角区域发展一体化等国家重大战略的实施,为南京提供了全新的时代机遇。国家级江北新区、苏南现代化建设示范区、苏南国家自主创新示范区的建设,为南京开辟了更大发展空间。同时,南京发展也面临一些突出问题和严峻挑战,主要是:产业结构仍然偏重,新增长点支撑能力不足,创新驱动发展动力还不够强,经济风险隐患有所凸显;居民收入增长和经济发展水平不够同步,城乡居民收入差距较大,人口老龄化形势严峻,民生保障压力依然较大;市民文明素质和社会文明程度有待提高;资源约束趋紧,生态环境质量尚未根本好转;制约发展的体制机制障碍仍然存在,国际化、市场化、法治化的营商环境亟待完善。

秦淮区是老南京的核心区,寸土寸金,开发建设空间极其有限。为推动这一区域的科技创新、激发老城城市活力,秦淮区利用该区域丰富的大院大所大企资源,通过改造老厂房、盘活老校区等,规划建设总面积约4.4平方千米的秦淮硅巷。秦淮硅巷区域处于主城秦淮区划中心,集聚南京航空航天大学、55所、8511所、金城集团、5311厂等一批大院大所大企,汇聚中航科技城、南工院金蝶大学科技园、紫荆科技园等一批产业园区。这里人才优势显著,创新资源丰富,空间优势突出。

目前,关于城市硅巷建设的研究较少,实证研究更是寥寥无几。本研究通过整合全球创业观察(GEM)模型、创业制度环境和事件系统理论分析秦淮硅巷的功能特征及相应的投融资模式;通过对当前投融资模式下的硅巷运行机制进行全面的调查研究,着重分析秦淮硅巷的建设运行现状,并且为未来的研究指明方向——未来的硅巷建设研究应该从单一层面的企业资源和绩效的直接关系模型转变到跨层次的资源、环境交互对创新主体的作用机制上,如制度和产业环境以及多层次影响因素的交互作用。实践上,本研究旨在为广大的老城区企业管理实践人员和政策制定者如何在制度、产业和企业层面上培育有利于公司创业的环境提供借鉴意义,促进硅巷企业开展创业活动,从而获得持续竞争优势。

二、研究意义

本研究从不同的层次与方面研究城市硅巷建设,具有重大的理论意义,基于全球创业观察(GEM)模型、创业制度环境和事件系统理论,运用生态系统思维,从全球、国家和地区层次进行跨层次的理论分析,根据硅巷的功能特征,有针对性地探索了相应的投融资模式以及运行机制,大大促进了城市硅巷和创新创业领域等相关理论的发展,具有很强的科学意义和创新性。例如,基于制度理论,本研究认为在创新创业的背景下,城市硅巷企业的战略活动和绩效势必受到所在区域经济、政治和社会制度(制度发展水平)的影响。具体而言包括以下几个方面。

1. 硅巷运营模式对我国政策制定者和学术界都是新的课题,这一领域在国际上也属于全新方向。本研究基于全球创业观察(GEM)模型及相关理论进行分析,突破了当前城市硅巷研究中"欠缺系统性和理论性"的局限,将城市硅巷视为创新空间载体,分析了硅巷内企业公司创业在制度、产业和企业多层次的作用机制,并运用跨层次的视角,从全球、国家和地区层次构建了一个"政府引导、平台支撑、市场化运作"的跨层次理论模型。

2. 本研究从制度环境视角分析创业环境对公司创业的影响,丰富了创业制度环境的相关研究。创业制度环境根据制度的要素来进行分类,主要有规制制度(regulative system)、规范制度(normative system)以及认知制度(cognitive system)。本课题把 Kostoa 和 Busenitz 等人的国家创业制度环境模型修改为适合南京市秦淮硅巷的情境,并对南京市秦淮硅巷进行了调查,了解其制度环境的状况,推动鼓励南京秦淮硅巷内企业进行公司创业。

3. 本研究基于事件系统理论对城市硅巷建设展开研究。事件系统理论目前主要被应用于个体、团队及组织层面的研究。例如Zellmer-Bruhn(2003)探究了突发事件的出现对团队知识吸收能力的影响,Koopmann 等(2016)对员工在工作中的事件与其幸福感之间的关系进行了研究。在本研究中,将秦淮硅巷建设作为一个重要事件,调查该事件对政府、企业等不同对象产生的影响强度,探讨作为事件倡导者与实施者的政府应如何提高企业对建设秦淮硅巷事件的关键性感知,进而促进其角色从"被动的承受者"向"主动的改变者"转变,激发企业创新活力。

4. 本研究将定性与定量相结合。目前的研究较多使用演绎和归纳推理的方法。对于"制度环境与行为主体联动"的建设模式以及投融资模式、运行机制采用定性研究。对于城市硅巷投融资效益的评价以及硅巷区域内创新主体的创新创业绩效,采用了 AHP 层次分析法等计量经济模型分析方法、层次分析法等。两种研究方法相得益彰、优势互补。具体地,通过访谈,深入细致地了解城市硅巷的制度、产业层次的因素如何影响硅巷内各载体的创新创业;通过二手数据,客观地反映当前我国城市硅巷制度和产业环境的一些基本特征;通过大规模的问卷调查,运用探索式和验证式因子分析、层级回归、方差分析和结构方程模型等高级统计方法处理数据,横向描述现阶段我国城市硅巷区域的制度环境、产业动态和公司创新创业以及其他一些描述性特征的总体现状。

另外,本研究也给我国企业管理人员与政策制定者提供了一些重要的信息:企业所面临的发展环境越来越多元,使企业管理者很难准确判断未来趋势以进行决策,但是同时催生了大量的商业机会,为企业创新与变革提供广阔机遇。要想有效抓住机遇、抵制威胁并适应环境的变化,企业内部必须进行创新变革。因此,一方面,企业高层管理者必须从战略、组织结构、人力资源管理等各方面整合资源,积极变革;另一方面,城市硅巷作为创新资源载体,必须以多种形式鼓励企业的公司创业活动,从政治、经济和社会制度等各方面打造有利于园区内企业发展的制度环境,并结合自身发展特点,合理进行产业结构布局,打造产业集聚优势,促进企业的公司创业活动。将城市硅巷的竞争优势建立在企业的公司创业能力上,摆脱仅依靠优惠政策和低廉租金吸引投资的状况,具体而言包括以下几个方面。

1. 城市硅巷内产业持续发展的本质在于园区内企业的持续创业,公司创业是带动产业发展的根本性力量。因此,园区内企业必须大力促进公司创业,在创新创业的主导意识下,以建立国际竞争力为战略制高点,充分利用自身内外部资源进行创新创业活动,加强与高校院所等研究机构合作,形成具备自主知识产权的升级产品,加快进行自主品牌建设。

2. 城市硅巷内产业集聚所产生的知识溢出效应、创新资源的可获得性是企业进行公司创业的重要影响因素。政策制定者既要注重突出利用园区内部的要素禀赋,又要注重园区内企业间的相互影响。秦淮硅巷确定以芯片应用为引领,以航空航天技术研发为主导,以军民融合为特色,以物联网产业发展为重点,不断完善产业链,加快实现集聚集群,建设成为具有国际影响力、国内领先的政产学研金高度联动发展区、军民融合特色产业集聚区、科技成果转化引领辐射示范区。

3. 城市硅巷内企业的创业制度环境、制度支持等环境因素对公司创业发挥着不可或缺的作用。所谓制度支持,是指政府部门以及行政监管机构对企业提供的各种政策支持,包括资金、信息、技术、许可证以及经营自主权等诸多形式。在我国创业创新的时代背景下,良好的外部制度环境能够帮助企业获得竞争优势,使创业能力较强的企业创业激情高涨,从而加快创业成果产出。为此,要加快制度创新的步伐,塑造有利于公司创业的区域创新体系,提高我国自主创新能力,为硅巷发展提供强大动力,例如,加快推进有利于公司创业活动开展的区域内政治、经济与社会制度建设等。

第三节　研究情境:秦淮硅巷

20 世纪 90 年代,美国纽约城区连接中城与曼哈顿下城的小巷附近出现了一个没有固定边界的虚拟科技园区——硅巷(姜琴、陆红姝,2019)。研究者们认识到城市硅巷可以作为激活老城区资源和促进创新创业的有效方式,用来提高城市的竞争地位,改变城市的发展面貌并实现持续成长。1999 年 Heydebrand 做出了名为《多媒体网络、全球化与创新战略:以硅巷为例》的报告,从社会学角度描述了硅巷的结构和动态,将"纽约硅巷"作为先进的制造业、服务业以及通信技术领域的发展高地。时至今日,"纽约硅巷"已吸引众多高科技企业,形成诸多科创圈,超越波士顿成为美国第二大科技重镇,这种更具生命力的新经济模式为其他国家城市更新提供了借鉴。

在国内,各大城市也开始竞相打造独具地域特色的硅巷空间。2016 年,上海虹口区成为国内首个硅巷试验田,通过一些老厂房改造以及现有写字楼、棚户区改造释放出来的空间,嵌入式地在大街小巷容纳创新创业者,打造无边界的科技园区。2017 年,广州天河区将广氮-奥体片区纳入天河智慧城范围,该片区紧紧围绕"公园里的园区,园区里的公园"的核心理念,通过优化用地布局和规划指标,减少居住用地,增加产业(科研、商业)用地规模。同时,进一步优化道路系统与交通设施,增加配套公共服务设施,着力打造"广州硅巷·公园智谷"。同年,西安莲湖区倍格硅巷开业,目前已形成以办公空间人群为主、围绕大型企业分部构建服务产业链的小型生态圈。未来,倍格硅巷联合宏府集团计划建立生态集群,全力扩张、落地硅巷"创业+商业+公寓"三位一体的新空间综合体。这一规划已经完全突破了业内对于"众创空间"的认识,进化到复合业态、街区运营这一国内领先的水平。

2018 年以来,南京市秦淮、鼓楼、玄武三个中心城区探索建设城市硅巷,推动创新载体与高校院所、城市空间的有效融合。其中,鼓楼区硅巷致力构建"一圈两轴多点"格局,形成以北京西路为核心轴的环南大知识经济圈、虎踞路"文创产业轴"、模范马路"研发产业轴"和以 14 所 453 地块、南京工业大学、南京中医药大学等核心点位为支撑的多点科创社区。玄武区将首个硅巷目标锁定珠江路,以大设计、数字经济、金融服务为产业引导,建设"一轴、两翼、'非字'型街巷"的空间布局,按照政府引导、市场主导、校地融合的思路,最大限度激发街区活力,建设具有创新、创业、文化、社区四项功能的城市硅巷。在此基础上,放大珠江路的辐射效应,形成以徐庄高新区为龙头、各分园为骨干,互为支撑、错位发展的全域创新格局,推动"1＋N"都市型高新园区和环高校知识圈建设。

2018 年 9 月,秦淮区携手南京航空航天大学、55 所、金城集团等大院大所大企,启航城市硅巷建设,赋能寻常巷陌,打破院墙隔阂,构建起 4.4 平方千米"一城一谷,一带一片"的秦淮硅巷空间格局。作为全省面积最小的城区,秦淮区地处南京老城核心区,人口集中、建筑密集,城市拓展、开发、建设空间极其有限。如何推动老城转型发展、让城区和谐宜居更美好,一直是秦淮区思考探索、谋求突破的重要课题。近年来,秦淮区紧扣省委、市委关于科技创新决策部署,通过远学纽约、波士顿,近学北上广深,遵循"创新不仅在园区、更在城市社区"的理念,率先启航城市硅巷建设,努力让老城焕发新活力、产业回到城墙内,探索形成了一条推动老城创新发展的有效路径。

打破院墙隔阂,构建"无边界"园区。秦淮区东部区域创新资源丰富、人才优势明显,在以中山东路、龙蟠中路、月牙湖和秦淮河为围合的范围内,集聚了南京航空航天大学、金城集团、55 所、8511 所、5311 厂等一批大学大院大所大企,拥有院士及双聘院士 9 人,高级专家 2000 多人,青年知识分子 4 万余人。但高校、大院、大所、大企之间的互动交流不足,存在资源割裂、力量分散、相互掣肘的现象。面对这一现实,秦淮区结合"对标找差、创新实干、推动高质量发展"工作,广泛学习借鉴先进地区经验做法,积极向专家学者问道,并通过与辖区内高校院所企业反复沟通协商,谋划形成了秦淮硅巷发展的任务书、时间表和路线图。在功能布局上,聚焦中山东路、龙蟠中路、月牙湖和秦淮河围合的区域,以中航科技城整体提升为先导,以中电芯谷等项目为带动,构建军民融合产业发展带,同步将门西 A、B 地块纳入建设范围,进一步彰显"文化＋科技"资源优势,构建形成总面积约 4.4 平方千米的"一城一谷，一带一片"空间格局（见图 1-1）。在总体目标上，坚持"跳一跳才能够得着"理念，通过 2～3 年的努力，落地运行 20 家新型研发机构，培育集聚 100 家高新技术企业，成为具有国际影响力、国内领先的政产学研金高度联动发展区、军民融合特色产业集聚区、科技成果转化引领辐射示范区。在实现路径上，坚持"政府引导、平台支撑、市场化运作"理念，围绕促进科技创新的总方向，推动高校、院所、企业、市场、政府多方联动、共同发力，推动资源共享、互通有无，从而带动形成区域发展的"飞轮效应"。

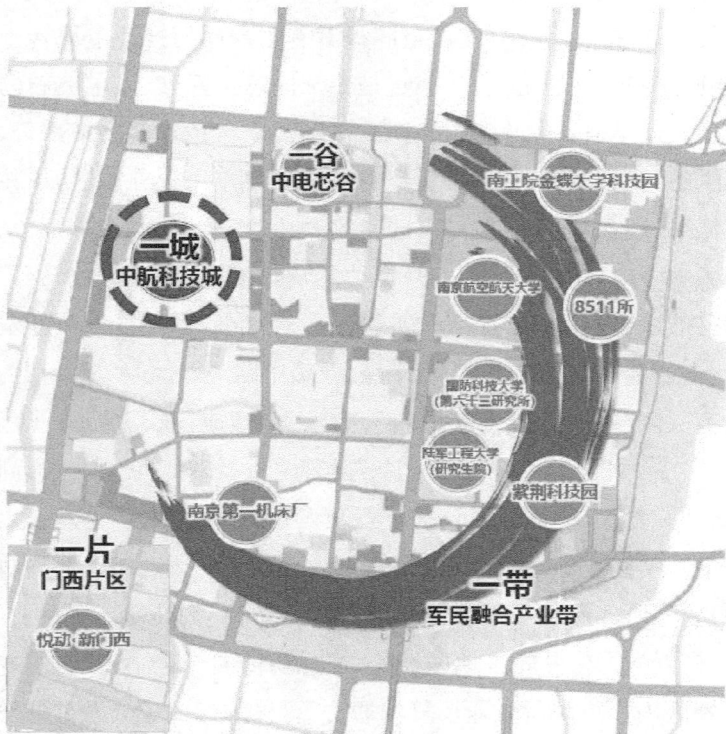

图 1-1　秦淮硅巷空间格局图

赋能"老破旧"载体，激发区域创新活力。秦淮硅巷区域是典型的中心老城区，人口结构相对老龄化、社区活力不足，一定程度上面临产业空心化、科教资源外流等问题。秦淮区坚持把解决产业"空心化"问题作为秦淮硅巷建设的重要内容,全力以赴推进落实。一是发挥资源比较优势,明确主导产业方向。秦淮区通过对区域创新资源的摸排梳理,经过细化研究和反复论证,明确秦淮硅巷产业发展以芯片应用为引领,以航空航天技术研发为主导,以军民融合为特色,以物联网产业发展为重点,不断完善产业链,加快实现集聚集群。二是做优存量空间,让"老树发新芽"。秦淮区建设城市硅巷并非"平地起高楼",而是重在整合利用分散在高校院所周边的老旧楼宇、厂房园区,推动存量空间释放增量价值。重点是提档升级南工院金蝶大学科技园、中山坊、创意东八区等现有园区,利用"老厂房+"模式,对55 所现有办公区域、第一机床厂、5311 厂、门西片区等现有载体,集中实施改造建设,释放出新的创新空间。同时,进一步挖潜资源,快速推进中电芯谷、中航科技城、紫荆科技园等在建项目建设,改造建设形成精品产业载体。目前,硅巷创新广场、航空发展大厦、55 所产业孵化基地等项目快速推进,建设盘活科创载体 18 万平方米,2019年增加 20.7 万平方米,未来三年将形成载体面积 137 万平方米,逐渐形成"新建、提升、储备"的创新载体梯次供给模式。三是完善配套功能,提升城市品质。以城市有机更新为路径,在保留街区风貌的同时融入文化表达与现代元素。一方面,大力推进水环境整治。在高水平完成月牙湖整治提升的基础上,重点打造东西玉带河、明御河以及明城墙沿线三条景观风光带,以水质的提升带动环境品质的整体改善。另一方面,逐步推动街巷整治。以强化功能性建设为重点,通过城市精细化建设管理、"微改造"、"微更新",实施瑞金路、大光路等一批道路、街巷和老旧小区整治工程,高水平完善区域市政设施和交通路网配套。

突出平台搭建,高效率推动成果转化。秦淮区以"两落地一融合"为主抓手,不断深化校院企地融合发展,坚持市场化思维,借助第三方力量,努力把高水平的创投基金、人才团队、科技服务机构集聚过来，最大限度调动各方积极性，全力打造特而精、专而新的创新"强磁场"。第一，实施"就地取材"。秦淮硅巷范围内目前拥有国家级重点实验室6个、航空航天领域的国家级重点学科11个，雷达、光电、电子对抗等军民融合技术检测及研发平台体系相对比较完善。以此为依托，秦淮区加快与区域内大学大院大所大企的战略合作和深度融合，建立秦淮科技智库，形成校院企地人才交流互通机制，先后与南京航空航天大学、中电科55所等单位共建南京智航技术研究院、南京中电芯谷高频器件产业技术研究院等新型研发机构9家，注册资金2.3亿元的中航金城无人系统有限公司已成功落户。第二，做强中介机构。以市场化方式引入海创岛、中关村天合科技成果转化中心、中关村科创高新技术转移促进会南京中心等专业机构，吸引5G物联网产业投资基金与基础设施投资基金、江苏星轩创业投资基金、南京华能华延股权投资基金3个基金项目，得到了交通银行、南京银行等6家银行300亿元金融授信，并成功与兴业证券江苏分公司、中国中投证券江苏分公司达成战略合作。第三，借力"柔性引才"。结合"生根出访"等活动，建立芬兰、瑞典等海外创新联络站，与日中产学交流推进协会共建海外协同创新中心，成功与斯坦福mediaX中心就城市硅巷的创新系统研究达成了合作意向。同时，创新引人、用人、育人长效机制，继续尝试与北京、上海、广州、深圳等地企业建立人才合用模式，让更多创新要素为秦淮所用。先后孵化和引进中国联通物联网全国总部、IBM认知物联网联合创新中心等重量级创新企业约50家，2019年底引进孵化科技企业200家。

坚持党建引领，持续优化创新生态。秦淮区注重把党的政治优势和组织优势转化为硅巷发展优势，始终把党的领导贯穿于秦淮硅巷的规划、建设全过程，让秦淮硅巷党组织成为凝聚硅巷建设共识的"主心骨"，让党员干部成为促推硅巷建设的"领头羊"，让社会力量成为参与硅巷建设的"生力军"，推动各类创新主体紧密联系、各类创新要素顺畅流动。一是强化组织推进。会同南京航空航天大学、中电科 55 所、8511 所、金城集团、5311 厂等单位,成立秦淮硅巷党建联盟,共同推进党建资源开放共享,着力打造区域化党建品牌;组建秦淮硅巷工作推进委员会,明确各自职责分工,形成战略合作,定期研究商讨秦淮硅巷建设过程中的问题。二是打造品牌活动。按照"形成有影响的活动品牌"的目标,进一步聚焦物联网、军民融合等特色产业,积极借力高校的校友、学科等平台,梳理排定 2019 年硅巷专场活动 24 场,努力把活动办出专业性、办出高效益、办出影响力。其中,结合"南京创新周",成功举办了"物联网产业发展峰会""秦淮硅巷航空航天与人工智能高峰论坛""美国硅谷秦淮硅巷创新创业大赛"等五场专场活动。三是提供优质服务。全面落实科技创新政策,推行"全程代办服务",已完成全区行政许可事项归集,做到"一枚公章管审批",真正实现行政审批大提速、行政效能大提升,努力当好"金牌店小二"。纵深布局配套服务业态,整合瑞金北村小学、郑和外国语学校名校资源,先后与南京航空航天大学共建附属小学、附属郑外教育集团,同步推进更多医疗、养老等优质资源向秦淮硅巷布局延伸,着力打造美丽舒适、特色鲜明、活力四射、共享开放的创新社区。四是弘扬创新文化。以建设国际一流创新生态为方向,营造"崇尚创新、宽容失败"的社会氛围,建立创新激励机制和容错纠错机制,积极倡导企业家精神、工匠精神和创新精神,努力让秦淮处处散发浓郁的创新创业气质。

在南京打造具有全球影响力创新名城的要求下,探索以秦淮硅巷为例的南京城市硅巷的发展模式并加以实践,对于南京其他文化底蕴丰富、人才资源丰富的老城区的中心区域而言,是老城创新、旧城更新的全新路径,也为其他历史名城的更新发展提供了重要的现实应用价值。

首先,建设城市硅巷,可以满足创新主体对优质载体的迫切需要。创新人才对社会保障、文化教育、健康医疗、休闲娱乐等方面的要求比较高,一般的开发区、工业园区难以满足。打造现代化、国际化的高水平硅巷,把优质的创新载体融入城市高品质生活里,可以有效满足高层次创新人才对优质创新载体的需要,有利于增强创新资源的集聚度、提升创新生态的成熟度。

其次,建设城市硅巷,能够顺应高校院所转型发展的现实需求。南京市内的中心城区是高校院所比较集中的区域,拥有南京航空航天大学、28所、55所等近20家高校和研究机构。这些高校院所大多数已经到郊区建立新校区、新院区,老校区、老院区的土地空间和建筑资源亟待整合开发利用、提高产出效益。打造城市硅巷,支持高校院所充分利用主城区的存量建筑、闲置载体,开展产业化的创新创业活动,有助于激发高校院所的科教资源活力,打造校地融合、产城一体的创新集聚区,也有助于带动周边区域形成浓厚的创新氛围。

再次,建设城市硅巷,更加契合都市区域集聚创新资源的发展趋势。当前,国内外先进城市纷纷把硅巷建设作为推动创新的重要途径。纽约、旧金山、伦敦、柏林等国际大都市涌现出很多城市科技创新街区,具有鲜明的个性特征和很高的规划建设水平。国内一些科教资源比较集中的城市,也陆续打造具有自身地域特色的硅巷空间。南京是省会城市、中心城市、特大城市,科教资源丰富,创新潜力无限。推进城市硅巷建设,可以加快实现创新资源集聚转化,拓展参与全球创新合作与竞争的路径。

最后,建设城市硅巷,有利于主城区盘活存量载体、提高产出效益。南京主城区可供新开发利用的土地空间比较少,但存量载体相对比较多,如果能够做好存量载体的再开发、再利用,培育大量高科技企业,主城区的单位面积经济产出就能大幅提高。硅巷建设不是另起炉灶搞开发建设,而是通过有机更新向"存量空间"要"增量价值"。

第二章　文献回顾

第一节　城市硅巷:定义与特征

一、城市硅巷的定义

长期以来,纽约被认为是全球金融中心、传媒中心、时尚中心、医疗保健中心和贸易中心。自 2008 年金融危机以来,为了维持其全球领先地位,纽约开始由高度依赖华尔街向依靠科技创新转变,并提出打造"全球科技创新领袖"的城市战略。目前,纽约市正凭借其硅巷的发展,崛起为美国东岸的科技重镇。硅巷位于纽约曼哈顿,是一个无边界的高科技园区,拥有众多高科技企业群,已成为纽约经济增长的主要引擎,被誉为继硅谷之后美国发展最快的信息技术中心地带(张成,2014)。狭义上的硅巷指起始于纽约第五大道与百老汇地区的科技企业集群,在曼哈顿中城、下城区,集聚了大量互联网、新媒体、网络科技、信息技术等高科技企业(卢柯、孙翘,2015)。

纽约硅巷的形成是多方面因素影响的结果。首先,市场对于硅巷的形成起到决定性作用。20 世纪 80 年代末,纽约制造业严重衰退,大量制造企业撤出,曼哈顿地区房屋空置率一度高达 18.6%,租金下降,大量的新媒体、网络科技、电信、软件开发、金融技术等初创企业开始聚集,即形成早期的硅巷。随着企业的不断进驻,租金大幅上升,一些支付能力不足的企业逐步向纽约其他地区转移。

其次,多样化的创新人才和深厚的文化底蕴是硅巷发展的重要动力源泉。硅巷靠近闻名世界的百老汇、格林威治村、苏荷区等文化圣地,这里集中了全球最前卫的艺术和文化。同时硅巷拥有大批的作家、导演、编辑、设计师和艺术家以及大学生、少数族裔、新移民、雅皮士等多样化人群,使得不同的文化、多样的思想在硅巷地区激烈碰撞产生创新火花。

纽约政府是硅巷发展的"服务者",在硅巷发展过程中发挥了不可替代的作用。在硅巷起步时期,纽约政府曾经实行房地产税特别减征 5 年计划、免除商业房租税计划等支持政策,在基础设施建设方面也给予很多支持,纽约政府推行管线改造计划和 LinkNYC 项目,安装光纤线路,进行高速数据传送,使纽约实现全域 WiFi 覆盖,为纽约人提供全球规模最大、速度最快的免费无线网络。2014 年纽约市政府与 IBM 合作发起"数字纽约"(Digital. NYC)计划,这一计划为初创企业汇集整个地区的相关创业信息,包括纽约所有的科技公司、初创企业、投资者、创业孵化器、工作间、活动及招聘信息,是纽约市的在线创业服务中心。人才培养方面,纽约市政府发起"高科技人才输送管道"项目。实行"纽约市应用科学"计划,通过大力吸引世界顶级理工院校来共建大学和科技园区,培养优秀的应用科学人才。在城市空间更新方面,纽约着力改造正在衰退的城市空间,以匹配正在蓬勃发展的科技产业,为科技创新企业提供良好的办公环境,同时打造充满活力的公共场所,激发创新人群的灵感。将办公室里进行的"科技革命"在各街区落地,使科技更加显而易见。在小街区之间,旧货栈被改造成创意书店、咖啡馆、设计室、古董店、小酒馆,成为人流聚集之地。在改造后的公共绿地上,时尚雕塑与百年建筑相互辉映,成为创意工作者沟通交流、激发灵感的活力场所(张净,2018)。

再次,强大的金融支持和创新生态系统为硅巷发展提供强有力的支撑。纽约拥有大量投资银行、金融机构和投资人，有完善的资金链和丰富的顾客群。同时拥有科技大会和 299 个科技产业组织，涵盖金融、时尚、媒体、出版、广告等各类产业，建立起了产业互助系统，形成了良性的科技圈生态环境。

最后，硅巷的形成得益于"高密度"。依据萨森全球城市中的理论"战略性创造性的活动——无论是经济、文化还是政治——密度利于繁荣"，曼哈顿的密度无论是建筑密度、人口密度、企业密度或是经济活动密度包括商业、金融、艺术、文化等行为密度无疑是全球顶级的，促进了该地区创造性活动的繁荣。

近年来，纽约硅巷创业者把技术与时尚、传媒、商业、服务业结合在一起，开掘出互联网新增长点。2008 年至 2012 年，在各行业普遍萧条的背景下，硅巷的科技领域就业人数增长了 30%，达到 4.1 万。据 2013 年的统计，科技产业占纽约城市生产总值的比重在十年间增长 25%，产生了 56 亿美元的年税收。与此同时，2007 年至 2011 年，硅巷创业资本成交量上涨 32%，而包括硅谷在内的美国其他六个科创产业聚集区同期交易量却都呈现下跌态势。创业资本的活跃成功催生了一批科技企业，如今的纽约是 14 500 多个初创公司的栖息地。纽约联邦储备银行行长威廉·达德利（William Dudley）表示，过去金融产业是纽约地方经济的支柱，但是这一地位正在被科技产业取代。

广义上，硅巷已成为一个覆盖纽约大都市区，横跨地理与虚拟网络的庞大科技创新生态系统（赵程程、秦佳文，2017）。硅巷被誉为继硅谷之后美国发展最快的信息技术中心地带，如今已演变成一个概念，而非特定地点（李文增，2015）。因此，广义而言，硅巷是指基于中心城区的产业转型模式打造的无边界科技创业园区（姜琴、陆红姝，2019），是集聚了互联网与移动信息技术企业的虚拟科技企业集群。其主要业务是技术的商业应用，并随着技术的不断发展，其具体业务也在不断更新，即硅巷的产业就是将科技应用到所有行业（姜琴、陆红姝,2019)。从分布区域来看,硅谷是建设在城市边缘区且配置了整套高端服务功能区的高科技创新园区,而硅巷则立足于各类配套设施齐全的城市中心区,是以存量空间更新为主的创新科技产业集聚街区(姚成二,2019)。

综上所述,硅巷是城市中心区更新创新创业载体的一种形态。有别于城市边缘区的硅谷,硅巷位于城市中心,是以存量空间更新为主的创新科技产业集聚街区,汇聚了现代科技、新兴产业、创新人才、金融资本、先进管理等要素。

二、城市硅巷的特点

硅巷一词由硅谷派生而来,"硅"暗喻其高科技属性,"巷"则表明其分布特点。然而,不同于硅谷致力于研究和开发高端科技,硅巷更加关注这些高端科技的灵活应用。总结已有文献对纽约硅巷案例的描述,硅巷具有市场化和人性化两大特点。

第一,市场化。首先,距离市场近。特大都市具有得天独厚的市场临近优势,不仅为创新创业团队提供了广袤的商品市场,还提供了商业思维的灵感火花。在纽约,每天有 800 多万人活跃于街头巷尾,人口密度与多元性给予了创业者充足的市场样本和前沿的市场趋势。广袤的市场帮助创业者们近距离接触多样化的客户群体,获取客户潜在的心理需求,从而培养敏锐的市场嗅觉和创业思维。其次,创新人才多。特大都市独一无二的人口优势不仅体现在市场方面,还体现在人才数量、质量和多样性方面。在金融危机后的四年间,纽约的科技工作岗位新增 33%,远远领先于其他行业的工作岗位增长率(何乐,2019)。回顾纽约硅巷弯道超车的历史,不难发现 2008 年是其发展的重要节点。得益于巨大的人才市场,硅巷在金融危机的巨大冲击中不仅没有元气大伤,反而吸引了大量的青年才俊投身硅巷进行创新创业。另外,硅巷毗邻百老汇、格林威治村和 SOHO 区等文化区域,吸引了大量作家、导演、编辑、设计师和艺术家以及大学生、少数族裔、新移民、雅皮士等多样化人群（卢柯、孙翘，2015）。除此之外，纽约的哥伦比亚大学、纽约大学等科研机构和高端学府拥有全美 10％的博士及 40 万左右的科学家、工程师（杜德斌，2015），这些高校为整个城市源源不断地提供各类高端智力支持。而熨斗大厦也适时开设了一家全日制编程培训学校，促进硅巷人才的技能多样性。再次，产业成熟且密集。纽约拥有发达且成熟的商业、时尚、传媒及公共服务等传统行业，纽约硅巷的科技人才则将移动信息技术、互联网技术等高端科技运用到这些行业中。不同于硅谷探索芯片、半导体等硬件技术，硅巷依托于纽约巨大的产业背景，突破了单纯靠高精尖技术取胜的硅谷思维，形成了技术为基础、兼具服务理念和资源整合的硅巷式商业思维。新兴技术对传统行业的冲击迅速诞生了诸多细分市场，出现了时尚科技（fashion-tech）、食品科技（food-tech）、新零售（new retail）和新制造（new-generation manufacturing）等新的经济增长领域。最后，投融资活跃。作为闻名世界的国际金融之都，纽约汇聚了大量的投资银行、金融机构，大批的投资人及客户群活跃于纽约资金链的各端。据报道，2007 年至 2011 年，硅巷的创业资本成交量上涨 32％，而包括硅谷在内的美国其他六个科创产业聚集区同期交易量却都呈现下跌态势（张净，2018）。仅 2009 年到 2013 年间，纽约初创企业获得的风险投资、天使投资和私募股权投资就增长了 200％（何乐，2019）。

第二，人性化。首先，产品服务人性化。硅巷的创新创业者们重视科技的运用，致力于因地制宜、与时俱进地用科技解决纽约都市达人的生活问题。比如，"蓝围裙"App 针对纽约上班族追求生活品质而时间少的特点，提出"卖菜谱而非卖原料"的解决方案（张净，2018）。Birchbox 公司针对内容营销与产品销售脱节的行业现状，为顾客提供美容产品样品试用以及相关内容和技巧的订阅服务。其次，活动空间人性化。针对那些暂时付不起办公楼租金的创业者群体，硅巷会提供专门的创新合作空间，一些编程训练公司如

General Assembly 也为创业者提供开会、工作和教育训练的地点。相较于传统的办公地点，硅巷看似紧缺的办公空间反而打破了严格的工作与生活的界限，让创业者们在餐厅、咖啡厅等非正式工作场所也能偶遇潜在的合作伙伴或技术人才（张成，2014）。

三、城市硅巷模式的成功要素

硅巷的发展离不开健全活跃的创新生态系统。具体地，硅巷的成功主要得益于三大要素：人才优势、资金与服务配套和政策支持。

第一，人才优势。硅巷不仅拥有数量巨大的的人才储备和供应，还拥有高质量的人才供给。一方面，纽约全市的多所高校为硅巷科技企业的发展提供了对口的顶尖人才。而硅巷地区也开设了编程训练、软件开发的培训机构，为该区域的其他科技公司解决人才的技能短板问题。另一方面，纽约文化包容且开放，来自不同社会背景、教育背景、文化背景的人群都能获得社会认同，并通过思维碰撞获得创业灵感。许多跨学科的混合型科技人才活跃在硅巷的各个角落，他们大多拥有技术、艺术或商业的多重角色。

第二，资金与服务配套。作为金融中心与创业之都，纽约为硅巷的产生和发展提供了雄厚的资金支持和完善的服务配套（姜琴、陆红姝，2019）。众所周知，纽约在世界范围内都拥有得天独厚的资金来源、健全的资金链以及专业的风险投资机构（林奇、张壬癸，2017）。而服务配套方面，通过成立多种科技产业组织、定期举办论坛和会议，纽约建立并健全了科技创新行业的生态系统。例如，以纽约新媒体协会（NYNMA）为代表的公共组织为企业求职者、供应商、金融家、高校、政府之间提供了信息交流平台（姜琴、陆红姝，2019）。近期，纽约市政府提出创建"纽约制造"媒体产业中心（Made in New York Media Center）。该产业中心一方面能够为硅巷的新创企业提供资金帮助，另一方面将全市的新媒体企业都组织起来，为新媒体领域、内容创造的发展提供了行业平台（张净，2018）。

第三,政策支持。为了吸引并留住科技创业公司,纽约市政府出台了一系列优惠政策。首先,制订减税政策。纽约的市政当局为解决税收过高的问题给予房地产税特别减免 5 年、商业房租税免除和曼哈顿优惠能源计划的政策优惠(邓智团,2017)。其次,推动公私合作。2000 年 6 月,纽约市政府成立了以新媒体理事会为代表的行业协会。该理事会职能广泛,成员专业背景多样,既关注数字化艺术等行业前沿问题,也关注税收等民生问题(邓智团,2017)。最后,完善基础设施。纽约市政府实施了 LinkNYC 项目,全面改造各街区的传统电话亭,使之成为覆盖全市的 WiFi 服务站,实现 WiFi 的免费覆盖。

四、城市硅巷的功能特征

城市硅巷有别于单纯的工业开发区和传统的科技园区、孵化器,是一种集聚了各类创新资源的创新复合空间。经过实地调研与焦点访谈,本文整理出当前城市硅巷的四大功能特征。

资源汇聚的创新综合体。硅巷不是一个功能单一的工作场所,而是具有较高科技创新水平的创新资源集聚地,其汇集的是海内外知名孵化器、加速器、研发机构、校友基金、创新合作、科技服务和商业配套等各类要素。科学统筹这些区域多元主体,建立有效的体制机制,协同主体资源,有步骤、有计划地加快打造创新载体,强化专业平台服务,营造创新氛围是城市硅巷建设中非常重要的工作内容,也是城市硅巷区别于其他老城改造项目的创新之处。以南京市秦淮区为例,东部区域创新资源丰富、人才优势明显,在以中山东路、龙蟠中路、月牙湖和秦淮河为围合的范围内,集聚了南京航空航天大学、金城集团、55 所、8511 所、5311 厂等一批大学大院大所大企,拥有院士及双聘院士 9 人、高级专家 2000 多人、青年知识分子 4 万余人。针对高校、大院、大所、大企之间的互动交流不足,存在资源割裂、力量分散、相互掣肘的现象,秦淮区聚焦中山东路、龙蟠中路、月牙湖和秦淮河围合的区域,以中航科技城整体提升为先导,以中电芯谷等项目为带动,构建军民融合产业发展带,同步将门西 A、B 地块纳入建设范围,进一步彰显"文化＋科技"资源优势,构建形成总面积约 4.4 平方千米的"一城一谷,一带一片"硅巷创新综合体。

配套齐全的创新活力区。硅巷综合集中了多功能于一体,是一个以创新为特质的活力区域。该区域集工作、生活、休闲于一体,具备良好的教育、医疗、文体等服务供给条件,具有多功能、综合性、复合型等特点,能够提供完善的商业配套和物业品质,更好地促进人与人、人与信息、人与技术互动碰撞,激发创新人才的活力、潜力和创造力。以秦淮硅巷为例,该区域是典型的中心老城区,配套设施功能齐全,创新主体可以依托现有配套,享有城区的教育、医疗、交通、文化及社区生活方式。另外,秦淮硅巷注重提升城市品质。以城市有机更新为路径,在保留街区风貌的同时融入文化表达与现代元素。一方面,大力推进水环境整治。在高水平完成月牙湖整治提升的基础上,重点打造东西玉带河、明御河以及明城墙沿线三条景观风光带,以水质的提升带动环境品质的整体改善。另一方面,逐步开展街巷整治。以强化功能性建设为重点,通过城市精细化建设管理、"微改造"、"微更新",实施瑞金路、大光路等一批道路、街巷和老旧小区整治工程,高水平完善区域市政设施和交通路网配套。

市场运作的创新共同体。硅巷不是政府直接管理运营的载体,而是由经营方和投资方共同设立基金,实行市场化运作和商业化管理,通过股权把资本、技术、人才、园区、企业和高校院所"捆绑"形成的利益共同体和创新共同体。政府主要发挥规划引导、政策支持、服务保障等作用。以秦淮硅巷为例,区政府突出平台搭建、做强中介机构,以市场化方式引入海创岛、中关村天合科技成果转化中心、中关村科创高新技术转移促进会南京中心等专业机构。另外,区政府通过多元化的投融资模式,进一步解决项目存在的资金缺口,积极搭建

"基金＋产业"的专业化、产业化平台,利用其聚合力量形成带动吸引优质企业项目入驻的整体效应。

　　产业发展的创新推进器。硅巷不是单纯地进行技术研发,而是从研发到转化再到产业化的全链条创新,发展(或工作)重心在技术的产业化上,目标是培育高科技企业、孕育新经济新产业新模式,切实解决技术创新到企业孵化落地前的"最初一公里"问题。归根到底,硅巷就是要孵化新企业、培育新产业。以秦淮硅巷为例,秦淮区加快与区域内大学大院大所大企的战略合作和深度融合,建立秦淮科技智库,形成校院地人才交流互通机制;先后与南京航空航天大学、中电科55所等单位共建南京智航技术研究院、南京中电芯谷高频器件产业技术研究院等新型研发机构9家,注册资金2.3亿元的中航金城无人系统有限公司也已成功落户;先后孵化和引进中国联通物联网全国总部、IBM认知物联网联合创新中心等重量级创新企业约50家,2019年底引进孵化科技企业200家。未来秦淮硅巷也将进一步提质增效,持续促进高科技、智能化、大数据等相关技术的研发。比如,提升主导产业的高端化和集聚度,提高单位面积经济贡献率;完善创新招商机制,增加龙头企业和总部型企业的数量,增加新型研发机构孵化优质企业的数量。

第二节　城市硅巷的投融资模式

　　以秦淮硅巷(以下秦淮硅巷简称硅巷)为例,为保障硅巷投融资工作的有序进行,首先需要明确投融资过程各阶段的工作要点,分别是:第一阶段,全面摸底、精细规划。由于硅巷具有无固定边界且项目较为分散的特点,硅巷区域的政府相关部门在前期进行了全面、深入的调研,有效掌握地块属性、资源禀赋、需改造体量、可释放空间等基础信息,并在此基础上完成项目所涉区域的产业发展规划、经济效益分析等工作,进行精细的规划,因地制宜制定合理的方案。第二阶段,划定范围、明确边界。考虑到城市硅巷是以存量空间更新为主的创新科技产业集聚街区,硅巷区域的政府相关部门评估了所涉及区域的现有可用空间和配套设施情况,合理确定新建、改扩建项目的内容及具体比例,并结合项目涉及的征地拆迁范围,评估征拆规模、征拆费用,制定项目征拆计划。在框定项目范围的基础上,相关部门还对项目所涉的土地征拆、基础设施、公共配套设施建设/改扩建等内容进行投资估算,框定总投资。第三阶段,统筹时序、滚动开发。项目开发时序做到了与土地开发时序、土地指标获得性、配套设施建设相匹配,通过控制供地节奏,产生更高的土地溢价。项目开发时还及时跟进区域内的业态建设现状,制定科学的业态建设时序,以期根据投资强度、资金来源及收益水平,确定项目开发周期和现金流平衡问题。第四阶段,设计路径、多元融资。确定拟实施的项目后,硅巷区域的政府相关部门结合硅巷特点及具体的实施内容,从合规性、可融资性、对现有财力的要求、实施难易程度、项目收益回报、风险分担等角度充分权衡,选择最适宜、多元化的投融资路径。

多元化的投融资路径目前主要分为三种:政府直接投资建设开发、平台公司投资和政府与社会资本合作(见图 2-1)。

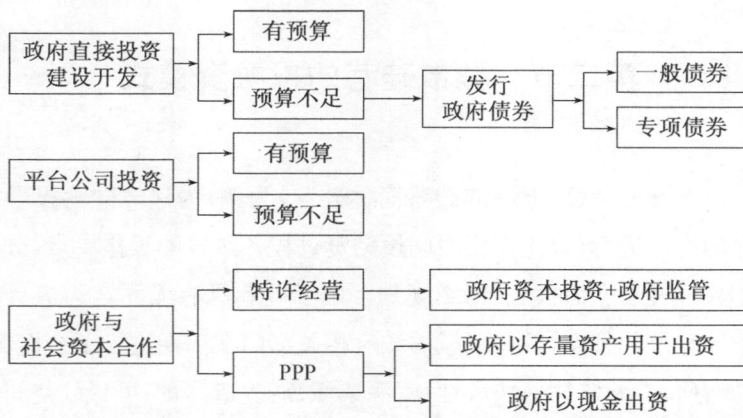

图 2-1 各种投融资模式比较

一、政府直接投资建设开发模式

政府直接投资建设开发模式即政府直接作为投资主体负责前期规划设计、征地拆迁补偿、土地平整,并建设基础设施和公建配套,待商业、住宅等经营性土地出让条件成熟后进入市场公开交易,由各土地受让方自主进行商业设施建设和商品住宅开发。此种方式中前期开发资金主要来源于预算内的财政资金,政府投资的资金来源于政府预算内资金、发行政府债券这两种渠道。政府直接投资开发模式为城市建设中最为传统的开发模式。政府根据预算内资金安排确定城市或片区的建设发展时序,政府直接投资建设开发模式在当前政策环境下主要面临以下几个困境。

第一,政府预算限制。根据《预算法》《政府采购法》《关于坚决制止地方以政府购买服务名义违法违规融资的通知》(财预〔2017〕87号)规定,政府采购或政府购买服务均需在采购前将相关资金需求纳入预算统一安排。伴随着我国城镇化进程的加快,城市面临大量的基础设施建设,地方政府预算内直接投资基础设施建设难免有些"捉襟见肘"。

第二,政府债务约束。在《国务院关系加强地方政府性债务管理的意见》(国发〔2014〕43号)和新的《预算法》实施后,地方政府只能通过发行地方政府债券的方式来举借债务,且必须在国务院批准的限额内发行。发行主体为省、自治区或直辖市级政府,地(州、市)级政府仅能通过省级转贷。发行类型主要分为一般债券和专项债券。其中,无收益的公益性事业由地方政府发行一般债券融资,主要以一般公共预算收入偿还;有收益的公益性事业由地方政府通过发行专项债券融资,以对应的政府性基金或专项收入偿还,根据《财政部关于试点发展项目收益与融资自求平衡的地方政府专项债券品种的通知》的相关规定,目前政府专项债券发行试点领域主要是土地储备、政府收费公路2个领域,至于其他有收益性领域,各地仍需在新增专项债务限额内,以及利用上年末专项债务限额大于余额的部分自行选择重点项目试点分类发行地方政府专项债券的,由省级政府制定实施方案以及地方政府专项债券管理办法,提前报财政部备案后组织实施。总之,依靠发行政府债券举债融资同样面临种种限制。

第三,政府直接投资开发模式,仅仅解决了项目的建设问题,无法解决项目建设后的运营问题及产业导入的问题。政府需自行负责或另行采购其他社会资本负责运营及产业导入,此种操作无法实现设计、建设、运营及产业发展的衔接,项目全生命周期成本相对较高,效率相对较低。

二、平台公司投资模式

平台公司投资是指政府授权当地平台公司实施项目,平台公司通过其自有资金、向银行借款、发债等方式筹集并自主投融资、建设、运营项目,政府不承担帮助平台公司偿还投资及回报、融资额及融资费用的责任,但可通过合法方式为平台公司项目配给相应资源,平台公司通过自主经营覆盖其建设运营费用。

平台公司是各地方政府的投融资平台。1992 年党的十四大确立建立社会主义市场经济体制,黄埔江畔,中国第一个国家级新区设立。然而,如何解决城建资金严重短缺的问题,也困扰着浦东新区及上海市政府。当年 7 月,上海市城市建设投资开发总公司(简称"上海建投")在浦东新区成立,该公司获得上海市政府的授权,主要从事城市基础设施投资、建设和运营工作。上海建投被认为是第一家平台公司。与此同时,当时施行的《预算法》要求地方政府不列赤字,也就禁止了地方政府举债。于是各地纷纷效仿上海的做法,平台公司在全国各地陆续成立。平台在全国全范围内的扩张则要追溯到2008 年。为应对国际金融危机,中央政府在 2009 年推出四万亿刺激计划,同时实施积极的财政政策和宽松的货币政策。央行和银监会 2009 年 3 月下发的文件指出,支持有条件的地方政府组建投融资平台。至此,地方投融资平台激增。

平台公司经过十年的发展,为各地城市建设做出了巨大贡献,但在发展的过程中,形成了规模巨大的地方隐形债务,带来了系统性风险。2014 年 9 月,国务院发布《关于加强地方政府性债务管理的意见》(国发〔2014〕43 号),2015 年 1 月 1 日,新《预算法》正式实施,新《预算法》和 43 号文构建了新时期地方举债融资的框架。一方面允许地方政府发债融资及引入 PPP(政府与社会资本合作),另一方面剥离融资平台的融资功能。2017 年 4 月,财政部发布《关于进一步规范地方政府举债融资行为的通知》(财预〔2017〕50 号),要求切实加强融资平台公司融资管理。"金融机构应当依法合规支持融资平台公司市场化融资,服务实体经济发展。进一步健全信息披露机制,融资平台公司在境内外举债融资时,应当向债权人主动书面声明不承担政府融资职能,并明确自 2015 年 1 月 1 日起其新增债务依法不属于地方政府债务。""地方政府不得将公益性资产、储备土地注入融资平台公司,不得承诺将储备土地预期出让收入作为融资平台公司偿债资金来源,不得利用政府性资源干预金融机构正常经营行为。""金融机构为融资平台公司等企业提供融资时,不得要求或接受地方政府及其所属部门以担保函、承诺函、安慰函等任何形式提供担保。""对地方政府违法违规举债担保形成的债务,按照《国务院办公厅关于印发地方政府性债务风险应急处置预案的通知》(国办函〔2016〕88 号)、《财政部关于印发〈地方政府性债务风险分类处置指南〉的通知》(财预〔2016〕152 号)依法妥善处理。"

至此,采用平台公司建设开发模式面临两大方面的问题:首先,平台公司与政府剥离,平台公司融资不得以政府信用作担保,平台公司对外融资相对以往难度较大,且融资成本相对较高;其次,平台公司融资行为属于企业自主行为,不属于政府债务,政府方也不得帮忙偿还,要求"谁借谁还,风险自担",同时政府不得将储备土地注入平台公司,不得承诺将储备土地预期出让收入作为平台公司偿债资金来源。政府相关资金无法补贴到平台公司,平台公司的还款渠道受阻。

三、政府与社会资本合作:PPP 模式

政府与社会资本合作模式包括 PPP 模式及特许经营模式。自 2014 年以来,国务院及各部委先后多次发文,在全国范围内推广运用政府与社会资本合作(PPP)模式。PPP 模式是指政府和社会资本在基础设施及公共服务领域建立的一种长期合作关系。通常由社会资本承担设计、建设、运营、维护基础设施的大部分工作,并通过"使用者付费"及必要的"政府付费"获得合理投资回报。政府部门负责基础设施及公共服务价格和质量监管,以保证公共利益最大化。具体到片区开发项目中是指由政府方完成征地拆迁和土地平整工作,政府方通过合法方式引入的社会资本与政府方组建的项目公司负责基础设施、公建配套和部分经营设施(不含商业住宅)的投融资、设计、建设、运营和维护,合作期满后,将上述设施移交给政府。

2014 年 9 月 23 日,财政部为贯彻落实党的十八届三中全会关于"允许社会资本通过特许经营等方式参与城市基础设施投资和运营"精神,在国务院发布《关于加强地方政府性债务管理的意见》(国发〔2014〕43 号)后,确定在公共服务领域推广运用政府和社会资本合作模式,是国家确定的重大经济改革任务,对于加快新型城镇化建设、提升国家治理能力、构建现代财政制度具有重要意义。

自此,财政部对 PPP 制度化出台了关于操作指南、财政承受能力、物有所值评价、合同管理、采购管理、PPP 综合信息平台建设的大量文件,并以 PPP 综合信息平台和各地方财政部门为主要监管方式,以 PPP 模式促进公共服务领域投融资建设。

采用 PPP 模式,可以解决以下问题。首先,可以解决项目资金的筹集问题。PPP 项目中由政府方选定的社会资本负责投融资,政府方根据运营期的绩效考核分年进行付费,能够在较短的时间内筹

集项目建设资金。其次,推动解决项目设计—建设—运营的衔接问题。PPP 项目中由社会资本统一负责项目的设计、建设、运营,能够实现上述环节的有效衔接,实现设计、建设真正为运营服务。再次,有利于产业导入,提升整个片区品质。片区开发 PPP 项目中一般要求社会资本负责片区内产业的导入,产业导入作为绩效考核的重要内容与政府付费挂钩,能够提升整个片区品质。最后,有助于解决预算问题。项目实施机构可以将 PPP 项目合同中约定的政府跨年度财政支出责任纳入中期财政规划,即 PPP 项目中可以先进行社会资本的采购,后将政府支付责任纳入预算,预算纳入渠道畅通,且有法律保障。

鉴于 PPP 模式具有适用领域广泛、能有效平滑政府年度支出、不新增政府债务的优势,目前已成为基础建设领域的主要投融资模式。虽然在近两年 PPP 经历了"强监管",发展速度大幅度降低,但是强监管下,却是 PPP 逐渐步入正常发展轨道的阵痛期,而且,财政部 PPP 中心主任焦小平在上海举办的 PPP 融资论坛上的发言提及到"PPP 的 10％政府支出责任不是隐形债务""不会再次出现 PPP 入库项目大幅波动情况""PPP 是规范政府债务'堵后门,开前门'的重要举措""10％政府支出责任必须纳入预算,地方政府必须履约"等观点无不是在释放 PPP 利好消息,PPP 是政府基础设施投融资领域有力的举措这一点从未改变。然而,在 PPP 模式的推进过程中,仍面临以下困境。

第一,一般公共预算 10％的红线束缚。《政府和社会资本合作项目财政承受能力论证指引》(财金〔2015〕21 号)要求每一年度全部 PPP 项目需要从预算中安排的支出责任,占一般公共预算支出比例应当不超过 10％。受 10％的红线束缚,可通过一般公共预算安排支出的 PPP 项目规模非常有限。目前许多地方政府 PPP 项目已接近 10％的红线。《关于在公共服务领域深入推进政府和社会资本合作工作的通知》(财金〔2016〕90 号)规定,对于政府性基金预算,可在符合政策方向和相关规定的前提下,统筹用于支持 PPP 项目。但国家层面尚未出台 PPP 项目使用政府性基金预算时的明确论证方法,PPP 项目在各个地方的实务操作层面也标准不一,在一定程度上影响了 PPP 项目的推进。

第二,PPP 项目融资困难。PPP 项目投资规模大——动辄数十亿元,甚至上百亿元,巨大的投资体量对于资金的需求量极大,同时也带来了相当大的融资压力。而这一融资压力主要表现为资本金的压力,根据《国务院关于调整和完善固定资产投资项目资本金制度的通知》(国发〔2015〕51 号)的规定,固定资产投资项目的最低资本金比例在 20%~30%之间,截至 2018 年 9 月底,全国范围内公布中标的 PPP 项目共 8191 个,总投资达到 11.85 万亿元。按平均 25%的项目资本金比例 10%的政府股权出资比例计算,社会资本方项目资本金需求 2.67 万亿元。而且随着财政部不断加强对资本金出资的监管,要对资本金作穿透式审查,进一步加大了社会资本的出资压力。

特许经营模式,是指根据国家发改委、财政部等六部委印发的《基础设施和公用事业特许经营管理办法》(2015 年第 25 号令)规定,政府采用竞争方式依法授权中华人民共和国境内外的法人或者其他组织,通过协议明确权利义务和风险分担,约定其在一定期限和范围内投资建设运营基础设施和公用事业并获得收益,提供公共产品或者公共服务的模式。采用特许经营的模式能够解决项目资金的筹集问题、项目设计—建设—运营的衔接问题。在实践中,采用特许经营方式实施时,多以六部委 25 号令相关规定执行,没有履行 PPP模式相关的入库程序。但特许经营采购期限远长于中期财政规划时间,与《政府采购法》先预算后采购的要求存在一定冲突。

根据《财政部关于印发政府和社会资本合作模式操作指南(试行)的通知》(财金〔2014〕113 号)的规定,PPP 模式可以分为不同的运作方式,主要包括委托运营(operations & maintenance, O&M)、管理合同（management contract，MC）、建设—运营—移交（build-operate-transfer，BOT）、建设—拥有—运营（build-own-operate，BOO）、转让—运营—移交（transfer-operate-transfer，TOT）和改建—运营—移交（rehabilitate-operate-transfer，ROT）等（见图2-2）。建设—运营—移交是指由社会资本或项目公司承担新建项目设计、融资、建造、运营、维护和用户服务职责，合同期满后项目资产及相关权利等移交给政府的项目运作方式。合同期限一般为20～30年。建设—拥有—运营由 BOT 方式演变而来，二者区别主要是BOO 方式下社会资本或项目公司拥有项目所有权，但必须在合同中注明保证公益性的约束条款，一般不涉及项目期满移交。转让—运营—移交是指政府将存量资产所有权有偿转让给社会资本或项目公司，并由其负责运营、维护和用户服务，合同期满后资产及其所有权等移交给政府的项目运作方式。合同期限一般为20～30年。改建—运营—移交是指政府在 TOT 模式的基础上，增加改扩建内容的项目运作方式。合同期限一般为20～30年。委托运营是指政府将存量公共资产的运营维护职责委托给社会资本或项目公司，社会资本或项目公司不负责用户服务的政府和社会资本合作项目运作方式。政府保留资产所有权，只向社会资本或项目公司支付委托运营

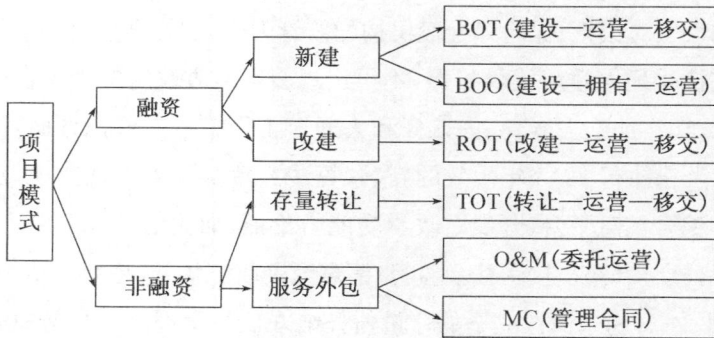

图 2-2 PPP 模式

费。合同期限一般不超过八年。管理合同是指政府将存量公共资产的运营、维护及用户服务职责授权给社会资本或项目公司的项目运作方式。政府保留资产所有权,只向社会资本或项目公司支付管理费。管理合同通常作为转让—运营—移交的过渡方式,合同期限一般不超过 3 年。

自 2014 年以来,国家层面加大基础设施投融资改革力度,强调充分发挥市场对资源配置的决定性作用。基础设施投融资主要有以下几个发展趋势:市场化、规范化与透明可控。市场化方面,2018 年以来国务院办公厅关于基础设施领域补短板力度的指导意见等文件要求,加快建立向民间资本推介重点领域项目长效机制,积极向民间资本推介有吸引力的重点领域项目,鼓励多元化的社会资本通过 PPP、政府采购服务等多种方式参与基础设施领域的投融资、建设、运营,以整合社会资源,提升经济增长动力。规范化方面,国家进一步加强了对地方债务的管理,加大了对财政预算和政府债务的监管力度,严禁地方政府通过保底承诺、回购安排、明股实债等方式进行变相融资,严控地方债务红线;进一步规范了融资平台公司融资行为管理,明确政府不得将公益性资产、储备土地注入融资平台公司,不得承诺将储备土地预期出让收入作为融资平台公司偿债资金来源,对平台企业融资行为进行限制,切实化解和防范地方政府债务风险;并加大了对银行、保险等金额机构的监管力度,明确金融机构不得要求或接受地方政府提供担保,不得违规新增地方政府融资平台公司贷款,切实加强去嵌套、去杠杆和去通道工作。透明可控方面,国家要求严格执行 2015 年生效的新《预算法》,落实预算管理制度;建立 PPP 综合信息平台、开展财政承受能力论证,加大信息公开的力度,保障公众知情权,接受社会监督;清理甄别政府债务,将截至 2014 年 12 月 31 日尚未清偿完毕的存量债务纳入预算管理。在当前地方财政收入增速放缓,地方债务管控趋严的形势下,结合当前的投融资环境和未来发展趋势,我们认为地方政府应转变基础设施投融资、建设、运营思路,从市场的角度、金融的逻辑看项目,注重项目本身的经营性,减轻政府财政压力。

对此,秦淮硅巷的投融资路径宜根据实际情况,做到"多措并举",如图 2-3 所示:当预算充足的时候,政府可以选择直接投资的方式进行工程建设、购买设备及服务;当预算不足的时候,政府考虑发放债券,例如一般债券和专项债券,或者采用 PPP 模式以及开发部分存量资产。依托平台公司的投融资方式则可以实现专业化、产业化转型,为导入资源赋能。

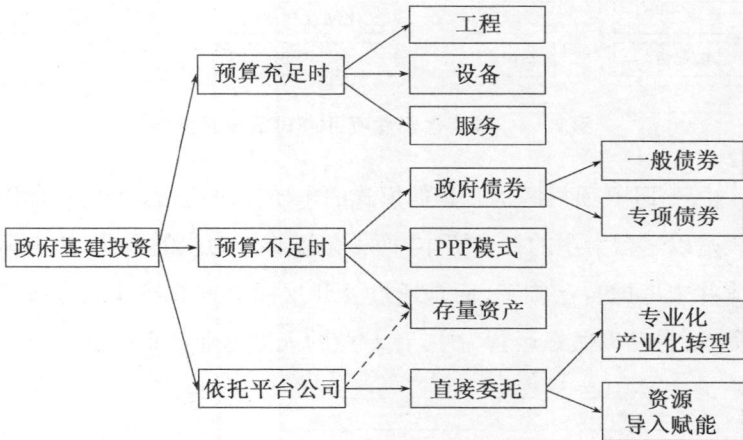

图 2-3 城市硅巷投融资模式的决策树

目前,秦淮硅巷已有部分具有代表性的项目采用 PPP 模式和平台公司的模式完成投融资,为区域内其他创新主体树立了项目标杆。为方便项目运营,该项目分为特色部分和基础设施建设部分,其中两部分中又有其他子项目,故在初期设置项目运作方式时,根据土地获取方式、资产属性等的不同,把项目运作方式分为四类,具体如图 2-4 所示。

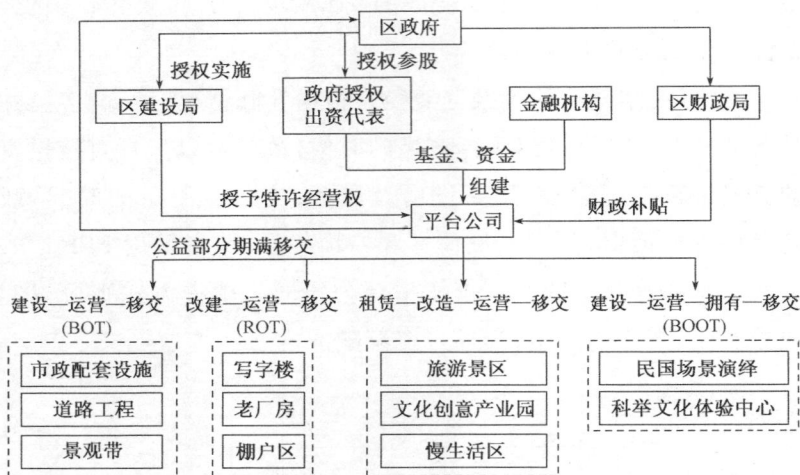

图 2 - 4 硅巷代表性项目的 PPP 模式案例

由于 PPP 项目区别于其他模式的本质在于运营,和政府合作的应该是以运营为主的社会资本,而不是以施工为主的企业,故中标联合体并未考虑自己施工,而是通过公开招标形式选择其他合适的社会资本,自己以做好运营为主,让专业的人做专业的事(见图 2 - 5)。

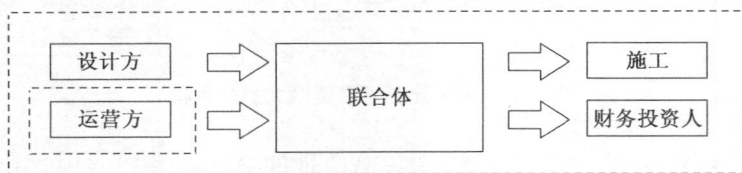

图 2 - 5 以运营为主导的联合体组成设置

项目实施范围包括基础设施部分和特色产业两部分,其中基础设施部分为非经营性设施,特色产业部分为经营性设施。项目中既存在新建资产又存在存量资产,实施内容较为复杂。根据不同项目的特点最终将项目实施内容划分为四大类,并针对每类设施的不同特点设置不同的运作方式。具体如图 2 - 4。项目范围内的市政配套设施、道路工程和景观带采用 BOT 的方式运作,项目公司负责新建或改建,并在特许经营期间运营维护,该类型设施不具备经营性,设施所有权归政府方所有。具体来说,由项目公司负责设计、投融资、建设、维修、保养和运营,并在合作期满将此部分的设施移交给政府或政府指定机构。项目内的改造工程如写字楼、老厂房以及棚户区采取 ROT 的方式运作,即项目公司只负责对存量设施进行外立面改造,不负责该类型设施具体的经营管理和维护。对于旅游景区、文化创意产业园以及慢生活区三部分,则采取"租赁—改造—运营—移交"的方式,项目公司通过租赁方式获得项目设施使用权,负责新建或改造,并在特许经营期间运营维护,该类型设施具备经营性,因此由项目公司负责商业经营,相关设施所有权归政府方所有。最后,对于特色产业项目,如民国场景演绎、科举文化体验中心等,采取BOOT 的方式运作,项目公司负责项目设施新建,并在特许经营期间运营维护,该类型设施具备经营性,因此由项目公司负责商业经营,经营期间资产所有权归项目公司所有,特许经营期满后,相关设施无偿移交给政府方或其指定机构。

在引入资金方面,该项目通过设立产业基金,以产业发展服务绩效考核来引导和促进硅巷项目运营与产业发展。一方面,政府设立硅巷产业发展专项基金,用于支持符合政策导向的产业发展。发挥财政资金的杠杆效应,撬动社会资本参与,推动产业发展和升级;关注基金市场化运作,提高基金整合投资力度,完善基金投资绩效评价,提高资金使用效率。另一方面,政府主导发起以引导基金、孵化基金(由商业银行等金融机构成立债权投资基金)、成长基金等为主,其他基金为辅的基金池,促进硅巷产业发展(见图 2-6)。

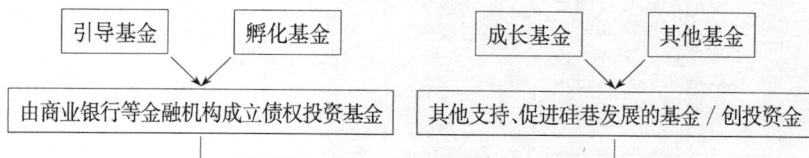

图 2-6 PPP 模式—引入基金种类

依托平台公司的项目案例(见图 2-7)。由于大多数项目主要
依托政府政策获取稀缺资源,收支往往通过财政直接进行,距离市场
化机制较远。硅巷的相关项目组抓紧时机进行改革,梳理核心稀缺
资源,定位核心产业规划;引入具有运营经验和团队的战略投资者,
实现产业运营能力提升;借助引入投资人,促进市场化运营机制,并
推行员工持股计划。预计未来 5~7 年形成区域领先的产业平台,借
助政府背景和支持,将产业平台业务向政府服务等接口进行推广。
从长期来看,该项目的目标是实施后续融资,实现部分重资产的逐步
剥离;争取平台的整体上市;实现股东利益和员工持股的退出。也就
是说,如果项目运作良好,能产生持续稳定的现金流,对于那些符合
资产证券化条件的项目,可采取 ABS 等资产证券化方式进行融资。
硅巷孵化成长起来的优质科技企业/科创公司,盈利情况良好,发展
前景可观,在符合国内外资本市场上市条件下,可通过 IPO 上市等
方式融资。因此,对平台公司而言,作为政府出资方代表,适度参与
硅巷 PPP 项目,不仅可盘活相关存量资产,还可以拓展经营性业务,
如存量房地产、持有的土地使用权等。

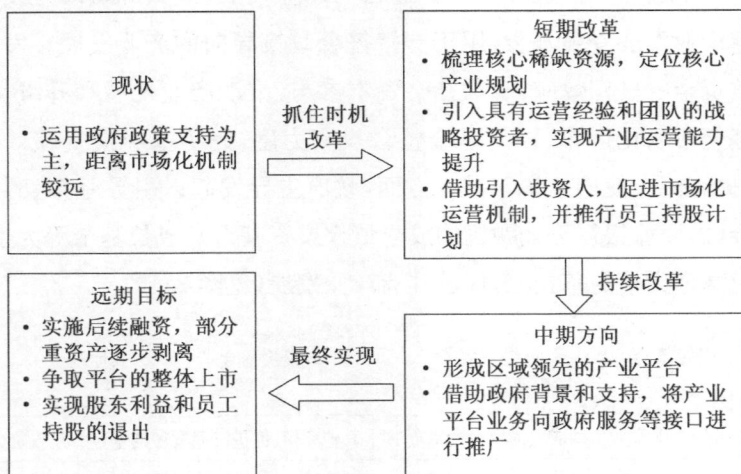

图 2-7 硅巷代表性项目依托平台公司的案例

第三节 相关理论基础

一、制度环境理论

根据新制度经济学理论,必须从组织与环境的角度去研究各种类型的组织行为,以此来发现和解释各种各样的组织现象,并特别强调,在关注环境时,不能只考虑技术环境,还必须考虑组织所处的制度环境,即组织只有将其所处环境中的法律、规范和惯例有效地体现在自身的形式、结构、内容和活动中,组织才能获得其存在的意义(Meyer & Rowan, 1977)。Meyer 和 Scott(1983)较为清晰地界定了组织环境中的技术环境和制度环境,指出技术环境是那些被组织用于提供市场交换所需的产品和服务的工具性、职业性或任务性环境;制度环境则是组织为了获取合法性和外界支持而必须遵守的规则。在技术环境中,组织由于产品服务质量的改进和产量的提高而受到奖励。技术环境要求组织有效率,即按照最大化原则组织生产,但组织还是制度环境的产物,是被制度环境形塑的组织。在制度环境中,组织由于采用了适当的结构和程序而受到奖励和认同,制度环境要求组织服从"合法性"机制,获取社会心理认知、行业行为规范以及政府和法律规定的"合法性"感知和支持,采用那些在制度环境下广为接受的组织形式和做法,以组织和制度环境之间的互动来构成其生存发展的成长空间。

制度理论(Scott,1995)强调制度环境的不同维度对社会经济活动带来了差异性影响,成为后续学者们对制度环境展开研究的基本框架。根据制度理论的观点,制度环境可分为认知、规范及规制三个基本要素(Kostova,1997)。认知环境是指某一环境中人们对某社会现象进行解读的共识或共知,反映了此环境中人们所共同持有的社会知识和认知结构,例如某地区的人们对于创新创业的先前经验、管理运营企业的知识、识别商业机会和寻求市场信息的能力等(Busenitz et al. ,2000;De Clercq et al. ,2010)。规范环境是指某国家或地区内的人们所共享的信仰、价值观、规范,以此评价个体在追求目标时的方式是否恰当,并强调了个体被期望履行的社会责任及义务,反映了文化因素对社会成员的潜移默化的重要影响,比如在某地区,创业者可以获得公众的认可和尊敬、人们赞同创新创业作为实现职业理想的选择等(Busenitz et al. ,2000;Veciana & Urbano,2008)。规制环境通常是由政府机构所制定的较为正式的法律法规,以对某国家或地区中的特定商业行为进行限制或鼓励,例如某地区政府对创业企业资源获取及合同获得的政策支持、当地的税负水平及金融监管等(De Clercq et al. ,2010)。

　　制度环境的三个维度反映了由此构建的不同的合法性基础。在制度理论的视角下,合法性的获得反映了组织所开展的经济活动与社会文化的异质性、所获得的社会规范支持以及对相关法律法规的遵从程度。组织在经营发展中对于法律法规和规章制度的遵守是其获得合法性的基础;而规范性制度相较于规制性制度则更易被内化于行为者中,要求在更深层次上评价组织的合法性水平;而作为最深层次的合法性,认知合法性的获得则依赖于遵从被认为理所应当的认知结构,强调组织要遵循社会对于事物的普遍定义和认识。由此而见,创业活动的制度合法性可通过遵守法律法规和规章制度、满足社会信念及价值观和承担社会责任、运用符合社会共识的认知框架寻求认知一致性来获得。合法性的获得将帮助组织获取更多的资源支持,进而助力其实现更为长期的成长和发展(Pollock & Rindova,2003)。

　　在创业领域,创业制度环境被定义为一个国家或地区的政治、法律、文化中与创业活动相关联的部分,反映了一个国家或地区的政治法律在创业活动中的推动或限制作用以及文化价值体系对创业活动的认知情况。当制度环境有利于创新时,一个国家或地区会不断出现更多具有高成长潜力的企业(Veciana & Urbano,2008)。

国外很多文献指出东欧许多转型经济中创业现象的发生和发展受到制度环境的重要影响(Ahlstrom & Bruthon,2002;Peng & Health,1996):一方面全面的制度改革使得在计划经济时期受到抑制的创新创业得到释放;另一方面,这场全面的制度改革,在刚开始的时候形成了一个制度断层,严重地影响了创新创业的产生和发展(Meyer & Peng,2005;Peng,2003)。对于组织来讲,制度环境限制还是创造创业机会,会影响创新创业的速度和范围(Gnyawali & Fogel,1994)。制度环境还会进一步影响组织获得认知、社会政治合法性的过程,从而影响绩效。当然,合法性是有成本的。组织必须与社会期望保持一致来行动,否则会受到惩罚。可见,制度环境对于创新创业有着重要的影响,以致于 Aldrich 和 Wiedenmayer(1993)声称制度环境可以创造或破坏一个国家的创新创业。Baumol(1996)表达了类似的观点,即制度环境可以决定创新创业是富有成效的还是没有成效的甚至是具有破坏性的。但奇怪的是,到目前为止,实证研究居然还没能够提出公认的有效的测量工具来测量制度环境的复杂影响,从而解释转型经济下的创业现象。大部分现有的研究要么基于案例(McCarthy et al.,1997),要么只关注规制(正式)环境(Djankov et al.,2002)。Meyer 和 Peng(2005)号召未来的研究要关注开发"合适的构念和量表来研究正式和非正式制度"。研究制度环境如何、在什么情况下,以何种程度、什么方式对特定区域内的创新创业活动产生影响的相关研究更是缺乏。

二、全球创业观察(GEM)模型

全球创业观察模型,产生于由英国伦敦商学院和美国柏森商学院共同发起成立的研究项目,旨在研究全球创业活动态势和变化,发掘国家创业活动的驱动力、创业与经济活动之间的作用机制以及评估国家的创业政策。GEM 认为创业是影响国家经济增长的重要因素,重点关注四个方面的问题:第一,不同的国家在创业活动的开展水平上是否存在明显差异;第二,国家的经济增长与创业活动间存在怎样的传导机制和深层关系;第三,有哪些影响创业活动的因素,如何在这些因素上有效提升创业活动的水平;第四,如何制定有利于国家创业活动开展的政策法规。

　　GEM 模型的研究核心在于探讨环境条件、创业活动及经济增长之间的关系机制。GEM 认为,创业活动是在一系列环境条件的组合下得以开展的,创业环境条件有助于创业机会的识别和运用、创业者创业技能和动机的交互作用,驱动了创业活动的开展及新创企业的生成。GEM 的报告显示,对某区域的创业创新活动而言,培育一个良好的创业环境是保障其顺利进行的关键。而这样的创业环境包含金融支持、政府政策、政府项目、教育培训、研究开发转移等九个方面,后来逐渐发展成为金融支持、政府政策、政府项目、教育培训、研究开发转移、知识产权、商务环境、市场开放、基础设施、文化与规范、创业支持 11 个方面。随着研究的深入,渐进的改善不断体现在 GEM 概念模型上(见图 2-8)。

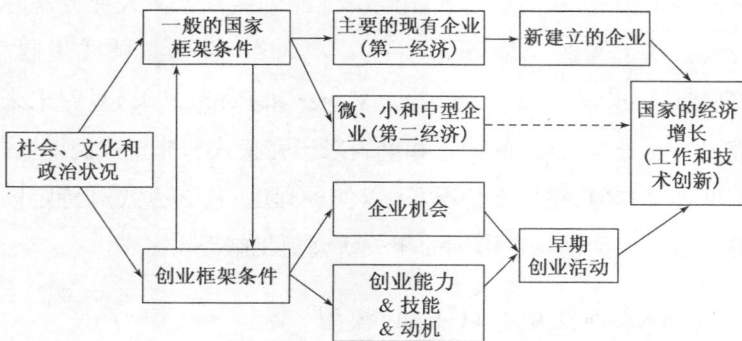

图 2-8　完善后的 GEM 概念模型

　　GEM 项目在具体的调查实施过程中,以李克特量表的形式通过问卷调查对每个方面的环境条件进行评估和测量。第一,金融支持。指的是新创企业和成长型企业在获得金融资源支持方面的力度,GEM 的调查问卷中分别从债务资金、权益资金、政府补贴、个人(非创始人)资金、风险资本及首次公开发行融资(IPO)六个方面进行衡量。第二,政府政策。这指的是政府相关部门对于创业活动开展所制定的创业政策,在 GEM 的调查问卷中从各级政府对新创企业和成长型企业的创业政策支持、获得创业许可及工商登记注册的时间、税务负担及其他政府规制方面的稳定性和可预见性等方面进行评估。第三,政府项目。指的是各级政府为新创企业和成长型企业提供的直接项目支持,GEM 问卷中分为政府项目的易获取性、政府项目的质量、政府项目的数量、政府支持项目的及时性和有效性、科技园和企业孵化器、政府部门工作人员的胜任能力和工作效率六个维度。第四,教育培训。指的是各个层次的创业教育及培训的程度,即初等教育、高等教育、技术/职业院校、经济管理类大学本科及研究生课程的完备性、应用性、质量及深度等。第五,研究开发转移。主要指的是新的技术发明及专利能够及时有效地实现商业化以及技术创新在新创企业市场价值获取中的作用,GEM 问卷中对创业企业所在城市的创业水平、国家和区域的创新体系、政府对技术型创业者可提供的研发资助等方面进行调查。第六,知识产权。即主要考察区域内在知识产权保护方面法规的有效性和完备性,GEM 问卷中主要衡量新创企业和成长型企业的专利、发明、商标和版权等能否得以有效保护。第七,商务环境。考察商务环境对于新创企业和成长型企业的影响,GEM 调查中主要包括管理咨询(如创业计划书的撰写、市场需求分析等)、法律顾问、会计审计、金融服务(如信用证支付、外汇汇兑)、公共关系等中介服务机构以及原料供应渠道、销售渠道等辅助服务的完善程度。第八,市场开放。主要考量消费品、中间产品和服务市场的变化对于新创企业的影响程度,GEM 问卷中包括新创企业和成长型企业的市场进入壁垒及成本、市场信息的透明程度、政府建立市场公开体制的法规政策、行业竞争结构以及《反垄断法》的执行等方面的评价。第九，基础设施。指的是新创企业和成长型企业可以利用的有形资源的价格、质量及难易程度，如公共设施（水、电、气等）、通讯设施、互联网设施、邮政服务、交通设施、办公空间和商务成本等。第十，文化与规范。指的是国家或区域内的社会文化和规范是否认同和鼓励创业行为和创业活动，GEM的调查问卷中考察了区域内人们对于创业行为的态度、对于创业失败和风险的态度、是否鼓励创新和冒险、是否强调通过个人（而非集体）实现自我价值、是否鼓励通过个人努力实现成功、对于妇女创业的态度以及对不同民族和宗教的个体创业的态度等。第十一，创业支持。主要指区域对于创业活动的支持力度，如对高成长型企业的创业活动提供多种支持、政府项目所提供的创业支持具有选择性、为创业活动提供支持的人具备足够的技术和能力等。

GEM关注的是概念模型下半部分各环节的关系，在研究中，基本不会触及模型上半部分或者两个部分的关系。对此，清华大学中国创业研究中心对GEM模型做了三点改变。

第一，增加"一般的国家框架条件"与"创业框架条件"间的相互影响线。这表明一般条件的改善有助于创业条件的改善，或者反过来看，改善创业条件需要与改善整个国家的条件一起考虑。举例来说，一个非常典型的对于创业的金融支持改善同时需要国家框架条件和创业框架条件，改善一方需要另一方的环境条件配合。此外，研究用于开发转移也具有同样的性质。因此，完善后的概念模型丰富了我们对改善创业环境的系统认识，也引起了我们对创业环境复杂性的重视。

第二，增加主要的现有企业与微、小、中型企业的关联线。原来的概念模型中只有一条单行线，即主要的现有企业能作用于微、小、中型企业，而没有相反的关系。而这与实践情境并不相符。

第三,创业对国家经济增长的贡献不仅表现在经济总量、经济效益的增长上,也表现在改善就业、创造新的就业岗位和推动技术创新上。强调创业中的创新,这对于创新创业研究是一个值得重视的新领域。因此,尽管看似在图中只是增加了一个新名词,却拓展了一片新的研究空间、挖掘出一个新的重要问题。

三、区域创新系统

区域集群是相互依赖的业务在地理上有边界的集中。而区域创新系统正是指具有"支持组织"围绕的区域集群,基本上由两类主体及其相互作用构成(Asheim & Isaksen,2002)。第一,行动者是区域内主要产业集群中的企业,包括其支持产业;第二,必须有一个体制性的基础结构,即具备研究机构、高等教育机构、技术转让机构、职业培训机构、商业协会、金融机构等,这些机构拥有支持区域创新的重要能力。

Asheim 和 Isaksen(2002)依据挪威的三个产业集聚提出了区域创新系统的三种类型。分别为地域性嵌入式的区域创新网络、区域网络化创新系统以及区域化国家创新体系。

地域性嵌入式的区域创新网络是在地理、社会和文化上的邻近性所激发的本地化学习过程中产生的,与知识组织没有太多的互动。例如挪威 Sunnmøre 地区的造船行业。Sunnmøre 是挪威重要的造船行业区域集群,包括 14 家造船厂、80 家设备供应商和船只设计商,其竞争力主要来自集群基础上的创新能力。当地造船行业有四种主要的产品创新方法。第一,本地用户与生产者的交互创新,依靠造船厂与船员在正式会面或业余时间沟通交流完成;第二,车间内的增量创新,纯粹依靠工程师和工人的经验和能力以及工作人员的热情和忠诚;第三,利用知识溢出效应,当地企业间的知识溢出(如公司间的合作、员工转移)和技术转移刺激了创新和学习;第四,通过本地组织的合作,由职业学校、技术学院和相关协会(由当地公司创立)组成了当地机构基础设施,刺激当地的合作和生产方法方面的创新活动。如今,随着创新越来越多地涉及国家级的知识,同时为满足客户需求,Sunnmøre 开始成立研发部门或者与国家级技术机构合作,是企业与国家、国际创新系统相互作用的成果。

　　区域网络化创新系统主要是本地化、互动式学习,该系统中有一个本地的"支持机构"。例如挪威 Jæren 地区的机械行业。Jæren 地区主要生产农业机械,大部分公司是中小型、出口型企业,出口份额较高,平均份额为 63%。当地行业于 1957 年建立了"TESA"组织,包含 13 家公司,用以支持成员公司的技术发展,这一组织的成立使得该地区如今成为挪威工业机器人技术中心,在工业电子、微电子方面的竞争力远超挪威的一般水平。当地知名的公司是 ABB 机器人公司,该公司在欧洲汽车行业的自动化机器人市场中占据 70%。ABB 公司的成功一部分源于劳动力本身非正式的、隐性的知识,还有一部分是基于"粘性"知识的本地化,这类知识通常由基于特定场所的经验、隐性知识和能力、工匠技能和基于研发的知识组合而成,被公认为 ABB 非常重要的竞争优势之一。

　　本地的支持机构"TESA"在该系统的发展过程中发挥了关键作用。"TESA"对当地创新能力的提升做了很多努力,1987 年,"TESA"成立 Jæren 技术中心,培训当地人员学习先进技术。企业间密切的横向合作和相互影响促进了当地核心技术的发展。与此同时,全球化进程的加快对当地企业产生了重要影响,企业开始利用国外的创新体系(如瑞典、德国的专业研发机构和大学)、公司内部研发部门以及与国外战略伙伴合作研发等途径提高产品附加值,提升自身创造力。"TESA"现在的办公室位于当地的科技园,毗邻研发机构与地区学院,进一步加强了同研究机构、其他能力中心、地方公共当局和教育机构的密切关系。

　　区域化国家创新体系中,企业创新活动的知识提供者主要在区域外;两者之间的合作由于涉及具体的创新项目,因此呈线性,可以开发更激进的创新；人们受到同样的教育，分享同样的知识。例如挪威 Horten 地区的电子行业。该集群主要包括 25 家公司，是挪威最大的电子产业集群之一。当地行业发展动力是九家大型系统库企业和原始设备制造商。大型系统库企业自身拥有高度先进的产品，能够开发专利产品、提供系统和解决方案，研发成本较高，企业内部拥有大型的研发部门和大量工程师。此外，Horten 地区的电子行业还包括 13 个分包商，为大型系统库企业和原始设备制造商提供服务。

集群内的大型系统库企业和原始设备制造商最初是为了实现挪威某些技术研发机构的研发成果商业化而建立的，该集群的发展主要归功于挪威为建立以知识为基础的电子工业而做的努力。如今，大型系统库企业和原始设备制造商已经部分脱离了原有的国家创新系统，开始与国外研发机构和公司共同开发产品。但是，核心技术依旧牢牢掌握在该地区的公司手中，AME Space 企业拥有 130 名员工，是阿尔卡特公司内部唯一一家掌握锯齿技术（表面声波）的公司。这种能力存在于人力资本中，也存在于公司和挪威研究机构的研究人员之间的个人关系中，这种能力可能很难转移。除此之外，当地的分包商虽然不参与产品创新，主要负责将原型、图纸转化为有效的工业生产。但是，在产品最终开发出来之前，分包商越来越多地就图纸和设计提供建议和评论，能够有效测试和生产产品，并使用最便宜的可用组件。分包商发挥的独特作用日益明显，成为当地独特的区域资源之一。

表 2-1 北欧区域创新系统案例

区域	挪威 Rogaland	瑞典 Scamia	丹麦 Northern Jutland	荷兰 Southeast Brabant	挪威 Arendal
行业	食品行业	功能性食品行业	无线通信行业	高科技行业、汽车行业	通信行业

区域	挪威 Rogaland	瑞典 Scamia	丹麦 Northern Jutland	荷兰 Southeast Brabant	挪威 Arendal
特征	依赖隐性知识，不断改进现有产品标准、包装/设计、标签等	依赖研发工作，进行功能性食品的开发	基于突破性技术建立的新型经济活动，而不是针对现有工业进行专业化	基于垂直供应链式的区域创新系统，区域的成功依赖于主要大型企业	由公司增值链的所有功能内在化转变至建立以公司为中心的区域创新系统
创新关键	区域和国家层面的创新机构支持	当地大学以及国家研发机构支持	当地奥尔堡大学和NOVI科技园	飞利浦、DAF等大型企业	爱立信在当地的子公司
创新支持	食品相关研发机构、挪威酒店管理学院、国家研究机构当地部门	隆德大学	区域内企业间学习以及产业与大学间的相互作用	企业间的合作交流、公司研发部门与大学的合作研究	区域内企业间、校企间的交流学习
创新举措	"食品和饮料专业论坛"	成立相关研究中心			技术论坛；技术服务转让组织；风险投资资金

北欧拥有多个行业的典型区域创新系统。挪威 Rogaland 地区专注于食品行业，该地区的创新活动表现是不断改进现有产品标准、包装、设计和标签等。该地区有重要的食品相关研发机构，这些机构积极参与公司的创新活动。例如，挪威鱼类加工和保藏技术研究所促进了当地生产结构调整，提供了专业知识支撑；挪威酒店管理学院，制定行业相关的经济管理研究计划；由于国家级研发计划而在该地区设立的国家研究机构部门，则与行业需求紧密结合而提供了更有针对性的创新支持。当地特有的"食品和饮料专业论坛"促进了本地公司、教育和研发组织之间的知识共享和能力传播。该集群主要通过隐性知识发展，对区域和国家层面的创新支持的依赖较强，属于网络化的区域创新系统。

与挪威 Rogaland 地区不同,瑞典 Scamia 地区专注于功能性食品的开发。值得注意的是,当地公司之间的联系相对较弱,这些公司主要与大学、研究机构和其他地区的公司进行合作研究。隆德大学对于功能性食品公司的成立至关重要,提供了支撑公司的原始科学思想的温床;世界一流的研究和教育设施为功能性食品公司的尖端科学发展提供了渠道。跨学科功能食品科学中心的建立更是加强了地区的创新能力,该中心是瑞典创新系统公共机构支持的项目之一,旨在促进形成区域创新体系。但是,由于功能性食品比较新颖,未来是否会有较好的发展很大程度上取决于 Scamia 地区的传统食品行业和消费者是否会认可它。

丹麦 Northern Jutland 地区主要发展无线通信行业,该集群是基于突破性技术所建立的新型经济活动,而不是针对现有的工业进行专业化。奥尔堡大学和 NOVI 科技园是该集群建立和成长的重要基础。奥尔堡大学于 1974 年成立,向该区域提供具备无线通信领域急需的知识和能力的工程师,是当地工业发展的先决条件,也是该地区吸引跨国公司的核心内容;NOVI 科技园的成功证明了区域内公司与大学之间的系统性互动。该集群通过区域内企业间学习以及区域内产业与大学间的相互作用进行创新,熟练的劳动力主要由研究人员和工程师组成,在知识基础架构和企业之间的联系中扮演着更重要的角色。

荷兰 Southeast Brabant 地区的代表性行业是高科技行业与汽车行业。该地区拥有研究设施、高等教育机构、高科技企业和创新支持结构。该地区是基于垂直供应链的区域创新系统,大型企业的存在对地区发展尤为关键,跨国电子公司飞利浦公司和卡车、货车制造商 DAF 公司有利推动了当地高科技电子行业、汽车行业、运输行业等发展,大型企业与当地供应商进行合作交流,促进了当地行业技术水平的提高。当地埃因霍温学校提供技术、医疗保健、商业和经济方面的高等教育,埃因霍芬理工大学在电子和机械工程等领域较为擅长,是高素质学生的重要来源,承担一些合同研究工作。Southeast Brabant 地区拥有完善的创新体系、研发密集的集群、世界领先的公司、多个知识中心和各种技术转移机构,目前,区域创新体系有足够的要素维持活力。

Arendal 地区依赖于爱立信在挪威的子公司,爱立信是瑞典的一家大型电信公司,主要发展通信行业。1997 年,Arendal 作为爱立信的一个分部,几乎将增值链的所有环节内在化,没有开发该区域特有的资源,没有与该地区的其他参与者建立任何实质性的关系,地方企业之间、企业与知识组织之间的正式合作很少。在总部希望将 Arendal 分部搬迁至另一科技园时,遭到 Arendal 分部及当地的强烈反对,最终没有搬迁成功,而该地区采取种种措施成功建立了区域创新系统。首先,与当地其他企业组建技术论坛,研发地区论坛商品;将 Arendal 分部迁至技术学院附近,与当地技术学院开展合作,发起孵化器组织,获得了国家支持组织的帮助,同时,孵化器组织还运作了一个国家支持项目以刺激科研院校和研究机构的成果商业化。其次,与当地其他通信科技企业合作在技术学院建立 ICT 实验室,获得来自政府的许可和资源,在技术学院开设专门课程培养 ICT 专业硕士学生;建立当地的技术服务转让组织,为整个集群服务;建立当地的风险投资资金,投资于新技术公司。最终,Arendal 成为挪威十大科技园之一。

四、事件系统理论

实体所历经的动态事件也在一定程度上显著影响着实体,Morgeson 等(2015)提出了事件系统理论。事件系统理论强调,事件构成了实体的外在动态经历,即事件包含着多个实体之间的相互作用。对于任一实体而言,事件都是外部性的,可以将其视为实体所在的外部环境及情境的组成部分。事件具有一定的时空特征,且具备动态性,可以用时间(time)、空间(space)和强度(strength)三个属性对事件进行定义(见图 2-9)。

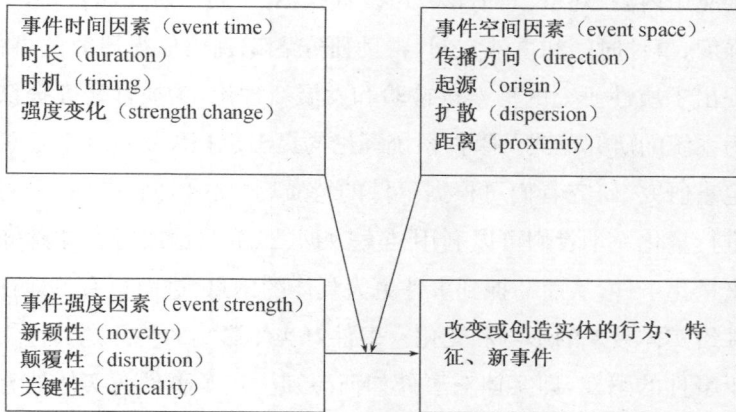

图 2-9 事件系统理论

事件系统理论认为,事件强度属性(事件新颖性、颠覆性、关键性)、事件时间属性(事件的时机、时长以及变化等)、事件空间属性(事件的传播方向、起源、事件在纵向和横向的扩散范围、实体与事件的距离),一起决定了事件对实体的影响(Morgeson et al.,2015)。事件新颖性反映了事件区别于以往事件、行为及特征的程度,越发新颖、越意想不到的事件,越能激发实体对于此事件的关注及对其的深度信息加工,从而促进实体对于事件、行为及特征的改革和创新。事件的颠覆性反映了事件对实体现有常规活动及行为模式的冲击和扰乱,为了适应和应对此类颠覆性事件,实体需要对事件信息进一步进行加工,以对现有的行为模式进行调整和改变。事件的关键性反映了事件在实体所要应对的事件队列中的重要程度和优先次序,事件的关键性决定了实体对此类事件的关注和投入以及为应对此事件所需调配的资源。越是关键的事件,越需要组织加以更高程度的关注和重视,与此同时,新事件、新行为及新特征出现的概率越大。在对事件进行研究时,要综合考虑事件强度、事件时间和事件空间三个主要属性,以衡量事件对于实体的影响程度和冲击力量。

事件系统理论从定性和定量两个方面丰富和拓展了现有组织理论的应用内涵（刘东、刘军，2017）。首先，对于质性研究而言，基于事件强度、事件时间和事件空间，帮助研究者识别出值得研究的事件，并提出了质性研究的框架以检验和发展新理论，为质性研究提供了较为系统的研究范式。事件系统理论的提出也拓展了以往对于事件的定量研究，研究者们可根据事件的特质（强度、时间、空间）来对事件进行量化。学者们可以利用档案数据、二手数据或者实体感知数据来量化事件，从而捕捉到事件更为具体的信息，进而更有效地预测事件给实体带来的影响和变化。事件对实体影响的传导是通过实体对于事件的感知，即实体对事件如何感知决定了事件对实体的直接影响。因此，通过衡量实体对于某些事件的感知来评价事件可以更为直接地预测实体与事件关联的结果变量。

在事件系统理论的团队层面研究中，研究者可以先让领导者回顾梳理明显影响团队任务完成的、需要领导加以控制和调整的事件；其次，让团队的领导者及成员对事件的新颖性、颠覆性和关键性进行评价（Morgeson，2005）。研究者也可以就领导者或成员对于某一特定宏观或微观事件的新颖性、颠覆性和关键性进行评估。根据实体的评估分数得出其对事件所感知到的事件总强度分值，用事件的总强度来预测结果变量。研究者也可以设计心理量表来衡量实体对于事件的时间（时机、时长等）、事件的空间（事件起源于组织的哪个层级、扩散的范围）等的感知状况，进而把实体的感知、评价的事件时间、事件空间变量都引入模型中。

在对事件的研究中，很多学者直接将事件作为一个变量，探究其对结果变量的影响。Morgeson 和 Derue（2006）的研究发现，事件的关键性特征决定了该事件对于团队造成的干扰程度。Tilcsik 和 Marquis（2013）的研究则证明了一个区域所经历的重大事件（如全国会议）或小型自然灾害事件与该区域内企业的捐赠行为存在较强的正向关系。事件的总体强度（实体所经历的事件新颖性、颠覆性和关键性)与事件空间或事件时间也可以对事件的结果产生综合影响。交互作用指的是假定事件强度(事件新颖性、颠覆性、关键性)一定的情况下,事件起源的组织层次越高,所涉及的组织层次越多,扩散的范围越大,实体距离事件越远,或者事件的发生与实体的发展需求匹配(时机)、事件持续时间越长,那么事件对于结果变量的影响力和冲击力就越大。

　　事件系统理论已经被应用于个体、团队及组织层面的研究。Madhavan 等(1998)的研究分析了相关产业事件与产业内企业之间的关系。Zellmer-Bruhn(2003)则探究了突发事件的出现对团队知识吸收能力的影响。Morgeson(2005),Morgeson 和 DeRue(2006)的研究中对事件进行分析,探讨了领导力的问题。Bacharach 和 Bamberger(2007)的研究则关注了 911 事件对于消防员的情绪所造成的影响。Koopmann 等(2016)对员工在工作中的事件与其幸福感之间的关系进行了研究。于帆等(2016)运用事件系统理论的分析方法探究了公共场所踩踏事件的机理及风险评估。Bruyaka 等(2017)的研究观察了在联盟伙伴的选择中受到负面事件的影响。

第四节　本章小结

　　综上所述,国内外城市硅巷建设研究还处在对纽约硅巷的特点及影响因素的发掘阶段。目前,关于硅巷的学术研究可以大致分为两种类型,第一,聚焦于纽约硅巷的形成过程、形成原因以及重要特征研究。例如张成(2014)与邓智团(2017)对硅巷这一高科技枢纽的快速增长过程与重要特征进行了梳理;张净(2018)在其基础上对硅巷为何能够成功处于科技浪潮统治地位以及纽约老城区成长为新科技之都的原因进行详细分析。邓智团(2015)从创新型企业集聚新趋势与中心城区复兴新路径的视角出发详细分析了"纽约硅巷"建设历程。第二，国内许多学者从美国硅巷的发展探讨国内高新区、自主创新示范区建设之路。例如，赵程程和秦佳文（2017）从国家层面、地方层面分析美国硅巷创新生态系统的发展特点，并针对上海深化建设全球科技创新中心提出举措建议；李文增（2015）概括地介绍了美国硅巷的科技创新和发展情况，提出借鉴美国硅巷经验，促进我国高新区推进科技创新，构建国家自主创新示范区的建议；卢柯和孙翘（2015）通过对"纽约硅巷"的研究与借鉴，总结其在发展模式、创新要素、空间政策等方面的成功经验，提出上海适应未来全球科技创新中心发展的空间模式；林奇与张壬葵（2017）借鉴美国硅巷模式对如何打造深圳东部高新区提出发展建议；姜琴和陆红姝（2019）通过分析纽约硅巷经验，结合南京特点为南京硅巷建设提出建议。虽然相关研究取得了长足进展，我们仍然需要面对几个存在的主要问题。

第一，尽管研究者越来越多地关注纽约硅巷，但是理论界至今也没有挖掘出一个可供推广的建设模式。城市硅巷的实践研究近几年来取得了一定的发展，但是现有的研究大都集中在纽约硅巷的形成与特征方面，针对硅巷的建设方式和运营管理方面的研究很少。事实上城市硅巷的建设是一个系统工程，这个过程受不同层次环境因素的影响，值得我们从构建创新生态系统、营造宏观创新环境的视角做更进一步的研究。

第二，当前关于城市硅巷的研究从单一学科入手，关注城市规划学在城市硅巷发展中的应用。然而，随着当前学科的相互渗透与相互影响，要想全面认识并有效引导社会主体的行为，有必要应用创新跨界思维。因此，南京建设城市硅巷也需要结合经济学和管理学领域的相关理论和分析方法，积极探索具有地区特色的城市硅巷投融资模式及运行管理机制。

第三，目前大部分有影响力文献的研究都是定性研究，缺少对城市硅巷建设过程中作用机制的定量研究，这与城市硅巷将在转型经济中所发挥的重要作用极不相称。因此，立足中国国情，在政策引导力度进一步加大、企业创新动力进一步加强、加之在互联网和信息技术等新兴领域形成局部优势等多方面因素的作用下,城市硅巷建设研究有必要更加关注外部环境对创新主体的影响机制,关注创新过程中制度安排与行为主体的互动机制,在更深层次上探索和提炼城市硅巷建设的发展模式。

第四,目前大部分探讨城市硅巷建设中外部环境的研究都集中在分析地方政府的政策环境上,主张外部环境对城市硅巷建设过程的影响体现在环境动态性和政策优惠性方面。很少有研究从 GEM 模型(客观环境)、创业制度环境(制度环境)和事件系统理论(生态系统)的角度来全面分析外部环境对城市硅巷建设的影响。GEM 模型用于研究全球创业活动态势和变化、评估国家创业政策,是分析国家层面创业环境的理论模型;创业制度环境则归纳了影响国家或地区的组织战略的最主要因素,是解释组织创新创业战略的最有效的理论模式;产业环境作为外部环境的重要性长期被忽视,而产业生态的有效规划是促进创新创业的重要保证,因此非常有必要在 GEM 模型、创业制度环境和事件系统理论的基础上,深入分析城市硅巷建设的发展模式。

基于以上相关文献回顾,可以发现关于建设城市硅巷的研究仍然处于发展阶段,对我国政策制定者和学者而言更是全新的课题。因此,将秦淮硅巷作为研究对象,基于全球创业观察(GEM)模型以及创业制度环境和事件系统理论,从城市硅巷的功能特征、投融资模式、运行机制及发展对策建议等方面研究南京创新名城建设中如何发展城市硅巷经济,具体探讨秦淮硅巷应该确定怎样的运营管理机制以匹配不同的投融资模式,国外的相关实践和研究是否适合中国等,并从政府与服务机构角度以及企业角度出发进行一系列实证研究。

第三章　研究方法

　　对一项研究而言,确定研究问题与研究目的之后,关键在于选择合适的研究方法。通过第二章的文献回顾,我们明确了全球创业观察(GEM)模型、新制度经济学和产业组织理论等领域中关于城市硅巷的研究现状,尤其是城市硅巷的功能特征及相应的投融资模式的研究进展。然而,基于现代实证科学的认识论体系,理论回顾仅仅是研究设计的一个环节,我们还需要针对研究问题制定恰当的研究计划以获取观测数据就变量间的因果关系做出可靠而准确的研究结论。在和秦淮硅巷的负责人充分协商之后,项目组成员决定采用问卷调查法来完成本次的调研任务。问卷调查是指通过制定详细周密的问卷,要求被调查者据此进行回答以收集资料的方法。所谓问卷是一组与研究目标有关的问题,或者说是一份为进行调查而编制的问题表格,又称调查表。它是人们在社会调查研究活动中用来收集资料的一种常用工具。调研人员借助这一工具对社会活动过程进行准确、具体的测定,并应用社会学统计方法进行量的描述和分析,获取所需要的调查资料。其中,第一节是问卷设计和样本选择,第二节是调研详细过程,第三节为调研数据分析方法,第四节为描述性分析。

第一节 问卷设计和样本选择

作为一种科学的搜集信息的实证研究方法,问卷调查法不仅能帮助研究者了解和描述某类群体的态度和行为,还能帮助研究者为变量间的关系推论提供样本数据的支持。在过去几十年的发展中,无数心理学、社会学和管理学者反复论证,开发出一大批高信度、高效度的研究量表。这些量表是问卷调查宝贵的工具,为推动学界在各领域的发展发挥了重要的作用。

与其他数据搜集方法相比,问卷调查因其四大优势而广受学者的欢迎。首先,问卷调查给予了研究者很大的空间按照其研究问题和研究目的来设计问卷,方便研究者获得有针对性的一手数据;其次,科学的问卷设计和调查过程能帮助研究者更加快速而有效地搜集数据;再次,问卷调查的可行性较高,比其他数据搜集方法更少地干涉被调查者,更加容易得到被调查组织及人员的支持;最后,问卷调查的方法更加经济实惠,搜集数据的成本较小。

为了最大化问卷调查法的优势,有效回答我们的研究问题,研究者需要格外谨慎,严格把关从问卷设计到数据搜集到数据分析的每一个细节,从而为社会科学研究从思辨走向实证、从定性走向定量提供更高质量的研究范式。

一、问卷设计

在问卷设计前期,调研团队开展了一系列准备活动,对秦淮硅巷区域的两个街道(瑞金路街道和大光路街道)、科技局和发改委进行了访谈,并在硅巷选取了有代表性的五家企业,采用深度访谈和焦点小组访谈的方式对其进行了案例研究。调研团队成员整理了第一手访谈资料和案例研究资料,拟在后续问卷设计中就这些资料展开着重分析,作为问卷设计的基础。

　　基于之前的文献回顾,同时结合项目主题及前期的调研资料,本研究把 GEM 统一专家问卷的创业制度环境模型问卷、事件强度量表整合起来,设计出此次研究所需的问卷。然而,前两份问卷都是从国家层面来考察创业环境,而本研究是从秦淮硅巷发展的角度考察制度环境,因此在设计问卷时,研究团队将问卷中针对国家的题项调整为面向秦淮硅巷的题项,并着重强调了企业的制度环境。同时,我们对问卷进行了预测试,邀请部分在政府管理部门和企业工作的员工对问卷的语言表达提出了修改意见,以进一步保证问卷的真实性和有效性。最后,我们设计出了两套问卷,一套是用于政府管理职能部门和服务机构调研的 A 问卷,一套是用于秦淮硅巷的企业调研的 B 问卷。

　　在问卷正式发放前,由于各种构念在中国环境下一致性的检验和修改必须经过预测试中深入的分析和研究,因此,我们在部分政府管理部门和案例研究的企业进行了问卷预测试,检验了问卷各变量条目的识别度、清晰度和一致性指标。根据预测试结果对问卷进行修改,最终确定了用于正式调研的两套问卷。问卷中所有量表的测量均采用李克特 5 点计分法("1"至"5"代表从"完全不同意"到"完全同意")。表 3-1 是调研问卷的部分内容示例,问卷的详细内容可参见本书附录。

表 3-1　调研问卷示例

1) 相关政府部门积极鼓励企业再创业	1	2	3	4	5
2) 对企业再创业都有特殊的优惠政策	1	2	3	4	5
3) 对企业再创业有各种各样的资助	1	2	3	4	5
4) 对再创业失败的企业也会有各种各样的帮助	1	2	3	4	5
5) 政府采购合同会优先考虑有再创业项目的企业	1	2	3	4	5

（续表）

6）企业知道如何保护企业的新业务	1	2	3	4	5
7）企业认识到开展新业务会有很大的风险	1	2	3	4	5
8）企业知道如何应对新业务的高风险	1	2	3	4	5
9）企业能够获得关于新产品/业务的各种信息	1	2	3	4	5

二、样本选择

我们的调研对象包括两类，即秦淮硅巷区域的政府管理职能部门和服务机构的工作人员，以及秦淮硅巷区域内的企业员工。本研究之所以选择秦淮区域的创新载体为调研对象，主要是基于以下两方面的考虑：第一，创新载体是构成秦淮硅巷的细胞，是推动秦淮硅巷建设的重要力量，有助于我们把握秦淮硅巷经济活力的脉搏。第二，以往针对高新区建设的类似研究也表明长三角企业所采取的实践和措施非常具有代表性（蒋春燕、赵曙明，2008）。因此本研究的抽样范围能很好地反映和揭示秦淮硅巷建设中的创新创业主体的发展现状。

具体来说，调研对象中的政府管理职能部门和服务机构包括区委办、政府办、组织部、研究室、发改委、科技局、白下高新区、金融局、财政局、投促局、瑞金路街道、大光路街道、双塘街道和南航，秦淮硅巷企业包括金城集团、紫荆大厦、信息软件大楼、东八一期、东八二期、金蝶科技园、中山坊、中航科技城、8511所、55所及科创企业。

第二节　调研详细过程

在本次调研中，最终确定的调查问卷分为 A 卷和 B 卷两类，其中 A 类问卷面向秦淮硅巷区域的政府管理职能部门和辅助机构的工作人员,B类问卷面向秦淮硅巷区域内的各企业员工。调研主要采取线下纸质问卷填写的方式。接下来将对每类问卷的调研情况进行详细的介绍。

一、A类问卷调研

(一)日程安排

在与秦淮硅巷负责人沟通确认的情况下,由秦淮区委办牵头,调研团队于2019年9月10日向硅巷政府管理职能部门(如区委办、政府办、组织部等)介绍了本课题的重要意义,就A类问卷调研的细节问题进行了进一步的接洽和协商,鼓励机关工作人员如实填答问卷内容。项目组成员在9月13日打印了A类问卷500份。9月17日至21日,我们在5个工作日内完成了对秦淮硅巷政府管理职能部门和辅助机构的问卷发放和填写;9月24日,调研小组成员对问卷进行了初步的整理,汇总了问卷的发放和回收情况。在这个过程中,我们充分感受到了秦淮硅巷政府管理职能部门强大的执行能力,对支持和配合我们学术工作的员工和领导深表感谢。

(二)问卷发放与回收

本次问卷发放与回收的方式是由秦淮硅巷区域的政府及相关辅助机构的各自负责人进行单独发放与回收。由于政府管理职能部门及相关辅助机构的内部员工较难统一集中,同时基于对时间、精力等因素的考虑,所以我们决定采取这种方式来发放和回收问卷。我们将问卷的填写明细和相关注意事项告知各负责人后,由各负责人统一对问卷进行分发和填写说明,最后再进行回收。

A类问卷主要发放到政府管理职能部门和服务机构,具体包括区委办、政府办、组织部、研究室、发改委、科技局、白下高新区、金融局、财政局、投促局、瑞金路街道、大光路街道、双塘街道和南航。A类问卷共发放447份,最终回收400份,问卷回收率为89.5%。我

们对参与 A 类问卷调研的部门和机构进行了排序和汇总,表 3-2
为 A 类问卷调研汇总表,该表显示了调研的各单位名称、具体的问
卷发放份数和问卷回收份数。

表 3-2 A 类问卷调研汇总表

问卷类型	序号	单位	发放份数	回收份数
A 类问卷:政府部门和服务机构	1	区委办	3	3
	2	政府办	10	10
	3	组织部	4	1
	4	研究室	11	11
	5	发改委	40	27
	6	科技局	24	22
	7	白下高新区	50	41
	8	财政局	10	10
	9	金融局	10	4
	10	投促局	10	10
	11	瑞金路街道	50	50
	12	大光路街道	45	36
	13	双塘街道	60	58
	14	南航	120	117

(三) 问题反馈与处理

在问卷的调研过程中,问题和挑战的出现是不可避免的。比如,
即使问卷不要求实名制填写,但在个人与单位资料填写这一部分,有
的员工还是担心会泄露个人信息,导致部分员工不愿意配合填写职
位和任期等信息。此外,可能由于某些纸质问卷的整合装订存在问
题,部分员工在翻页时直接忽略了某一页面,使得回收的问卷中有数
据缺失的情况出现。为了保证项目研究的科学性和严谨性,我们在
后期处理问卷数据的时候,删除了上述存在问题的问卷。项目组成

员也组织讨论了处理这些问题的方法,以便提高下一次问卷调研的问卷有效率。

二、B 类问卷调研

(一) 日程安排

在与秦淮硅巷负责人沟通确认的情况下,由白下高新区园区服务处牵头,根据秦淮硅巷企业名录,于 2019 年 10 月 8 日组织召开了在巷企业服务座谈会。在座谈会上,调研团队向各企业负责人介绍了本课题的重要意义,并重点强调了该研究对企业的实际意义,同时就 B 类问卷调研的细节问题与企业负责人进行了进一步的接洽和协商,鼓励企业认真参与问卷的填写。项目组成员在 10 月 10 日打印了 B 类问卷 636 份。10 月 14 日至 10 月 18 日,我们在 5 个工作日内完成了对秦淮硅巷企业的问卷发放和填写;10 月 21 日,调研小组成员对问卷进行了初步的整理,汇总了问卷的发放和回收情况。我们对在这个过程中支持和配合我们学术工作的企业员工和领导深表感谢。

(二) 问卷发放与回收

B 类问卷的发放与回收方式与 A 类问卷相同,由秦淮硅巷各企业的负责人在企业内进行单独发放与回收。由于秦淮硅巷各企业的内部员工较难统一集中,同时基于对时间、精力等因素的考虑,我们决定采取这种方式来发放和回收问卷。我们向各负责人详细介绍了问卷的填写明细和相关注意事项,并再三强调了个人信息的保密性,之后由各负责人统一对问卷进行分发、填写说明及保密性的强调,最后再进行回收。

B 类问卷主要发放到秦淮硅巷区域内的各企业,具体包括金城集团、紫荆大厦、信息软件大楼、东八一期、东八二期、金蝶科技园、中山坊、中航科技城、8511 所、55 所及科创企业。B 类问卷共发放 583 份,最终回收 545 份,问卷回收率为 93.5%。我们对参与 B 类问调研的企业进行了排序和汇总,表3-3为B类问卷调研汇总表,该表显示了调研的各单位名称、具体的问卷发放份数和问卷回收份数。

表 3-3 B 类问卷调研汇总表

问卷类型	序号	单位	发放份数	回收份数
B类问卷:企业	1	金城集团	110	85
	2	紫荆大厦	68	68
	3	信息软件大楼	32	32
	4	东八一期	64	64
	5	东八二期	36	36
	6	金蝶科技园	68	68
	7	中山坊	25	25
	8	中航科技城	10	10
	9	8511 所	60	47
	10	55 所	50	50
	11	科创	60	60

(三)问题反馈与处理

B类问卷的调研过程中也存在一些问题和挑战。比如,B类问卷的长度较A类问卷有所增加,填写所需时长也随之增加,导致有的员工在问卷填写过程中表现出不耐心,回收的问卷中出现了全部勾选某一选项的情况,对我们采集到的数据准确性有所挑战。为了保证项目研究的科学性和严谨性,我们在后期处理问卷数据的时候,删除了上述存在问题的问卷。

表3-4是秦淮硅巷建设现状调研情况的汇总表,包含了A类和B类这两类问卷的调研情况。总体来看,A类问卷打印了500份,发放447份,回收400份;B类问卷打印了636份,发放583份,回收545份。两次问卷调查的回收率都高于89%,说明本次调研拥有较高的参与率,获得了被调查者的广泛支持,问卷质量较有保证。

表 3－4 秦淮硅巷建设现状调研情况汇总表

问卷类型	序号	单位	发放份数	回收份数
A 类问卷：政府部门和服务机构	1	区委办	3	3
	2	政府办	10	10
	3	组织部	4	1
	4	研究室	11	11
	5	发改委	40	27
	6	科技局	24	22
	7	白下高新区	50	41
	8	财政局	10	10
	9	金融局	10	4
	10	投促局	10	10
	11	瑞金路街道	50	50
	12	大光路街道	45	36
	13	双塘街道	60	58
	14	南航	120	117
合计			447	400
B 类问卷：企业	1	金城集团	110	85
	2	紫荆大厦	68	68
	3	信息软件大楼	32	32
	4	东八一期	64	64
	5	东八二期	36	36
	6	金蝶科技园	68	68
	7	中山坊	25	25
	8	中航科技城	10	10
	9	8511 所	60	47
	10	55 所	50	50
	11	科创	60	60
合计			583	545

第三节 调研数据分析方法

获取了调研数据之后,下一步的工作便是对这些数据进行分析。数据分析工作是整个调研阶段工作的重点,数据分析效果的好坏对后续研究项目的开展和研究结论的形成具有直接而又重大的影响,因此,本项目将遵循科学的分析方法对收集到的数据进行分析。科学的数据分析能够完整全面客观地反映现实情况,据此形成的研究结论能够给组织和企业提供一定的参考价值。具体而言,本项目将从以下几个方面对此次调研数据进行分析。首先是数据的描述性统计分析,这将在下一节中展示。其次本研究将对所有的变量进行探索式因子分析(EFA),然后进行验证式因子分析(CFA)来评估各种测量项目在当前环境中的一致性。接着通过不同结构的测量模型比较(卡方检验)进行判别效度测试。对于秦淮硅巷制度环境的多层次作用机制的验证,本研究将采用多种方法相结合的研究设计。一方面采用 Baron 和 Kenny(1986)研究所指出的、学术界广泛认可的满足中介作用的三项条件来衡量;另一方面采用结构方程模型来检验测量模型和结构模型的拟合程度。对于相同层次综合调节作用的验证,本研究将通过层级回归模型进行假设检验。最后,本研究采用方差分析法来区分制度、产业和企业层次对公司创新创业活动和公司绩效不同的影响效果。

本节主要是从学术角度对数据分析方法进行解释,下面将详细介绍本研究涉及的数据分析方法,具体包括数据的信度检验、效度检验、相关性分析和回归分析。

一、信度检验

信度即可靠性,信度检验是体现测量结果一致性、稳定性和可靠性的指标,通过采用相同的方法对同一对象重复测量来检验所得结果的一致性程度。信度检验方法有重测信度法、复本信度法、折半信度法和α信度系数法。由于本研究的问卷量表均使用李克特 5 点计分法进行测量,因此在进行信度检验时,本研究将采用与李克特量表相匹配的、学界普遍采用的 Cronbach's α 系数来测量量表的内部一致性。Cronbach's α 系数评价的是量表中各题项得分间的一致性,属于内在一致性系数。一般认为,Cronbach's α 值高于 0.8 则表示测量可信度较高,在 0.7 和 0.8 之间被认为测量是可信的,在 0.6 和 0.7 之间测量还可以接受,在 0.6 以下则可信度较低,需要考虑重新编制问卷。

二、效度检验

效度即有效性,它是指测量工具或手段能够准确测出所需测量的事物的程度。测量到的结果与要考察的内容越吻合,则效度越高;反之,则效度越低。效度分为三种类型:内容效度、准则效度和结构效度。本研究主要考察问卷量表的内容效度及结构效度。

内容效度指的是测验题目对有关内容或行为取样的适用性,从而确定测验是否是想要测量的行为领域的代表性取样。内容效度方面,通过项目组成员及部分员工对问卷的语言表达修改来确保量表语义的准确表达和通畅,通过专家把关、问卷预测试等方法确保量表各构念在中国文化环境下的适应性,以这些方式来保证量表的内容效度。

结构效度指测验能够测量到理论上的构想或特质的程度,即测验的结果是否能证实或解释某一理论的假设、术语或构想,以及解释的程度如何。构念结构效度的检验主要运用探索性因子分析方法和验证性因子分析方法。探索性因子分析方法通过降维,能够将具有错综复杂关系的变量综合为少数几个核心因子。验证性因子分析通过观察测量指标与构念的契合程度来考察构念的结构性,运用这一方法,将得到一系列用以评价结构的拟合性指标的输出结果,包括卡方与自由度之比(χ^2/df)、近似误差均方根(Root Mean Square Error of Approximation,RMSEA)、规范拟合指数(Normed Fit Index,NFI)、比较拟合指数(Comparative Fit Index,CFI)、拟合优度指数(Goodness-of-Fit Index,GFI),递增拟合指数(Incremental Fit Index,IFI)等。在指标的选取和临界值判定上,一般认为,χ^2/df和RMSEA作为绝对拟合指标,如果χ^2/df小于3,RMSEA小于0.08则认为模型可以接受;而NFI、CFI、IFI、GFI等相对拟合指标在0.9以上,代表模型有很好的拟合度。本文将汇报χ^2/df、RMSEA、NFI、CFI、IFI等指标的验证性因子分析结果,作为对测量结构效度的检验性指标。

三、相关性分析

当数据的信度和效度通过检验之后,需要考察变量的相关程度,对其进行相关性分析。相关性分析是研究两个或两个以上处于同等地位的随机变量间的相关关系的统计分析方法,是描述客观事物相互间关系的密切程度并用适当的统计指标表示出来的过程。在考察两个变量的线性相关程度时,一般用皮尔逊相关系数(Pearson Correlation Coefficient)来进行度量。皮尔逊相关系数取值在$-1\sim1$之间,绝对值越大,代表变量间的相关性越强,反之,皮尔逊相关系数越接近于0,则代表变量间相关性越弱。

相关性分析结果按相关的程度分为完全相关、不完全相关和不相关。当相关系数绝对值等于1时,代表变量完全相关;当绝对值等于0时,代表变量完全不相关;绝对值介于二者中间时,代表变量不完全相关。相关性分析结果按相关的方向可分为正相关和负相关。相关系数取值为负值,表示变量呈负相关关系,其数量变动方向是相反的;取值为正值,表示变量呈正相关关系,其数量变动方向一致。

对收集的数据进行相关性分析，可以探测变量两两之间的相关性，对变量相互作用的关系有初步了解，以便于进一步进行回归分析以探讨更深入的作用机制。

四、回归分析

相关性分析检验了变量之间的相关程度，研究的是变量之间是否相关、相关的方向和密切程度，一般不区别自变量或因变量。回归分析则可以分析变量之间相关的具体形式，确定其因果关系，并用数学模型来表现其具体关系。因此，如果两个变量之间存在显著的相关关系，那么需要用线性回归分析方法来进一步探究其内部作用关系。

回归分析中，当包含一个因变量和一个（或多个）自变量时，使用简单线性回归法。当变量中包含中介变量，需要进行中介效应检验时，可以借鉴 Baron 和 Kenny（1986）推荐的中介变量检验三步法，同时参考温忠麟等（2004）的检验方法，用 SPSS 运算结果，使用分层线性回归检验控制变量、自变量、中介变量和因变量的作用机制。当变量中包含调节变量，需要进行调节效应检验时，如果控制变量、自变量、调节变量及因变量均属同一层面，借助 SPSS 软件使用分层线性回归方法即可实现；如果变量分属不同层面，还需要通过多层线性模型的方法借助 HLM 软件来完成。

第四节　描述性分析

从 2019 年 9 月至 2019 年 10 月，经过为期近 2 个月的问卷调研，我们收集了秦淮硅巷区域的政府部门和服务机构、企业近 1000 名人员的数据，其中 A 类问卷 400 份，B 类问卷 545 份。此次调研主要涉及对秦淮硅巷的 GEM 模型现状、创业制度环境、建设秦淮硅巷这一事件强度的调查。我们希望通过科学地分析调研数据，展现秦淮硅巷的建设运行现状并找到其中存在的问题，同时在实践层面上为老城区相关政策制定者和企业管理实践人员就如何在制度、产业和企业层面上营造有利于公司创业的环境提供借鉴意义。本节将对此次调研的信息进行初步的描述性统计分析，后续章节将基于收集到的问卷数据，详细分析秦淮硅巷运行机制的现状与存在问题。

一、各单位参与情况

问卷调研包括 A 类和 B 类两类问卷调研，通过对两类调研样本的汇总，最终统计了参与秦淮硅巷区域调研的总人数为 945 人。其中，参与 A 类问卷调研的人数为 400 人，占总人数的 42％；参与 B 类问卷调研的人数为 545 人，占总人数的 58％。两类问卷调研的参与人数及占比如图 3-1 所示。

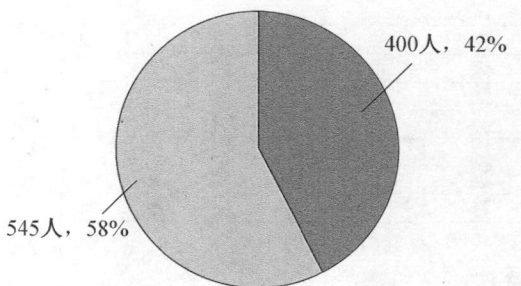

400人，42%

545人，58%

■A类问卷—政府部门和服务机构　　□B类问卷—企业

图 3-1　两类问卷调研的参与人数及占比

图 3-2 和图 3-3 分别展示了 A 类问卷和 B 类问卷调研中各单位的参与情况。从图 3-2 可看出，参与 A 类问卷调研的政府部门和服务机构中，南京航空航天大学的参与人数最多，其次是双塘街道、瑞金路街道和白下高新区。从图 3-3 可看出，参与 B 类问卷调研的秦淮硅巷区域企业中，金城集团的人数最多，其次是紫荆大厦、

金蝶科技园和东八一期。

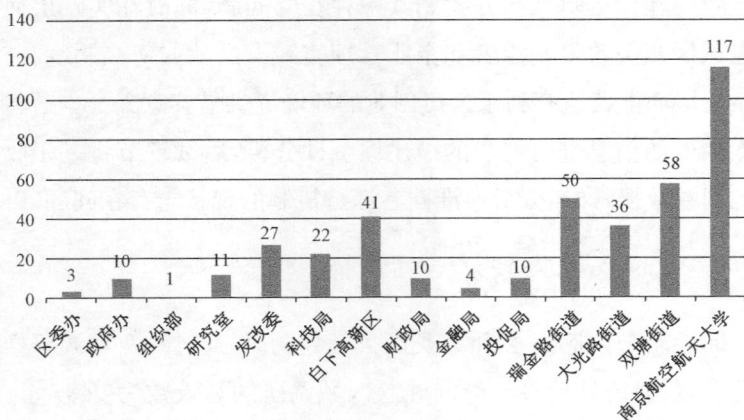

图 3-2   A 类问卷调研各单位的参与情况

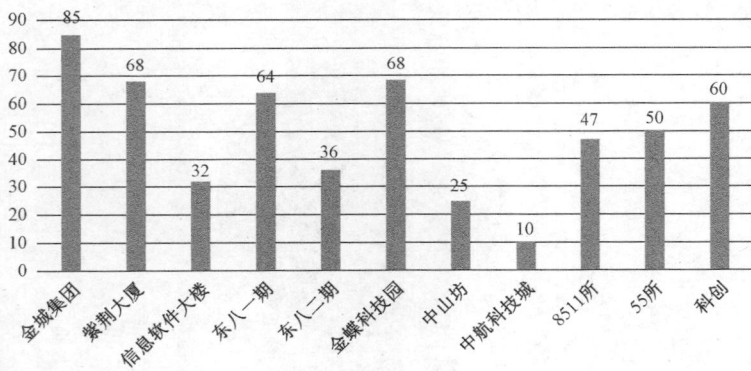

图 3-3   B 类问卷调研各单位的参与情况

二、样本基本特征

在汇总问卷数据初步掌握调研信息之后,我们对样本的基本特征,即性别、年龄、受教育程度进行了描述性统计分析。图 3-4 至图 3-6 分别展现了问卷调研样本的性别比例、年龄分布、受教育程度等相关信息。

（一）性别比例

参与 A 类问卷、B 类问卷调研的人员性别比例分别如图 3-4(a)、3-4(b)所示。可以清晰地看出，A 类问卷调研的秦淮硅巷政府管理职能部门和服务机构人员中，男性比例要略高于女性；B 类问卷调研的秦淮硅巷企业高管人员中，男性比例和女性比例比较均等。

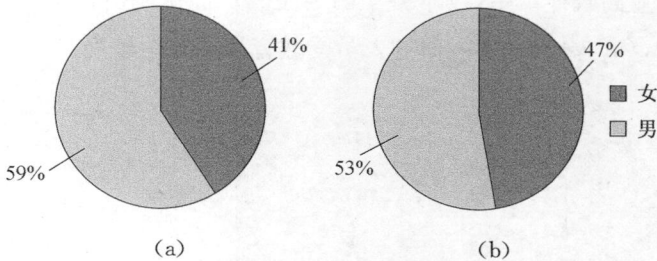

图 3-4　A 类、B 类问卷参与人数性别比例

（二）年龄分布

图 3-5(a)和图 3-5(b)分别显示了参与 A 类问卷、B 类问卷调研的人员年龄分布。从图中可发现，两类问卷调研样本的年龄分布都比较集中，以 21 岁至 40 岁之间的样本为主。但 A 类问卷调研的政府部门和服务机构样本中，年龄在 40 岁以上的样本比例要高于同年龄段中 B 类问卷调研的企业高管样本比例。由于参与问卷调研的是政府管理人员与企业高管，因此总体来看，此次调研的样本年龄偏大，这也与我们调研所需样本的要求是符合的。

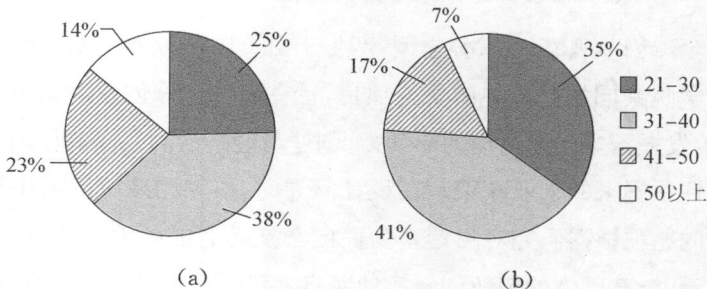

图 3-5　A 类、B 类问卷参与人数年龄分布

（三）受教育程度

图 3－6(a)和图 3－6(b)是 A 类问卷、B 类问卷调研样本的受教育程度分布图。从图中可以看出，A 类问卷调研的政府部门和服务机构样本中，本科的样本比例最高，接近 60%，其次是研究生及以上的学历，样本比例超过了 30%，二者比例相加超过 90%；B 类问卷调研的企业高管样本中，以本科学历为主。从此次调研样本的总体数据来看，参与秦淮硅巷调研的人员受教育程度普遍较高。

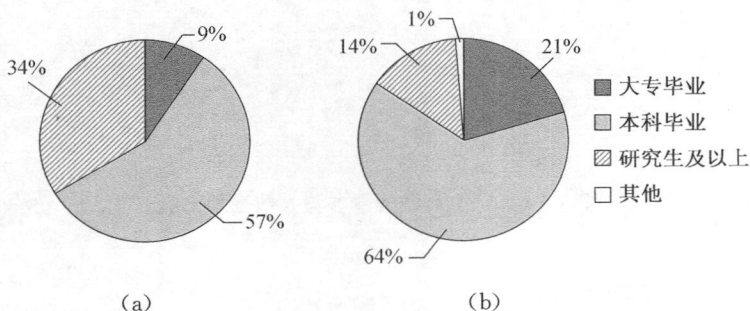

（a）   （b）

图 3－6　A 类、B 类问卷参与人数受教育程度分布

三、调查问卷结果比较

此次调研主要涉及对秦淮硅巷的 GEM 模型现状、创业制度环境、建设秦淮硅巷这一事件强度现状的调查，下面将按照这三个方向展示描述性统计分析的过程及结果。

（一）秦淮硅巷 GEM 模型现状调查

全球创业观察(GEM)模型，产生于由英国伦敦商学院和美国柏森商学院共同发起成立的研究项目，旨在研究全球创业活动态势和变化，发掘国家创业活动的驱动力、创业与经济活动之间的作用机制以及评估国家的创业政策。在设计问卷时，研究团队将问卷中针对国家的题项根据研究对象调整为面向秦淮硅巷的题项。GEM 的报告显示，对某区域的创业创新活动而言，营造一个良好的创业环境是保障其顺利进行的关键。创业环境包含金融支持、政府政策、政府项目、教育与培训、研究开发的转移、知识产权、商务环境、市场开放程度、有形基础设施、文化与社会规范、妇女创业、制度支持 12 个方面。为更直观地了解描述性分析这一统计方法在本研究中的运用,下文将展示并比较秦淮硅巷在这 12 个方面的调查问卷结果。图 3-7 是不断完善后的 GEM 概念模型。

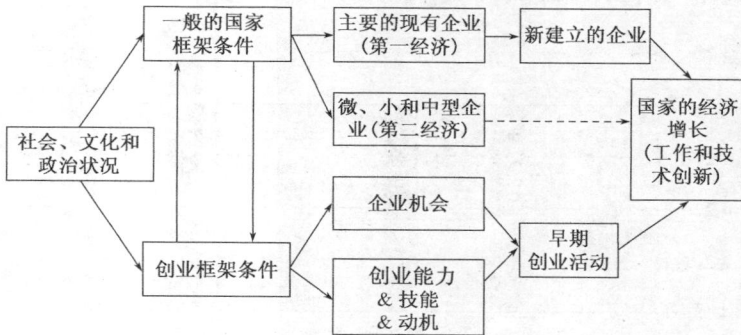

图 3-7　完善后的 GEM 概念模型

1. 金融支持

在 GEM 统一专家调查问卷中,金融支持的六个问题主要关注新成立和成长型企业的资金来源及难易。从图 3-8 我们可以看出,南京秦淮硅巷内新成立和成长型的企业最容易得到政府支持,获得政府补助资金;其次南京秦淮区、南京市的社会资源(创投公司和个人)提供的创业资本是新成立和成长型企业的重要财务来源,而个人资金、权益资金所占比重相对较少。对新成立的和成长型企业而言,秦淮硅巷内有充足的首次公开发行(IPO)和债务资金的融资渠道。这说明我国证券市场逐渐成熟,新兴企业和成长型企业通过公开募集方式筹集资金的困难有所降低,即使中小企业具有上市周期较长、手续复杂、成本高等问题存在,但南京市政府疏通企业融资渠道,比如将南京紫金融资担保有限责任公司注册资本增至 10 亿元,支持企业加大并购力度、做强做大。加大对科技型企业的融资担保力度,引导银行增加对科技型中小企业信贷投放规模,拓宽企业融资渠道。秦淮硅巷内的新成立和成长型企业可以通过首次公开发行(IPO)以及债务融资形成金融支持。南京秦淮硅巷正在搭建中小额贷款平台,进一步为中小企业融资铺建债务融资渠道。

调查分析情况

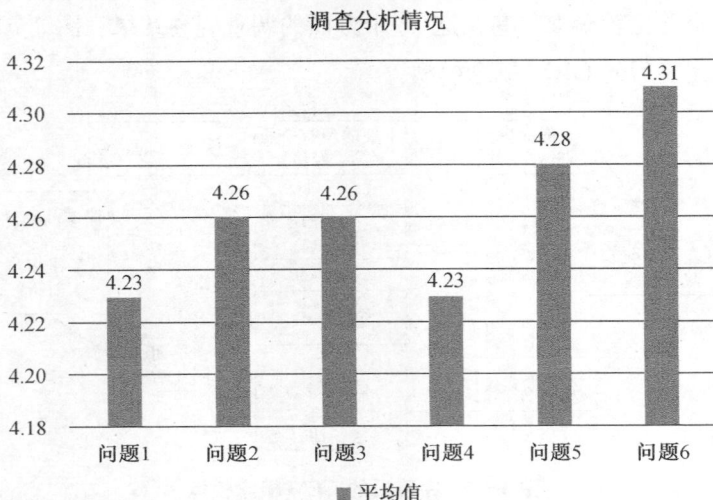

问题	内　　容
问题 1	在秦淮硅巷,有充足的权益资金(企业依法筹集并长期拥有、自主支配的资本)提供给初创和成长型企业
问题 2	在秦淮硅巷,有充足的债务资金(债权人为企业提供的短期贷款和长期贷款)提供给初创和成长型企业
问题 3	在秦淮硅巷,有充足的政府补助提供给初创和成长型企业
问题 4	在秦淮硅巷,有充足的个人(非创始人)资金提供给初创和成长型企业
问题 5	在秦淮硅巷,有充足的创业资本提供给初创和成长型企业
问题 6	在秦淮硅巷,有充足的首次公开发行(IPO)的融资渠道给初创和成长型企业

图 3-8　调查问卷结果比较(金融支持)

2. 政府政策

从图 3-9 中可以看出,南京市秦淮区政府政策调查得分都在 4.3 分以上,表明南京市和秦淮区政府在改善创业投资环境方面所做的努力已经发挥成效,已为新创企业的成立和发展提供了一个很好的平台。南京市秦淮区的政府政策尤其在"制定政策优惠时优先考虑扶持初创和成长型企业"和"政府对初创和成长型企业的税务和其他管制是可预见和稳定的"方面具有非常明显的优势,大大减轻了新创公司的税务负担,利于新创企业顺利渡过初创资金瓶颈期,获得长久的生存发展,对秦淮区内的创业活动起到了积极的促进作用。在问题 1 即"政府(如公开采购)一直对初创和成长型企业有优惠政策"上,评价不高,这可能与硅巷区域内大多为高科技企业,政府在公开采购方面能够给予的对口优惠政策较少有关。

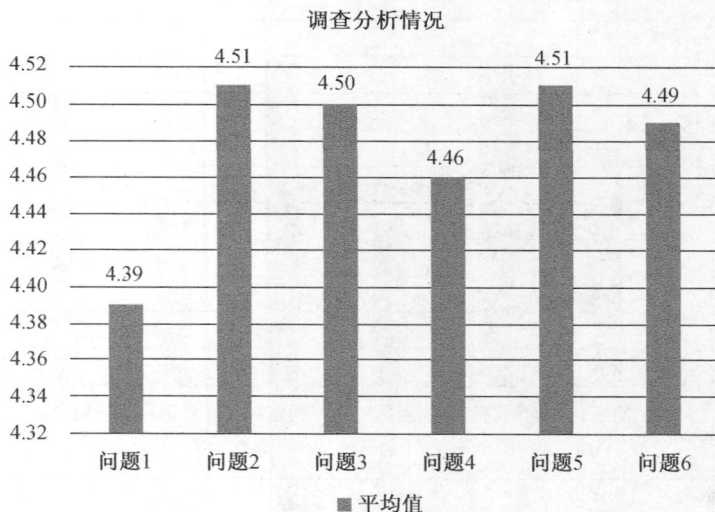

调查分析情况

问题	内　　容
问题 1	在秦淮硅巷,政府(如公开采购)一直对初创和成长型企业有优惠政策
问题 2	在秦淮硅巷,政府在制定政策优惠时优先考虑扶持初创和成长型企业
问题 3	在秦淮硅巷,初创企业可以在一周内获得所需的准许和许可证
问题 4	在秦淮硅巷,税务不构成初创和成长型企业的负担
问题 5	在秦淮硅巷,政府对初创和成长型企业的税务和其他管制是可预见和稳定的
问题 6	在秦淮硅巷,初创和成长型企业在应对政府机构、规章制度及许可证需求方面不是特别困难

图 3-9　调查问卷结果比较(政府政策)

3. 政府项目

在图 3-10 中,该部分所有问题的得分都超过了 4.2,这说明南京市秦淮区政府在政府项目上所做出的努力得到了调研对象的认可,但是相对于不断出台的政策和努力来讲,问题 5"几乎所有想从政府项目中获得帮助的初创和成长型企业都可以获得它们所需要的帮助"方面,虽然得分高于中位值 3,但是低于"政府项目"维度的其他方面,相对处于劣势。这说明南京市秦淮区政府需要继续积极推

调查分析情况

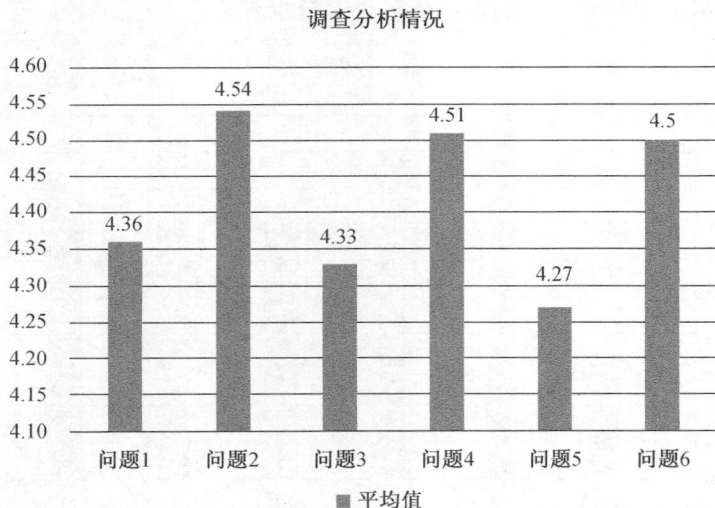

问题	内　　　容
问题 1	在秦淮硅巷,初创和成长型企业可以通过单一代理机构获得广泛的政府支持
问题 2	在秦淮硅巷,科技园和企业孵化器给初创和成长型企业提供了有效的支持
问题 3	在秦淮硅巷,有足够数量的政府项目提供给初创和成长型企业
问题 4	在秦淮硅巷,政府机关人员的工作能够有效支持初创和成长型企业
问题 5	在秦淮硅巷,几乎所有想从政府项目中获得帮助的初创和成长型企业都可以获得它们所需要的帮助
问题 6	在秦淮硅巷,对初创和成长型企业而言,政府的支持项目是有效的

图 3-10　调查问卷结果比较(政府项目)

动努力,加强与企业间的沟通交流,倾听企业需求,确保相关政府项目能够切实帮助到硅巷内企业,能够为新成立和成长型企业提供更高水平的支持。同时科技园和企业孵化器对于初创和成长型企业提供支持的有效性、政府机构工作人员的胜任能力以及政府对新成立和成长型公司项目支持的有效性得到了高度认可。

4. 教育与培训

由图 3 - 11 可以看出,南京市秦淮硅巷在以上各个问题的得分

调查分析情况

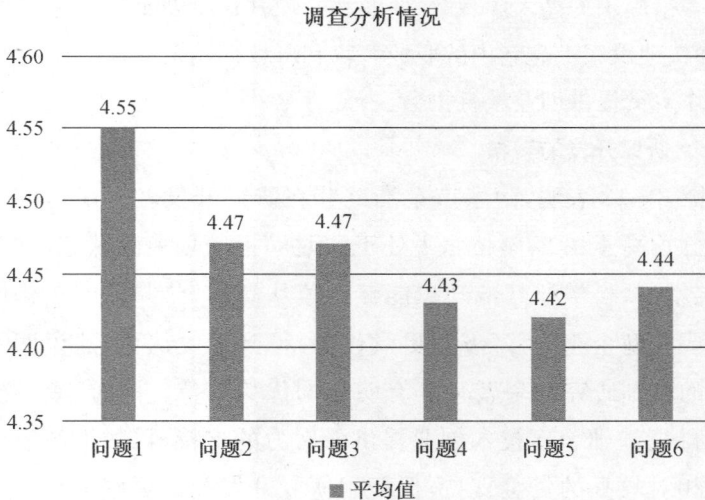

■ 平均值

问题	内　　容
问题 1	在秦淮硅巷,大学和科研院所鼓励创新、自主和个人原创
问题 2	在秦淮硅巷,大学和科研院所提供了充分的市场经济原理的指导
问题 3	在秦淮硅巷,大学和科研院所充分关注创业
问题 4	在秦淮硅巷,大学和科研院所为初创和成长型企业提供了充分的支持
问题 5	在秦淮硅巷,商业和管理教育体系为初创和成长型企业提供了充分的支持
问题 6	在秦淮硅巷,职业教育和再教育体系为初创和成长型企业提供了充分的支持

图 3 - 11　调查问卷结果比较(教育与培训)

都超过了 4.4,表现优异。这与近年来秦淮硅巷内分布有较多大院大所有关,秦淮硅巷内名牌大学、研究机构众多,大学教育在创新氛围营造、市场运行指导等方面对于初创企业和成长型企业具有重要作用;相比之下,"教育与培训"的其他维度,如商业和管理教育体系、职业教育和再教育体系对创业的促进作用略微逊色,这是秦淮硅巷内职业教育力量相对薄弱、专业商业管理人才不多导致的。因此,南京市秦淮区政府通过建设大学城,加强与南京大学、东南大学等名校合作等措施来提高大学教育、商业和管理教育对创业的支持水平;同时,加快建设秦淮硅巷内的职业教育和再教育体系,为社会有意创业的工作人员提供创业教育机会。

5. 研究开发的转移

图 3-12 表明,南京市秦淮硅巷在研究开发转移所有问题上的得分均高于 4.2,整体水平处于"积极"推动创业的状态,尤其是"新技术、新科学和其他知识能够迅速从高校、公共研究机构向初创和成长型企业转移"方面更具优势,得到高度认可,这说明秦淮硅巷的基础研究成果转化具有明显的优势地位。同时,秦淮硅巷内的科技基础为新技术创业提供强有力的支持,再加上政府所提供的相对较高的资金支持,保证了研究开发能够更好地从发源地通过创业机会向市场转化。同时问题 3 也反映了秦淮硅巷内的新成立和成长型企业在最新技术商业化的成本负担方面面临较大困难,最新技术向商业转化方面所受到的资金限制,成为它们独立转化科技成果的瓶颈。

调查分析情况

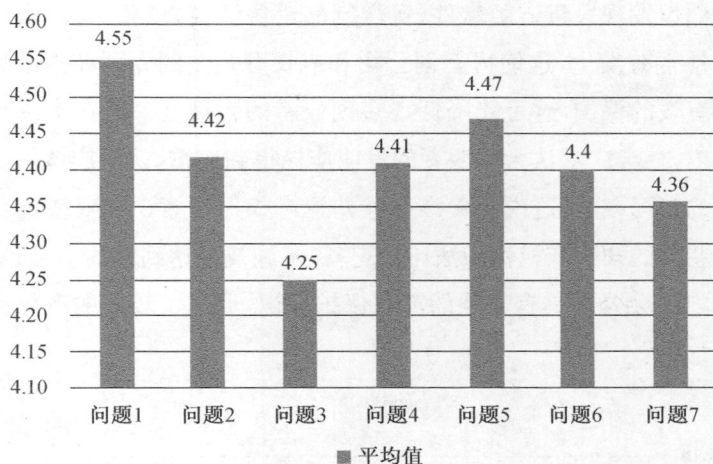

问题	内 容
问题 1	在秦淮硅巷,新技术、新科学和其他知识能够迅速从高校、公共研究机构向初创和成长型企业转移
问题 2	在秦淮硅巷,初创和成长型企业拥有和大型成熟公司同样的机会接触新技术、新研究
问题 3	在秦淮硅巷,初创和成长型企业负担得起将最新技术商业化的成本
问题 4	在秦淮硅巷,政府充分资助初创和成长型企业获取新技术
问题 5	在秦淮硅巷,至少在某一领域,科技基础(科技人力、物力和财力资源)能够有效地为世界水平的新技术创业提供支持
问题 6	在秦淮硅巷,工程师和科学家有能力支持初创和成长型企业将研究成果商业化
问题 7	在秦淮硅巷,初创和成长型企业有能力独立完成科技成果的转化工作

图 3－12　调查问卷结果比较(研究开发的转移)

6. 知识产权

创业环境的知识产权维度研究主要包括三个方面:一是相关法规的规定和实施;二是侵权行为的普遍性;三是社会对知识产权的尊重情况。

从图 3－13 可以看出,在侵权行为维度"非法销售盗版软件、音像制品和其他版权、商标权产品是不普遍的"得分最低,在现实社会中我们也发现大量盗版软件、音像制品销售泛滥,侵犯版权、商标权的事件常有发生,这使得新创公司和成长型企业的专利和技术难以得到有效的保护,这可能降低很多创业者的积极性。但在南京秦淮硅巷内,社会广泛认为发明者的发明应该得到尊重,认同应该保护发明者的正当权益,这说明秦淮硅巷知识产权保护意识相对较高。而且硅巷内的知识产权保护法比较完备,实施效率达到较高水平;秦淮硅巷内社会公众具有较强的产权保护意识,形成了较好的产权保护氛围。

调查分析情况

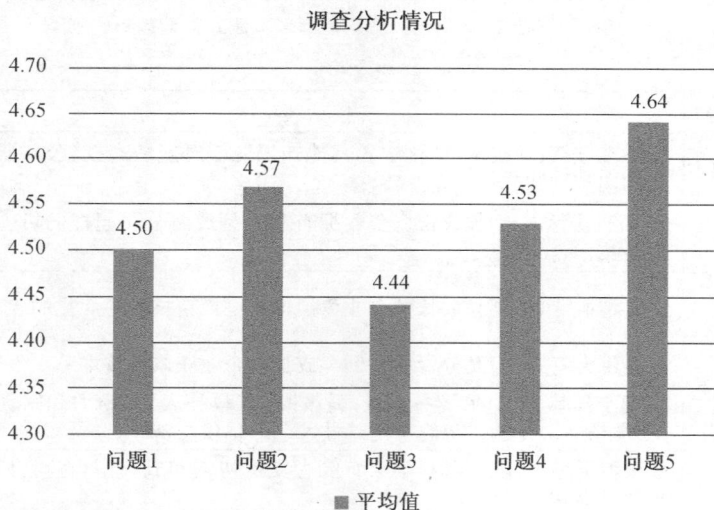

问题	内　　容
问题 1	在秦淮硅巷,知识产权保护法是完备的
问题 2	在秦淮硅巷,知识产权保护法的实施是有效的
问题 3	在秦淮硅巷,非法销售盗版软件、音像制品和其他版权、商标权产品是不普遍的
问题 4	在秦淮硅巷,初创和成长型企业相信他们的专利、版权和商标是能得到尊重的
问题 5	在秦淮硅巷,社会广泛认为发明者的发明权应得到尊重

图 3 - 13　调查问卷结果比较(知识产权)

7. 商务环境

商务环境可视为创业活动的温床,直接影响到创业的动机、行为和过程。如图 3 - 14 所示,对商务环境的各组成要素作横向比较,南京秦淮硅巷的新成立和成长型企业在该问题上的表现可以分为两方面:一是新成立和成长型企业在获取好的分包商、供应商、咨询机构以及专业的法律和会计服务方面存在困难;综合问题 1、2、3 的得分可以得出,虽然南京秦淮硅巷内存在足够的分包商、供应商和咨询机

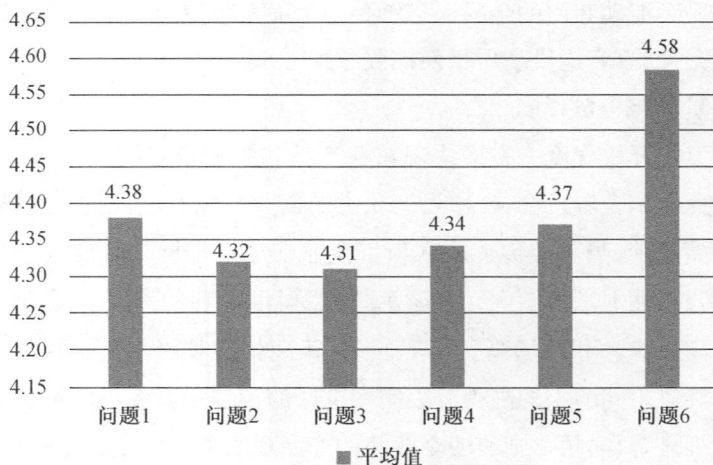

调查分析情况

问题	内　　　　容
问题 1	在秦淮硅巷,有足够的分包商、供应商和咨询机构为初创和成长型企业提供帮助
问题 2	在秦淮硅巷,初创和成长型企业能负担得起分包商、供应商和咨询机构的费用
问题 3	在秦淮硅巷,初创和成长型企业容易找到好的分包商、供应商和咨询机构
问题 4	在秦淮硅巷,初创和成长型企业容易得到好的、专业的法律和会计服务
问题 5	在秦淮硅巷,初创和成长型企业容易得到好的银行服务
问题 6	在秦淮硅巷,工商注册登记过程简单、效率高

图 3 - 14　调查问卷结果比较(商务环境)

构为新成立和成长型企业提供帮助,但是由于对这些服务费用的支付能力不足,新成立和成长型企业不能够充分利用这些优质专业服务以得到长期稳定的增长;比较问题3、4的得分可以看到,虽然新成立和成长型企业在获得专业法律和会计服务方面也存在困难,但其状况较前一类专业服务情况乐观,这与南京秦淮硅巷内法律和会计服务体系相对较完善及服务费用较低有关。二是新成立和成长型企业在获得金融及注册登记服务方面得分较高,易获得较好的服务,秦淮硅巷内落实科技创新政策,推行"全程代办服务",实现行政审批大提速。秦淮硅巷内的金融服务链条与上面两种专业服务链相比较来说更完善,政府提供高质量便捷服务。

8. 市场开放程度

市场开放程度一方面体现在在产品和服务市场的变化情况上,市场变化孕育着机会,在市场变化大的创业环境下,新创企业容易取得一席之地;另一方面体现在新创企业在进入市场时的准入壁垒和竞争公平性上。如图3-15所示,南京秦淮硅巷的市场正处于一个市场高增长率和市场高变化率的双高时期,这对创业企业而言是难得的机遇。问题1的高得分表明秦淮区的消费和服务市场每年的变化都很显著,问题2则表明企业间的产品和服务市场变化比较迅速,这说明南京秦淮硅巷的市场在消费产品方面给新创企业提供大量创业机会,也在生产产品市场方面设置了很大的进入门槛。问题3、4的低得分表明,南京秦淮硅巷市场的进入壁垒仍然较高,但问题5的得分也说明了成熟企业没有设置不公平的市场壁垒妨碍新成立和成长型企业进入,秦淮硅巷市场的公平性程度相对较高。总体上来看,南京秦淮硅巷的市场能够为创业企业提供难得的机遇和更公平的市场,但是因为其准入门槛较高,对创新创业人才、企业提出了更高的要求。因此,南京秦淮硅巷应该进一步开放本地市场,营造宽松的市场氛围,降低市场准入门槛,为区域内的自主创业营造良好环境。

调查分析情况

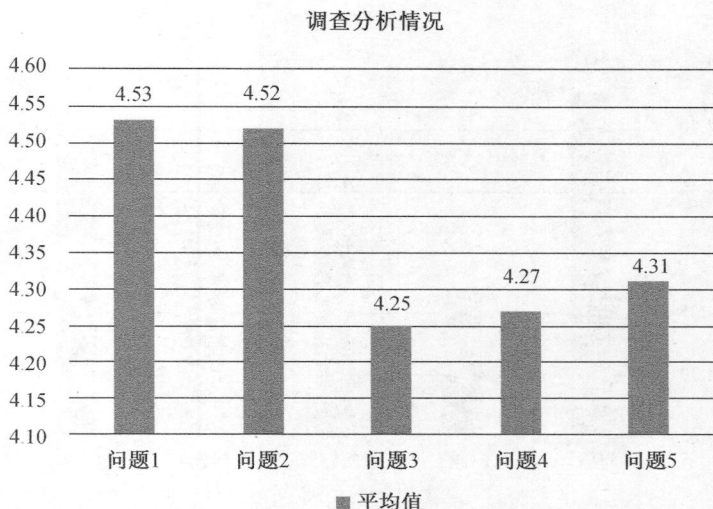

问题	内　　容
问题1	在秦淮硅巷,面向消费者的产品市场和服务市场每年变化很大
问题2	在秦淮硅巷,面向企业的产品市场和服务市场每年变化很大
问题3	在秦淮硅巷,初创和成长型企业能够很容易进入新市场
问题4	在秦淮硅巷,初创和成长型企业能够负担得起市场进入成本
问题5	在秦淮硅巷,成熟公司没有设置不公平的壁垒阻碍初创和成长型企业的进入

图 3 - 15　调查问卷结果比较(市场开放程度)

9. 有形基础设施

从图 3 - 16 中可以看出,南京市秦淮硅巷在 5 个问题中的得分均高于 4.3,远远高于中位值 3,说明被调查对象对秦淮硅巷的基础设施持肯定性评价,南京市秦淮区政府在道路、公用设施、通信、电话、互联网服务以及基础设施的费用、服务等方面的努力已经初见成效。但是对这五个问题横向比较发现,"初创和成长型企业可以比较廉价地获得通信(电话、互联网)服务"方面得分较低,这说明在秦淮硅巷内通信(电话、互联网)服务还需要一定成本。

调查分析情况

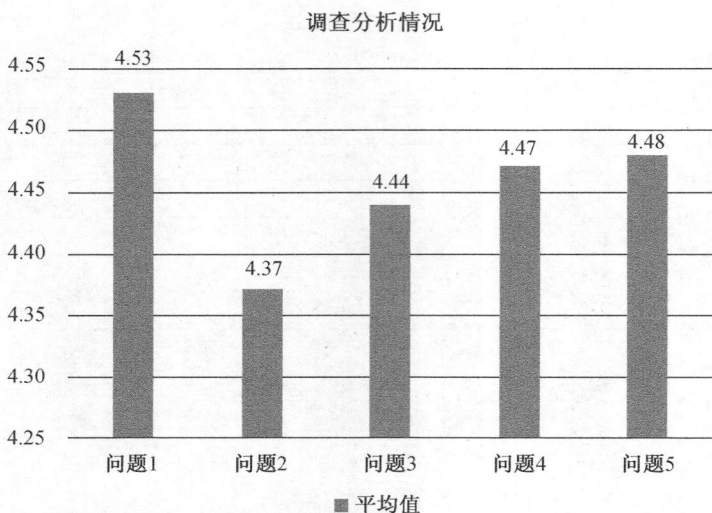

问题	内　　容
问题 1	在秦淮硅巷,基础设施(道路、设备、通信、污染处理)为初创和成长型企业提供了良好的支持
问题 2	在秦淮硅巷,初创和成长型企业可以比较廉价地获得通信(电话、互联网)服务
问题 3	在秦淮硅巷,初创和成长型企业可以在一周内开通通信服务
问题 4	在秦淮硅巷,初创和成长型企业可以负担得起水、电、气等基础服务费用
问题 5	在秦淮硅巷,初创和成长型企业可以在一个月内获得水、电、气等基础服务

图 3‐16　调查问卷结果比较(有形基础设施)

10. 文化与社会规范

文化与社会规范是指现存的社会和文化规范是否鼓励个人行为,这种行为可以导致人们以新的运营模式经营商业或者经济活动,反过来,这又会导致社会财富和收入的分散。该维度调查了人们对创业的一般态度,对待失败、风险和财富创造的态度以及这种态度对创业活动发展的影响,得分越高,说明该地区的文化对创业的支持度越高。

调查分析情况

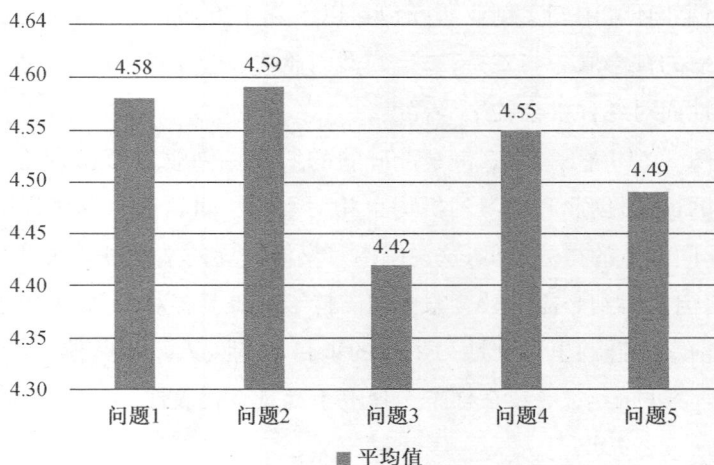

问题	内　容
问题 1	在秦淮硅巷,文化非常鼓励个人通过努力获得成功
问题 2	在秦淮硅巷,文化提倡自立、自治和个人原创
问题 3	在秦淮硅巷,文化鼓励创业冒险
问题 4	在秦淮硅巷,文化鼓励创造和创新
问题 5	在秦淮硅巷,文化一直鼓励创业,没有小富即安思想
问题 6	在秦淮硅巷,文化对创业失败很宽容

图 3 - 17　调查问卷结果比较(文化与社会规范)

从图 3 - 17 可以看出,南京市秦淮硅巷的文化非常鼓励个人通过努力获得成功,提倡自立、自治和个人原创,对创业失败较宽容,鼓励创造和创新;但是创业冒险维度得分没有很高。在近年提倡创业创新的大环境下,当前南京市秦淮区倡导、鼓励、支持创造和创新,秦淮硅巷的文化一直鼓励创业,不安于现状,大胆追求,同时对创业失败具有较高的宽容度,培育和营造了鼓励创新创业的氛围,为创业活动开展提供了土壤。

11. 妇女创业

创业环境中妇女创业研究包括以下三个方面,一是妇女能否得到必需的社会服务与支持;二是妇女创业的社会认可程度;三是男性和女性面对各种机会的平等程度。

图 3-18 显示,南京市秦淮硅巷的妇女在创业方面和男性享有同样的机会,创业和学习的机遇也相对平等。对这五个问题横向比较看,问题 1 的得分最低,这说明南京秦淮硅巷的文化虽然认可妇女创业,但是得到必需的社会服务与支持维度得分相对不高,主要原因是当前秦淮硅巷里以女性为主导的项目、企业、人才团队偏少,实际的具体案例不多,导致在样本选择上不都具有代表性。

调查分析情况

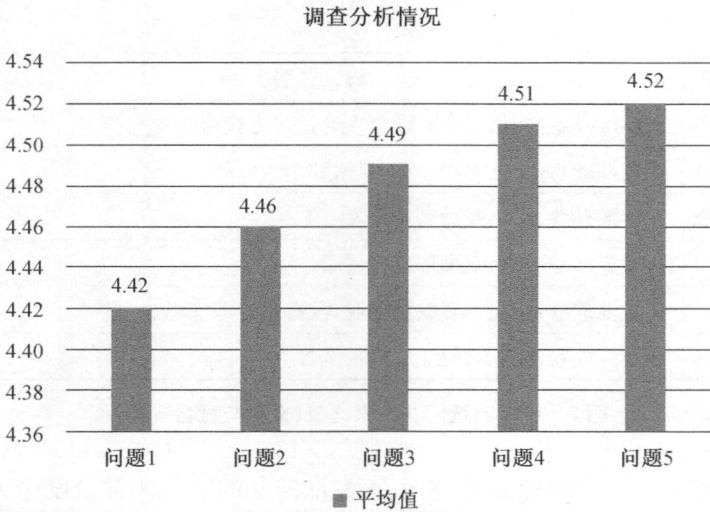

■ 平均值

问题	内　　　容
问题 1	在秦淮硅巷,妇女能获得足够的社会支持
问题 2	在秦淮硅巷,妇女创业是社会认可的职业选择
问题 3	在秦淮硅巷,社会鼓励妇女自我雇佣或创业
问题 4	在秦淮硅巷,男性和女性拥有同等的良好创业机会
问题 5	在秦淮硅巷,男性和女性具备同等水平创办新企业的知识和技能

图 3-18　调查问卷结果比较(妇女创业)

12. 制度支持

从图 3-19 可以看出,南京市秦淮硅巷在制度支持四个维度上的得分都超过了 4,远远高于中位值 3,这说明南京市秦淮硅巷对高成长型企业给予极大支持并得到了高度认可。尤其是"政府及其他相关部门能为企业提供必要的信息和技术"得到了相对高水平肯定。但在四个问题的横向比较中,政府及其他相关部门在帮助企业融资方面工作还需提升,对成长型创业活动支持的力度需要进一步加大,尤其是要深入研究创业活动的成长性、规律性和市场前景,做到信息对称、精准服务。因此南京秦淮硅巷如果要更好地把高成长性机会转化成创业活动,就要给予高成长型创业活动高度支持,就必须不断

调查分析情况

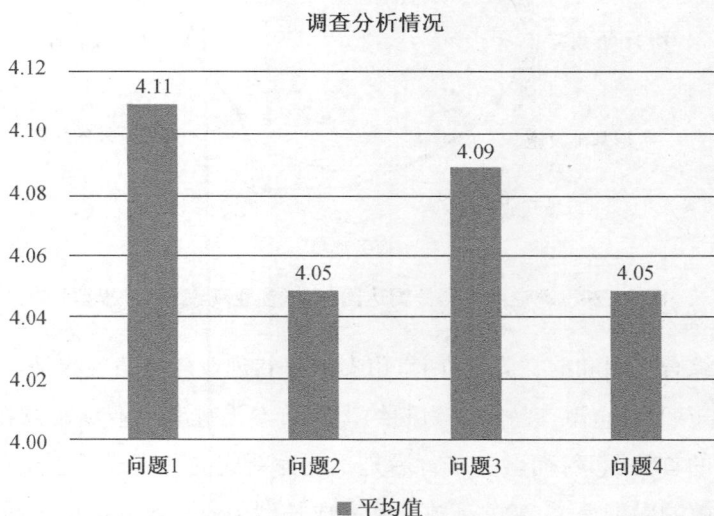

■ 平均值

问题	内　　　容
问题 1	在秦淮硅巷,政府及其他相关部门能为企业提供必要的信息和技术
问题 2	在秦淮硅巷,政府及其他相关部门积极帮助企业融资
问题 3	在秦淮硅巷,政府及其他相关部门帮助企业获得各种许可
问题 4	在秦淮硅巷,政府及其他相关部门很少干涉企业的经营

图 3-19　调查问卷结果比较(制度支持)

提高相关支持人员的技术和能力,并加强政府与高成长型企业之间的信息沟通,这样才能给予高成长型的创业活动更好的发展空间。

创业环境的各个要素从不同侧面反映了南京市秦淮硅巷的创业环境的状况,图 3 - 20 总结了调研对象对南京市秦淮硅巷创业环境的总体评价。

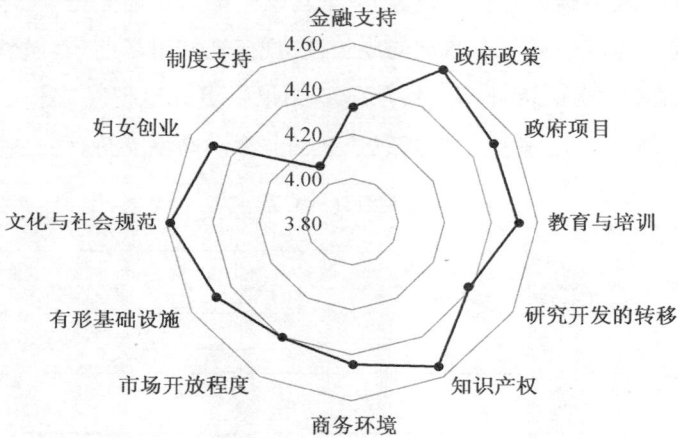

图 3 - 20　调查问卷得分雷达图(全球创业观察 GEM 模型)

综合上图和前文分析,南京市秦淮硅巷创业环境的现状是:

短期内,金融支持将成为制约南京市秦淮硅巷创业活动规模与水平的首要因素;而融资难背后是不能为新成立和高成长型企业建立有效的融资渠道;建立新成立和高成长型企业有效的信用体系,在创业融资领域内持续推动融资创新机制十分迫切。有关创业的政府政策比较健全,实施也初见成效,但政府落实的效率和具体方式还需要不断改进。政府项目支持公司创业的表现较好,但政府需要加强与企业间的沟通交流,倾听企业需求,使得相关政府项目能够切实帮助到秦淮硅巷内的企业,为新成立和成长型企业提供更高水平的支持。秦淮区政府在教育与培训方面做了大量的努力,拥有高水平的大学和培训机构，为区域发展提供丰富的教育培训资源，但是秦淮硅巷商业管理教育和创业教育不足，创业教育体系和再教育体系急需建立。秦淮硅巷内的研发水平和创业人员的科学技术水平较高，但由于技术的保密性质、市场化能力、技术确权不清晰等限制，最新技术向商业转化方面效率不高；符合市场经济运行机制、社会各利益相关部门参与的有效的区域性研究开发转移机制急需完善。知识产权的社会保护意识较高，社会尊重度也较高，但知识产权法需要进一步完备，其执行效果需要进一步提高。在商务环境方面，能够为创业企业提供充足的分包商、供应商、咨询机构以及专业的法律和会计服务，但是相关服务费用较高，限制企业进一步发展。硅巷的市场正处于一个市场增长率和市场变化率的双高时期，创业机会较多，但对新成立和高成长型企业的准入门槛相对较高，市场信息公开披露和宣传不够充分。有形基础设施有了很大改善，道路、公用设施、通信、互联网服务以及基础设施服务等为创业活动提供了良好的硬件条件，美中不足的是服务费用对新成立和高成长型企业来说略高。南京秦淮硅巷的文化和社会规范氛围鼓励创造、创新和个人独立，但是居民敢于冒险方面并不突出，在一定程度上制约着创业活动的开展。南京秦淮硅巷的文化认可妇女创业并给予足够的社会服务支持，给予了创业活动较高水平的创业支持，但政府相关人员对高成长性的把握能力不足，企业和政府之间需要进一步加强沟通。

总体而言，对创业环境的各个维度进行横向比较，南京市秦淮硅巷在知识产权、文化与社会规范、政府政策、政府项目以及教育与培训等方面较具优势，得分较高；其次，秦淮硅巷在商务环境、有形基础设施以及妇女创业等方面得分表现处于中等水平，有待进一步提高；而在金融支持、研究开发的转移以及市场开放程度等方面得分较低，处于相对劣势，它们是制约秦淮硅巷创业活动迅速发展的重要因素。

（二）秦淮硅巷创业制度环境现状调查

创业环境是创业者或组织进行创业活动过程中必须面对和能够利用的各种因素的总和，本质上是一种制度环境。对于既有企业来讲，制度环境限定和创造创业机会，进一步影响既有企业获得认知、社会政治合法性的过程，从而影响绩效。当然，合法性是有成本的。企业必须与社会期望保持一致来行动，否则会受到惩罚。创业环境作为社会活动的规制框架，创造和限定创业机会，决定创业的"合法性过程"，对创业活动有重要影响。创业活动的范围和创业的成活率在某种程度上都取决于制度环境，改善创业的制度环境可以直接提高创业的效果。

目前研究者普遍接受的创业制度环境的维度划分是根据制度的要素来进行分类，主要有规制制度（regulative system）、规范制度（normative system）以及认知制度（cognitive system）。其中，规范制度反映社会对创造力活动的尊敬程度，与文化、社会规范有关；认知制度与人们的知识、技能和信息获取有关；而规制制度则包括法律、制度、规定和政府政策等促进和限制创新行为的方面。要想进一步鼓励在南京秦淮硅巷进行创业，我们就必须了解其制度环境的状况。本课题把 Kostoa 和 Busenitz 等人的国家创业制度环境模型修改为适合秦淮硅巷的情境，并对南京市秦淮硅巷进行了调查，调查结果如下所述。

1. 规制维度

规制制度由促进或限制个体或企业创业的法律、法规及政府政策组成，这些规制为创业提供支持，降低创业风险，并促使创业者在创业过程中获得更多的资源。政府可以通过为创业个体或企业提供建议和帮助，为小型企业开发技术提供资助和财政支持，或制定简单便利的公司成立程序和降低投资者风险来鼓励创业。

由图 3-21 可知，企业高管与政府、服务机构在规制维度方面的认知趋势呈现相似，问题 1 和 3 得分最高，问题 2 和 5 得分最低，但是企业高管与政府、服务机构在认知水平方面存在差异，由于政府与服务人员对秦淮硅巷的法律法规与相关制度更为熟悉，因此规制维度各个问题得分水平高于企业高管。企业高管在规制维度五个问题的得分均高于3.9，远远高于中位值3，这从总体上说明南京秦淮硅巷的规制制度环境对企业发展的支持得到了企业的认可，这说明秦淮区政府的努力已经初见成效，秦淮硅巷在制定政府政策、签订政府合同时都考虑到了企业发展状况，为企业提供良好的教育、医疗、文体等服务供给条件，能够提供完善的商业配套和物业品质，更好地促进人与人、人与信息、人与技术互动碰撞。但对这五个维度进一步横向比较发现，企业对"资助那些帮助新企业成长的组织""帮助创业者创办自己的企业"两个问题的肯定度最高，这说明南京秦淮硅巷在扶

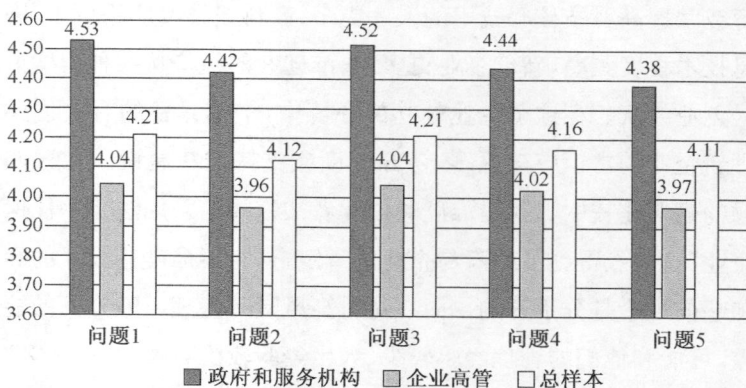

调查分析情况

■ 政府和服务机构　　企业高管　　□ 总样本

问题	内　　容
问题 1	在秦淮硅巷,会帮助创业者创办自己的企业
问题 2	在秦淮硅巷,会为创业者的小企业提供一些政府合同(订单)
问题 3	在秦淮硅巷,会为愿意创办自己企业的人提供特殊的鼓励政策
问题 4	在秦淮硅巷,会资助那些帮助新企业成长的组织
问题 5	在秦淮硅巷,会帮助创业失败的企业家重新开始

图 3 - 21　调查问卷结果比较(规制维度)

持新企业上的力度较高。但是"为创业者的小企业提供一些政府合同（订单）"问题得分最低，因此，南京秦淮硅巷考虑采购硅巷企业的产品服务的可行性，以制定更支持企业获得的规制制度。

2. 认知维度

制度环境的认知维度是指环境中的企业所拥有的有关创办和管理新企业的知识、技能和信息。如企业家是否知道如何获得创办新企业的资金。在地区水平上，有关企业家精神的知识被制度化，某些创业信息成为社会共有的知识，例如，在一些地区，如何创办新企业的知识被广泛传播，在另一些地区，企业高管可能对开创新企业和管理新企业的最基本的必要知识缺乏了解。

南京秦淮硅巷作为一个创新复合空间，有别于单纯的工业开发区和传统的科技园区、孵化器，分布有众多高校院所，区内受过高等教育或掌握高科技核心技术的人才更多，高科技技术应用更多，网络信息技术程度更高，新创企业更多，秦淮硅巷的经济从某种程度上说就是创业经济。在这个企业林立的环境中，个体具备的有关创办和管理新企业的常识应该更多，认知制度应支持硅巷建设。在这四个问题的横向比较中，"在秦淮硅巷创业者知道如何采用法律手段保护新企业"这一点得到了政府与企业的肯定，这与秦淮硅巷人才的高素质和超前观念是分不开的。而在对付高风险和管理风险方面的能力较差，可能和他们的管理经验较少、人生经验较少有关。图 3-22 中秦淮硅巷在政府和服务机构"认知维度"四个问题中的得分都超过了4，企业高管"认知维度"在 3.9 以上，印证了认知制度支持硅巷建设。但政府与企业两者间在认知维度方面的差异意味着政府需要考虑未来如何提高企业对于秦淮硅巷制度环境的认知水平。

调查分析情况

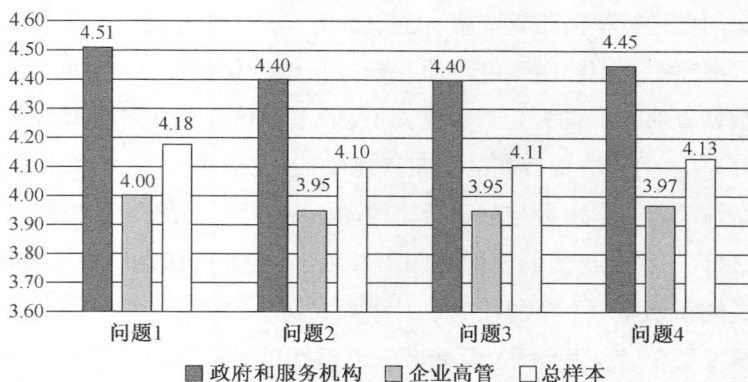

问题	内　　容
问题 1	在秦淮硅巷,创业者知道如何采用法律手段保护新企业
问题 2	在秦淮硅巷,创业者知道如何应对高风险
问题 3	在秦淮硅巷,创业者知道如何应对管理上的风险
问题 4	在秦淮硅巷,多数创业者知道到何处寻找产品市场相关的信息

图 3 - 22　调查问卷结果比较(认知维度)

3. 规范维度

规范制度是指一个社会对企业家精神活动的尊敬程度及对有关创造性和创新思维所持有的价值观和态度,主要与文化、社会规范有关,表现为社会公众对创业活动的认可度和对创业者的尊敬程度。创业研究发现,一个地区的文化、价值观、信仰与社会标准显著影响居民的创业导向。

如图 3 - 33 所示,南京秦淮硅巷在规范维度的四个问题上得分都高于 4,远远高于中位值 3,这说明区域社会规范对硅巷建设、创新的认可度非常高,全区的规范制度对秦淮硅巷形成了一种鼓励氛围。这种存在于人们意识深处的创业文化潜移默化地影响其创业选择,鼓励个人创业,增加个体创业动机,因此南京秦淮硅巷内高水平的"规范维度"必然催生南京秦淮硅巷居民较高水平的创业动机,这也进一步印证了前面创业能力维度方面的调查结果。对规范维度的这四个问题进行横向比较,"将一个想法变成一个企业是令人羡慕的职业选择"和"人们倾向于羡慕那些开办自己公司的创业者"尤其得到了被调查对象们的肯定,这一方面反映了区域内创业者享有较高的社会地位,另一方面较高的创业者地位是对于居民的极大鼓励,使南京秦淮硅巷内居民参与创业活动的动机更强。"创业者受到羡慕"得分最低,这说明当前创业的氛围不够浓郁,创业的活跃程度不够高,开展创新创业对生活的改变或者个人成就感的提升不明显。进一步继承发扬传统文化精华,营造鼓励创新性思维和活动的创业文化是秦淮硅巷规范维度的发展方向。

调查分析情况

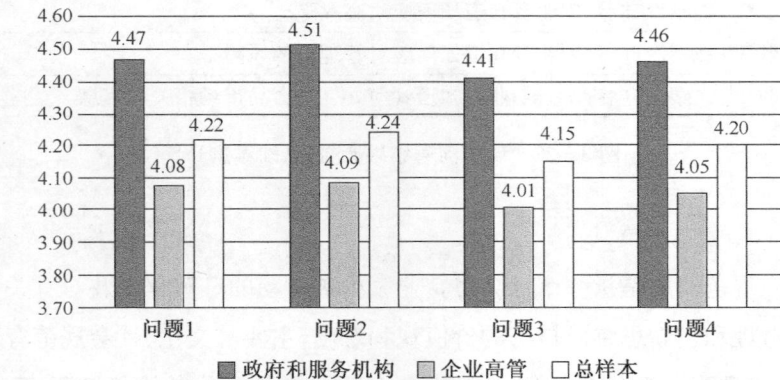

问题	内　　　容
问题 1	在秦淮硅巷,将一个想法变成一个企业是令人羡慕的职业途径
问题 2	在秦淮硅巷,创新和创造性思想被看作是成功的途径
问题 3	在秦淮硅巷,创业者受到羡慕
问题 4	在秦淮硅巷,人们倾向于羡慕那些开办自己公司的创业者

图 3－23　调查问卷结果比较(规范维度)

秦淮硅巷创业制度环境三个维度,对制度环境的分析做补充说明,为政策制定提供更有力的支持,图 3 - 24 是秦淮硅巷创业制度环境的总体评价。

调查分析情况

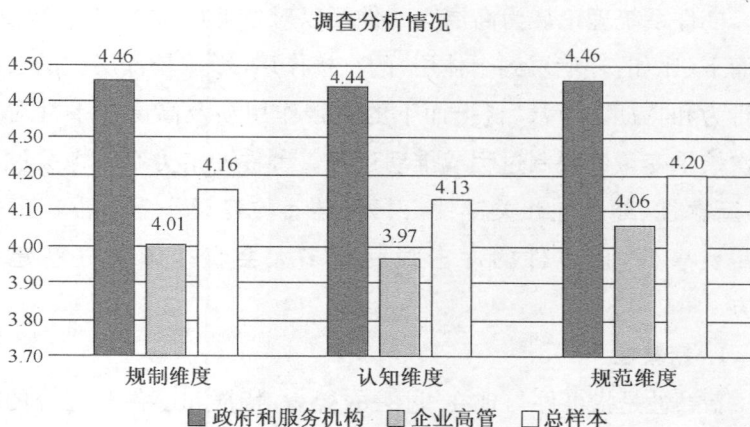

图 3 - 24 调查问卷得分(创业制度环境)

综合上述分析和图 3 - 24 可知,从总体上来讲,南京秦淮硅巷的制度环境是支持秦淮硅巷建设活动的,规制维度、认知维度和规范维度的推动作用得到了大多数被调查对象的认可。南京秦淮硅巷制度环境的现状如下所述:

南京秦淮硅巷制定了促进创业的法律、法规和政策,这些规制制度会帮助硅巷建设,也会制定特殊鼓励政策。秦淮硅巷内企业高管对秦淮硅巷内企业发展的最基本的必要知识有所了解,知道如何寻找产品信息、合法保护新创企业,但在对付创业管理风险方面的能力不足。区域内对秦淮硅巷活动的认可度较高,创业者有较高的社会地位并获得了广泛的社会尊重。

图 3 - 24 横向比较了南京秦淮硅巷在规制维度、认知维度、规范维度的得分,规范维度明显高于其他两个维度,这种高水平的规范制度可以激发区域内个体高水平的创业动机,但成功创办一个新企业仅仅具备创业动机是不够的,还需要创业者具备创办新企业的知识、技能、把握创业机会和对付高创业风险的能力,更需要政府营造驱动创业的规制制度。

（三）秦淮硅巷事件强度现状调查

事件系统理论认为高层次事件可以对较低层次的实体产生自上而下（比如，环境层到个体层）的直接作用，影响较低层次的实体的行为和特征。通常，自上而下的直接作用涉及高层次事件对低层次结果变量的限制过程或推动过程。事件冲击力有三个关键特性：新颖性、颠覆性和关键性。秦淮硅巷的建设作为秦淮区的一个重要事件，该事件的冲击强度有多大会直接影响硅巷建设各方。

1. 新颖性

新颖性是指事件与现在、过去的行为、特征和事件相区分的程度。因此，新颖的事件是那些全新或出乎个人或企业意料的现象。它更能引起个体、企业的关注，促使其进行深刻的思考，以求理解此事件。

如图3-25所示，可以发现企业高管对秦淮硅巷建设这一事件的新颖性感知明显高于政府机构的新颖性感知，尤其在秦淮硅巷的建设方法、程序步骤两部分内容，对于企业来说是非常规的、新颖的。但是政府发布了秦淮硅巷相关建设规定、政策与发展规划，企业可以按照程序、采取一定措施推动自身发展；同时，因为政府是秦淮硅巷建设的倡导者、组织者、实施者，政府有关专家对秦淮硅巷建设必然有更清晰的理解，对于已经开始实施的秦淮硅巷建设，政府部门制定了发展规划，但是秦淮硅巷建设毕竟是首次实施，国内外没有可以参考的丰富经验，因此未来的发展存在很多模糊的地方，充满了不确定性，问题1"建设秦淮硅巷的方法是清晰可知的"与问题2"建设秦淮硅巷的程序步骤是易于理解的"的得分较低反映了这一点。

调查分析情况

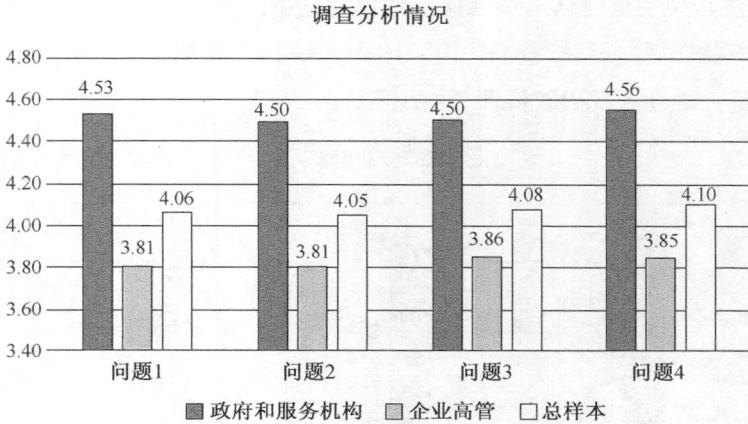

问题	内　　容
问题 1	建设秦淮硅巷的方法是清晰可知的
问题 2	建设秦淮硅巷的程序步骤是易于理解的
问题 3	可以依靠成型的程序与措施来应对秦淮硅巷的建设
问题 4	当秦淮硅巷的建设开始之后,有规则、程序或者指南来跟进建设

图 3 - 25　调查问卷结果比较(新颖性)

2. 关键性

事件的关键性是指事件对于企业的重要性、关键性以及被优先考虑的程度,通常需要企业对此类事件做出更多的分析,会引发更多的变化。事件的关键性越大,越有可能吸引企业的注意力,彰显出自身的影响力,促使他们采取不同寻常的行动来应对。相反,企业不会浪费自己的时间和经历来了解、处理那些平常且琐碎的事情。

如图 3 - 26 所示,企业高管与政府机构在秦淮硅巷建设这一事件的关键性认知的趋势是相似的,高度认可“建设秦淮硅巷对于我事业的长期成功是重要的”。相比之下,对于问题 3“建设秦淮硅巷是我工作的重要事件”的评分略微低一些,问题 2“建设秦淮硅巷是我工作的首要事件”的评分最低。尽管如此,企业高管的评分都高于中位值3,说明企业认可秦淮硅巷建设在其事业发展、日常工作中发挥着重要作用。但是,我们也应该清晰认识到企业相较于政府而言在关键性维度表现出较低评分的现实。

调查分析情况

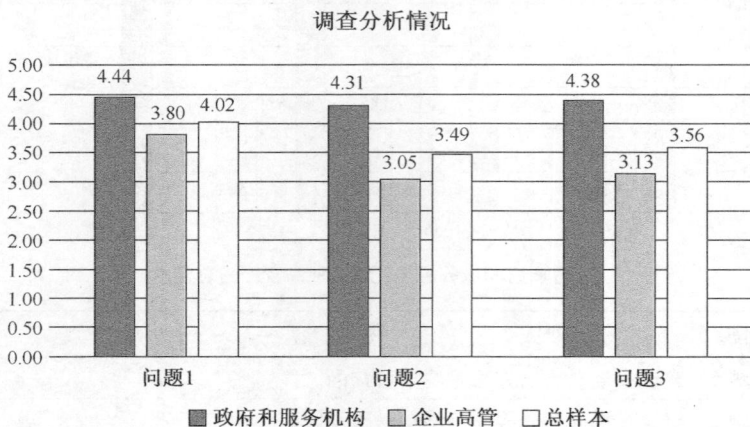

问题	内　　　容
问题 1	建设秦淮硅巷对于我事业的长期成功是重要的
问题 2	建设秦淮硅巷是我工作的首要事件
问题 3	建设秦淮硅巷是我工作的重要事件

图 3 - 26　调查问卷结果比较(关键性)

3. 颠覆性

颠覆性是指外部环境的不连续性,表明外部环境以某种方式发生了变化。因此,颠覆性关注的是日常活动变化的程度,反映出经历重大事件时企业感受到的威胁、破坏和突变。在应对颠覆性事件时,如秦淮硅巷的建设,企业不会延续其原有的方式,会改变其沿用的惯例和日常处理事情的方式,调整自己的行为去适应或变化,引发企业对建设秦淮硅巷的进一步分析。因此企业面对建设秦淮硅巷这一事件时,会改变现有的行为、特征和事件,或表现出新的行为,创造出新的特征,引发新的后续事件。

观察图 3 - 27 可知,无论是企业高管还是政府机构,对于“建设秦淮硅巷影响了我已有的工作能力，使得工作无法完成"的评分普遍较低，说明"建设秦淮硅巷"这一事件没有对其工作能力造成严重影响。但是建设秦淮硅巷在一定程度上改变了企业、政府与服务机构的工作方式，改变了他们沿用的惯例和日常处理事情的方式，使人们开始思考如何进行秦淮硅巷建设，这表明秦淮硅巷的建设对相关主体创意的产生、推广与实施具有重要影响，建设秦淮硅巷对政府与服务机构人员造成的冲击力更强。

调查分析情况

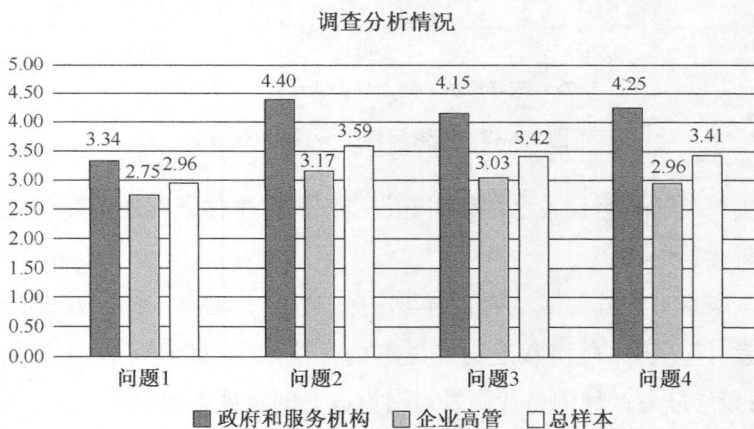

问题	内　　容
问题 1	建设秦淮硅巷影响了我已有的工作能力，使得工作无法完成
问题 2	建设秦淮硅巷的号召使我思考如何应对硅巷建设这件事
问题 3	建设秦淮硅巷改变了我惯常的应对方法
问题 4	建设秦淮硅巷需要我改变以前的工作方式

图 3 - 27　调查问卷结果比较(颠覆性)

事件强度描述了秦淮硅巷内政府专家、企业与服务机构等不同对象对建设秦淮硅巷这一事件的认知水平与差异，图 3 - 28 展示了秦淮硅巷事件强度的总体评价。

综合上述分析和图 3 - 28 可知，从总体上来讲，南京秦淮硅巷建设这一事件具有较强的新颖性、关键性与颠覆性，这得到了大多数被

调查分析情况

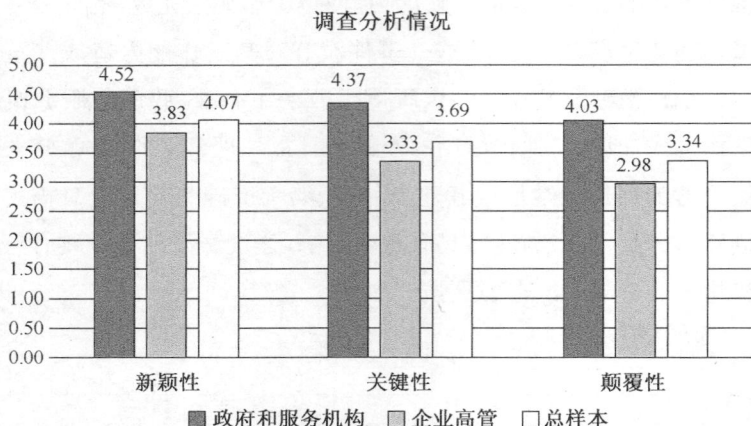

图3-28　调查问卷得分(事件强度)

调查对象的认可。各个主体对建设秦淮硅巷事件强度的感知现状如下所述：

南京秦淮硅巷区域内政府与服务机构人员对秦淮硅巷建设相对熟悉,但是仍然在摸索建设好硅巷的发展之路,还具有较多不确定性;秦淮硅巷区域内企业高管对秦淮硅巷的发展情况有所了解,知道依靠成型的程序与措施来应对秦淮硅巷的建设,但作为秦淮硅巷内的发展企业,是硅巷建设的"承受者",对硅巷的未来发展方法没有进行深入了解,但是这并不妨碍企业开始思考如何建设秦淮硅巷;区域内对秦淮硅巷建设的关键性认可较高,大部分人认为秦淮硅巷的建设对其自身长期事业的成功有重要影响。

图3-28横向比较了南京建设秦淮硅巷在新颖性、关键性和颠覆性三个维度的得分,新颖性相关问题得分明显高于其他两个维度,这反而说明政府机构对秦淮硅巷建设有着清晰的认识。值得注意的是颠覆性维度得分最低,表明秦淮硅巷的建设是对于现有城市发展模式的一种利用式创新,没有完全颠覆区域内群体的思维方式,但是一定程度上改变了人们的思维行为方式。值得注意的是,企业高管在事件强度(事件冲击力)三个维度的得分均明显低于政府,这表明

建设秦淮硅巷这一事件在不同群体中的冲击力有所不同,政府作为事件的倡导者和实施者,必须思考区域内企业对秦淮硅巷的关键性感知,促进企业"被动的承受者"向"主动的改变者"转变,激发企业创新活力。

(四) 秦淮硅巷创业活动开放式问卷调查结果分析

在专家调查问卷中我们设计了三个开放式问题,一是您认为促进秦淮硅巷活动的三个主要因素是什么? 二是限制秦淮硅巷的三个主要因素是什么? 三是请您提出改善秦淮硅巷建设现状的三条建议。我们将所有专家意见根据创业环境框架条件进行分类汇总,最后得出各个专家对南京市秦淮硅巷的整体看法。

1. 促进因素

从图 3-29 中可以看到,专家认为"政府政策"是南京市秦淮硅巷活动的主要促进因素。适当、切实的政府政策在鼓励和扶持个体创业,改善投资软、硬环境方面起到了有力的促进作用。其中,政府政策在引导产业发展,对秦淮硅巷企业给予优惠的政策,提供创业支持,减免税收方面的作用被很多专家提到。"政府项目"、"创业支持"和"商务环境"作为促进秦淮硅巷建设的因素紧随其后。政府项目会给新创企业和高成长型企业留出一定比例,对创业活动给予很大的支持,有专业的科技园区,对创业活动给予高度的重视和支持,良好的商务环境,尤其是与创业活动配套的专业金融、法律、咨询、会计等相关服务的发展都促进了创业活动。其后,"金融支持"和"创业机会"也对新区内的创业活动起到了推动作用。良好的融资渠道是创业的基本保障,专家认为南京市秦淮区人民政府给予新创企业较高的财政补贴、政府补助和创业资本补息为创业提供了一定的经济保障。具有良好创业氛围的新区内存在大量好的创业机会,也对创业起到了促进作用。

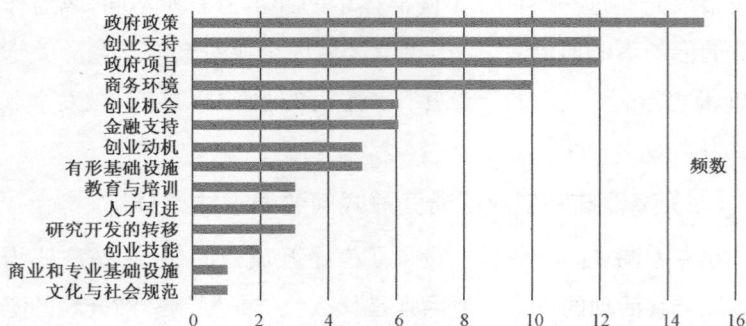

图 3‑29　专家认为促进秦淮硅巷创业活动的主要因素

2. 阻碍因素

从图 3‑30 来看,首先,被调查专家认为南京秦淮硅巷创业活动的最主要的限制因素是"创业激情"的缺乏,创业在南京秦淮硅巷内还没有被多数人看作是一项理想的职业选择而得分较低,这表明我们可以把创业看作是人的天赋使然,只有那些具有很强的创业精神和创业能力的人才选择创业,或者在巨大的创业机会诱导时人们才去创业,或者是出于被迫、没有更好的机会才选择创业。其次,"创业技能"的缺乏是阻碍南京秦淮硅巷创业活动的关键因素,它对创业活动的限制作用远远大于其他因素。创业家缺乏创办新企业相关的"创业技能"主要表现为:年轻心智性格不成熟,知识储备、经验不足,管理能力水平低,社会和人力资本缺乏等方面。这样进一步印证了前面创业环境条件框架调查中的结果,南京市秦淮区内虽然有大量的创业机会,但是由于创业者创业技能的不足,导致了大量好的创业机会不能够转化为成功的创业活动,因此,南京市秦淮区政府在下一步工作中应该把提高区内居民的创业技能作为重中之重。最后,"金融支持""有形基础设施"也限制了创业活动。融资困难,创业资金不足、金融支持不够将成为制约南京市秦淮硅巷创业活动规模与水平的重要因素,建立新成立和高成长型企业有效的信用体系,在创业融资领域内持续推动融资创新机制十分迫切。

商业和专业基础设施的发展与创业活动不配套或费用较高阻碍了创业的问题也亟待解决。

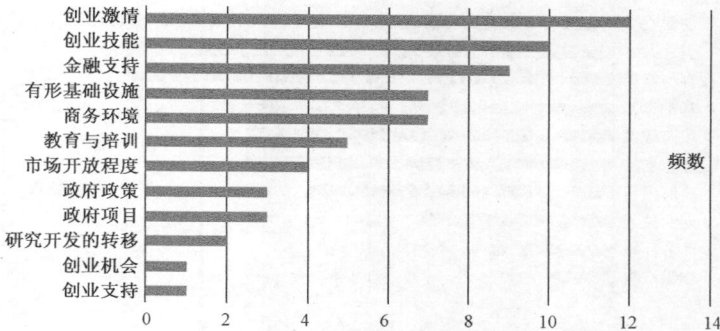

图 3‑30　专家认为阻碍秦淮硅巷创业活动的主要因素

3. 改善建议

如图 3‑31 所示,与限制南京市秦淮硅巷活动的因素相对应,"创业支持""引进人才""教育与培训"和"有形基础设施"分别列于改善创业活动建议的前四位。首先,专家普遍认为,政府应该对新创企业和高成长型企业加大扶持力度,并提高相关支持政策的实施效率和效果,应该给予本地创业与海归创业相同的支持力度以及出台相应的政策法规来支持创业。其次,"引进人才"和"教育与培训"相互结合可以从内外两方面协同解决创业的限制因素——"创业技能"缺乏的问题,从秦淮硅巷区域外引进具有创办新企业知识、技能和经验的创业人才或高科技人才在短期内可以快速解决秦淮硅巷内的缺乏具有良好"创业技能"创业者的问题,但是从长远发展来说,在引进人才的同时,更应该通过加强商业教育和创业职业培训等手段,建立一个完善的创业教育与培训系统,从总体上提升秦淮硅巷区域内全面的创业技能,这样才有可能促进区域内的全民创业。再次,南京秦淮硅巷在"有形基础设施"方面还应该进一步加大资金投入和努力,不断改善公共服务,改善治安环境。最后,专家还认为在促进创业方面南京秦淮硅巷还应该加强政策改善力度,出台专门针对创业活动的政策,有效落实执行新成立和高成长型企业的政策,鼓励、引导、扶持新创建的企业,并在政府项目和金融支持上给予创业活动大力支持。

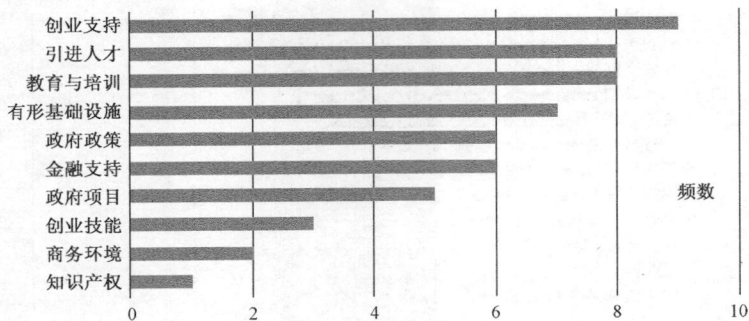

图 3 - 31 专家提出改善秦淮硅巷创业活动的主要建议

第四章　制度支持对垂直网络的影响：企业感知行业增长的中介作用

　　转型经济体中，政治关联对于不完善制度具有有效的替代作用。尽管制度支持有利于企业减负，垂直网络的建设有利于企业突破壁垒，但是二者关联也易滋生企业核心竞争力减退、资源分配不公、政府腐败等风险。因此，本研究基于企业的战略行为三视角与通用效能模型，研究了经济转型过程中制度支持对于垂直网络的影响，以及感知行业增长在这一决策路径中发挥的中介作用，特别对于科技型企业的特殊性进行了分样本讨论。对秦淮硅巷545位企业管理人员进行调查研究，结果显示制度支持与垂直网络之间存在显著正相关，对于科技型企业，两者之间的线性关系不存在；感知行业增长在制度支持与垂直网络之间发挥中介作用。身处三者的复杂关系中，政府应完善功能，企业应提升能力，以扬长避短。

第一节　理论模型

一、垂直网络

　　垂直网络即企业积极建立与行政机构的良好关系，构建关系的方向包括了法律框架及其执行、产权、信息系统以及监管制度

(Meyer & Rowan,1977)。

垂直网络的来源方面,领域内专家针对企业性质、资源分布、市场欠缺有不同解释。企业性质方面,Xin 和 Pearce(1996)认为由于法律框架的不完善,私人公司的高管比国有或集体混合公司的高管更加依赖垂直网络。潘越、戴亦一、李财喜(2009)指出,当企业出于财务窘境中时,企业已取得的政府关系将在一定程度上影响财政补贴的获取,但对国有企业作用不甚显著。资源分布方面,张建祥和郭岚(2010)认为,中国民营企业热衷于构建政治关系的缘由在于政府独家掌握巨量的资源,能够为民营企业发展提供稀缺而重要的资源。市场欠缺方面,Li 等(2006)从企业家参与政治的动机出发,指出企业家参与政治的可能性可以用市场和市场支持机构的不发达来解释;对于以上说法,林亚清和赵曙明(2013)使用转型经济国家中正式制度缺失这一概括性结论,指出采用政治网络战略建立政治关系以试图获取更多的资源是许多企业的必然选择。

垂直网络的作用方面,众多学者从其阶段性、区域性进行了讨论。阶段性上,在不同的市场发展阶段对待垂直网络的建设应当采取不同态度:Peng 和 Luo(2000)提出了关系型战略应当应时而变,在市场化改革初期制度不完善的阶段,建设垂直网络对绩效有正向作用,应当积极对待垂直网络建设;但是随着制度日益完善,关系型战略的边际收益将下降,应当及时从关系型战略转向市场型。并且关系型战略本质上难以长期存续,于蔚(2013)基于"规模扩张效应—效率减损效应"的观点,重点分析民营企业在建立垂直网络之后的决策行为,得出该结论。区域性上,余明桂、回雅甫、潘红波(2010)证实了寻租假设的存在,并且指出建立对公关系的寻租行为,其流行程度与地方制度约束强度成反比,即制度约束弱的地区,民企获得财政补贴的方式更容易演化为贿赂操纵地方官员,以获取政策倾斜的资源支持;潘红波、夏新平、余明桂(2008)对于民营企业获得银行贷款的研究也证实了垂直网络存在区域差别,金融、法治发展完善程度越低,政府侵犯各类产权越严重,政治关系强度与银行债权融资的难度成反比。

学者讨论垂直网络利弊时,常将其与制度支持联系起来,并基于成本与收益的逻辑,阐述该种关联的利弊双方。正面效应方面,于蔚(2013)认为垂直网络产生的信息效应和资源效应有助于企业从融资约束中松绑、进而获取所需资金,同时对于企业越过壁垒、进入高净值行业有推动作用。但垂直网络隐含的负面效应也不容小觑,张祥建和郭岚(2010)指出政治关联也可能对民营企业的效率和价值产生危害,造成“掠夺效应”,故垂直网络建设对企业经济利益短期内将有突破,但是长期来看却会给企业管理增加负担。有政治联系的民营企业更易遭到政府干涉的影响,承担较重的雇员负担(郭剑花、杜兴强,2011)。而企业行为易被垂直网络干扰,将打击民营企业的效率优势与核心竞争力(于蔚,2013)。除此以外,冯延超(2012)还证明了政治关联作用于税收负担的“政治成本假设”,即相较于政治非关联企业,关联企业的税负有明显的抬升,且该种相关性随着关联程度的强化而提高。

二、制度支持

在企业经营的大环境中,制度支持有重要地位。制度支持指政府机构(如政府部门、行政机构和监督机构等)为企业提供正面支持以弥补制度不完善的缺陷(林亚清、赵曙明,2013)。

制度支持有许多体现方式,作用途径也各不相同。当制度支持体现在补贴方面,研究表明补贴支持对于社会绩效的利弊受到政治关联的影响,若企业不存在政治联系,则其社会绩效、企业绩效与财政补贴的获取呈正相关(余明桂、回雅甫、潘红波,2010)。当制度支持体现在融资方面,在大众创业、万众创新的政策号召下,各地均出台对小微企业、创业企业融资的政策支持,制度与基础建设并行,知识产权质押融资等利好政策稳步推进,同时以区块链技术为核心的一站化线上融资服务也初具雏形。当制度支持体现在税收优惠方面,2007 年之前我国企业的法定最高所得税税率达到 33％,但是从中央政府到各级地方政府都存在各种形式的所得税优惠政策,并存在免所得税的最高优惠(吴文锋、吴冲锋、芮萌,2009)。

制度支持与垂直网络相互联系、互相作用。一方面,企业是社会中的企业,社会制度大环境将深刻影响企业的战略决策,有时甚至起关键性作用。刘海建(2012)指出,在企业中存在战略行为三视角,相较于产业观、资源观视角,也许中国民营企业的战略行为使用制度观视角来说明更有逻辑。另一方面,企业不只是政策的被动接受者,为追求利益最大化,也会想方设法主动争取政策支持,建设垂直网络就是主动出击的方式。总的来讲,在市场未充分配置资源的转型经济体中,垂直网络的建设尤其有利于获取集中掌握于政府的稀缺资源,有利于企业克服制度失效(余明桂、潘红波,2008),追求更加有力的政策支持。具体到税收方面,在税负较重的地区,假设高管自带政府背景,所得税适用税率、实际所得税税率两项均会显著低于高管不自带政府背景的公司(吴文锋、吴冲锋、芮萌,2009)。具体到融资方面,中国金融业存在政治上的行业壁垒,政治身份给民营企业家及其企业背书,提高了民营企业的融资能力(胡旭阳,2006)。

对于制度支持与垂直网络的相互作用,现有研究褒贬不一。一些研究表明,法律保护被政治关联的作用代替,垂直网络与政治身份给产品质量的背书,使得民营企业融资门槛降低,进一步为民营企业的融资提供便利,从而给中国的民营经济注入活力(胡旭阳,2006)。但另一些学者则认为,灰色战略是中国经济制度转型过程中企业的迷失,将导致企业的战略选择错位(刘海建,2012);通过建立垂直网络攫取财政补贴的行为将会降低整体福利水平,扭曲资源配置(余明桂、回雅甫、潘红波,2010)。

三、感知行业增长

感知行业增长指企业高管对于行业景气程度的感知，全过程基本概括为观察行业营业数据/政策风向——感知行业景气程度——根据感知做出投资决策。感知行业增长是行业的客观景气程度与个人感受的复合产物，一方面，该过程在心理学决策领域具有一致性。Kahneman(2011)在其著作《思考，快与慢》①中指出启发式直觉将产生典型判断、锚定效应、结果偏见、乐观偏差等一系列心理学现象，指出"所见即所得"的现象具有显著性。另一方面，该过程亦在决策神经科学领域具有一致性。沈强(2011)指出在决策时，个体的预期情感参与到风险决策的预期阶段、决策阶段、反馈评估阶段中的加工，在风险决策的决策阶段、反馈评估阶段同样扮演着重要的角色。此外，该过程反映的一致性对于缺乏投资经验的新创企业高管更加显著。王翠翠(2014)根据决策神经科学的从众与反从众行为研究，指出投资经验对投资决策具有信息从众性，在行为科学的层面有很显著的影响，表现在没有经验的个体中从众程度更高、更加地激进冒险。但另一方面，感知行业增长也受到个人感受能力、理解能力的影响，年龄、职位、教育程度等人口统计学特征也可能影响对客观环境的感知。

研究感知行业增长的目的是进一步明确在制度支持与垂直网络二者间的决策过程。有研究指出政府的制度支持往往是"锦上添花"而非"雪中送炭"，即更加偏向支持景气程度高的行业(孙秀丽、赵曙明、白晓明，2018)。但是也有研究表明政府的政策支持对于科技型企业的核心竞争力有负面削弱效果(余咏泽，2011)。同时，建设垂直网络势必增加企业成本。该决策过程受到诸多因素影响，正面与负面影响因素并存，因而对决策过程的研究是有必要的。

---

① Kahneman D. Thinking, Fast and Slow[M]. Farrar, stravs and Giroux, 2011.

研究感知行业增长的作用方式具有重要性,有利于理清制度支持大环境之于建设垂直网络的复杂作用路径。从企业高管的视角出发,通过感知行业景气程度,做出政府加大或减小政策扶持的预判,并以此为行业持续扩张信号,做出包含制度战略的扩张决策是符合逻辑的。但是对于新创科技企业而言,第一,企业高管自带政治身份的可能性较小,建设垂直网络的意愿难以反作用于制度支持,对于政策支持更偏向被动接受;第二,尽管建设垂直网络会带来资源倾斜,但是对资金并不充裕的新创企业而言,该成本需审慎考虑;第三,政府政策支持对于科技型企业而言,短期固然有诸多好处,但是长期"溺爱"却可能损害其创新的核心竞争力。

四、理论模型和研究假设

此前众多学者研究发现垂直网络与制度支持相互作用,但现有文献把获取制度支持的条件放在神龛之上,只有符合地域性、阶段性、企业性质、高管政治身份的企业才可能利用垂直网络撬动制度支持。众多学者讨论的是主动建设垂直网络以获得制度支持,但忽视了制度支持也可能诱导企业建设垂直网络。

事实上,制度支持是政府对于行业景气做出的反馈,制度支持不仅是企业获得补贴或优惠的途径,还释放出行业利好的信号。当这一信号被企业高管接收,成为其感知行业增长的参考,则会作用于其做出的企业扩张策略。而在转型经济体中,灰色战略在企业决策中发挥重要作用,即建设垂直网络以获得制度倾斜。所以本研究假设"制度支持—垂直网络—制度支持"是具有因果关系的循环,在这一循环中企业高管的感知行业增长起到了桥梁作用。

1. 制度支持与垂直网络

战略三角均衡理论认为,在成熟的资本主义经济体制下,产业观与资源观视角占主流,而在转型经济中,制度观视角更具有针对性。在中国当下整体经济转型的大背景之中,可以将产业观与资源观合并看作红色战略维度，将制度观看作与之平行的灰色战略维度（刘海建，2012）。灰色战略目的显著，即通过建立垂直网络打造政府关系，以获取政府手中的稀有资源，并实现利益最大化。现有研究对建立垂直网络以获取制度支持的动机、过程、条件已有大量说明。而在灰色战略维度突出的转型经济体中，制度支持对于企业牵一发而动全身。制度支持被企业被视作政策示好，使其顺势加大垂直网络建设力度，在有利时机获取更多政府资源。据此提出以下假设：

H1：制度支持与企业垂直网络关系显著正相关。

2. 感知行业增长的中介作用

由于感知行业增长是客观行业景气程度与企业高管主观感受的复合产物，如果要研究感知行业增长的中介作用，那么控制个性变量是必要的，故需要研究个性因素（年龄、职位、教育程度等）是否与感知行业增长相关。若相关，则应当分类讨论；若相关程度低，则可看作行业普遍认知。故提出以下假设：

H2：感知行业增长与部分个性因素有相关关系。

企业扩张决策的形成并不完全是其在对行业前景持乐观预期下的自主行为，更多情况下是政府影响下的被动选择，即政策支持对于企业扩张决策有促进作用（朱松、杜雯翠、高明华，2013）。行业景气会促进企业扩张，也会影响政府对于中小企业的各种支持，而政府支持则会进一步影响企业投资决策。在这个过程中企业高管对于行业景气程度的感知，即感知行业增长也许发挥了桥梁般的中介作用。据此提出以下假设：

H3：感知行业增长在制度支持与企业垂直网络之间起中介作用。

第二节　研究方法

一、变量测量与样本选取

本研究选择秦淮硅巷的科技创业企业作为研究对象，对制度支持、感知行业增长和垂直网络三个变量进行定量研究。

研究对象的选择原因如下，高科技行业企业面临更高的技术不确定性和激烈的外部竞争环境，新创企业面临更加脆弱的资本结构，故科技创业企业对制度支持的反映弹性可能更大。且现有研究表明，制度支持对于高科技企业具有复杂的作用。制度支持可以明显带动企业创业，同时在景气程度高的行业中，将显著提升高管冒险取向，带动多重决策，比如垂直网络建设（孙秀丽、赵曙明、白晓明，2018）。但是制度支持也可能给科技型企业带来负面影响，比如影响企业的创新能力，导致企业依赖于制度扶持而丧失核心竞争力，后续无力发展；此外，垂直网络建设也会对民营企业的效率和价值产生危害，造成"掠夺效应"，故垂直网络建设对企业经济在短期内有利，但同时增加了企业成本。存在垂直网络的民营企业更难以承受诸如雇员指标等政策担负（郭剑花、杜兴强，2011）。这些问题均影响科技创业企业对制度支持的反映弹性，使得结果更加显著。

由于科技型企业在制度支持与垂直网络建设方面表现出的特殊性和矛盾集中性，本研究选择科技型企业作为研究对象。样本来自于江苏南京秦淮硅巷园区。本次调研采用问卷调查的方法，由白下高新区园区服务处牵头，根据秦淮硅巷企业名录，将问卷发放给各企业的负责人。在现场调研阶段，调查者会通过现场告知的方式，告诉各企业负责人本次调研的流程以及保密协定，打消被调查者的顾虑，希望他们尽可能真实地回答相关问卷题目。本次调查共发出问卷583份，最终实际回收545份，并且剔除了个人信息有缺失的以及问答部分有较多缺失值的问卷，最后获得了有效问卷464份，有效率达85.14%。

二、信度与效度分析

1. 制度支持量表的信效度分析

信度系数值为0.921，较0.9高。针对"项已删除的α系数"一项，指的是任意题项经删除后，信度系数并不会有明显的上升，因此说明题项不应该被删除处理。针对"CITC值"一项，各个分析项的CITC值均大于0.4，说明分析项之间具备较好的相关关系，同时也说明信度水平较好。综上所述，制度支持量表的信度较好，可用于进一步分析，具体见表4-1。

表4-1　制度支持量表的信度检验结果

变量	题项	CITC（校正项总计相关性）	删除该项后 Cronbach's *a*	整体 Cronbach's *a*
制度支持	IS1	.796	.919	.921
	IS2	.853	.874	
	IS3	.871	.859	

所有研究项所对应的共同度值较0.4高，意味着可以有效提取研究项信息。此外，KMO值为0.747，大于0.6，就意味着数据效度可被认证。另外，1个因子的方差解释率值是86.336%，意味着制度支持量表具有较好的效度，具体见表4-2。

表 4-2　制度支持量表的效度检验结果

变量	名称	因子载荷系数 因子 1	共同度 （公因子方差）
制度支持	IS1	.906	.822
	IS2	.936	.877
	IS3	.944	.892
	特征根值（旋转前）	2.59	—
	方差解释率％（旋转前）	86.336％	—
	累积方差解释率％（旋转前）	86.336％	—
	特征根值（旋转后）	2.59	—
	方差解释率％（旋转后）	86.336％	—
	累积方差解释率％（旋转后）	86.336％	—
	KMO 值	.747	—
Bartlett 的球形度检验	近似卡方		1208.662
	df		3
	Sig.		0

2. 垂直网络量表的信效度分析

信度系数值是 0.94，较 0.9 高。针对"项已删除的 α 系数"一项，在任意题项被删除后，信度系数并不会有明显的上升，由此说明题项不应该被删除处置。针对"CITC 值"一项，分析项的 CITC 值均较 0.4 高，说明分析项之间的相关关系较好，同时也说明信度水平呈现较好的状态。综上所述，垂直网络量表的信度较好，可以在进一步分析中继续应用，具体见表 4-3。

表 4 - 3　垂直网络量表的信度检验结果

变量	题项	CITC（校正项总计相关性）	删除该项后 Cronbach's *a*	整体 Cronbach's *a*
垂直网络	VN1	.879	.915	.94
	VN2	.862	.921	
	VN3	.881	.915	
	VN4	.812	.937	

　　所有研究项对应的共同度值较 0.4 高，说明研究项信息能够被有效地提取。另外 KMO 值为 0.849，较 0.6 高，数据表现出效度。另外，1 个因子的方差解释率值是 84.914%，这意味着量表可以有效提取研究项中的信息，垂直网络量表具有较好的效度，具体见表 4 - 4。

表 4 - 4　垂直网络量表的效度检验结果

变量	名称	因子载荷系数 因子 1	共同度（公因子方差）
垂直网络	VN1	.934	.872
	VN2	.924	.853
	VN3	.936	.876
	VN4	.892	.796
	特征根值（旋转前）	3.397	—
	方差解释率%（旋转前）	84.914%	—
	累积方差解释率%（旋转前）	84.914%	—
	特征根值（旋转后）	3.397	—
	方差解释率%（旋转后）	84.914%	—
	累积方差解释率%（旋转后）	84.914%	—
	KMO 值	.849	—
Bartlett 的球形度检验		近似卡方	1971.562
		df	6
		Sig.	0

3. 感知行业增长的信效度分析

信度系数值为 0.842,较 0.8 高。对于"项已删除的 α 系数"这一项,PIG1 假如被删除,信度系数会有上升,但考虑到相对成熟的量表一般不用删题项,因此对于此项并未进行修正、删除处理。针对"CITC 值"这一项,分析项的 CITC 值均较 0.4 高,这说明分析项的相关关系较好,同时也说明信度水平呈现较好的状态。综上所述,感知行业增长量表信度较好,可以在进一步分析中应用,具体见表 4-5。

表 4-5 感知行业增长量表的信度检验结果

变量	题项	CITC (校正项总计相关性)	删除该项后 Cronbach's α	整体 Cronbach's α
感知行业增长	PIG1	.574	.904	.842
	PIG2	.778	.71	
	PIG3	.785	.706	

所有研究项所对应的共同度值较 0.4 高,这说明研究项信息可以被有效地提取。此外,KMO 值为 0.665,大于 0.6,这意味着数据的效度可以被认证。另外,1 个因子的方差解释率值是 76.387%。这意味着量表可以有效提取研究项中的信息,感知行业增长量表的效度较好,具体见表 4-6。

表 4-6 感知行业增长量表的效度检验结果

变量	名称	因子载荷系数 因子 1	共同度 (公因子方差)
制度支持	PIG1	.779	.607
	PIG2	.917	.841
	PIG3	.919	.844
	特征根值(旋转前)	2.292	—
	方差解释率%(旋转前)	76.387%	—
	累积方差解释率%(旋转前)	76.387%	—
	特征根值(旋转后)	2.292	—
	方差解释率%(旋转后)	76.387%	—

（续表）

变量	名称	因子载荷系数 因子1	共同度 （公因子方差）
制度支持	累积方差解释率%（旋转后）	76.387%	—
	KMO 值	.665	—
Bartlett 的球形度检验		近似卡方	815.82
		df	3
		Sig.	0

第三节　研究结果

一、相关性分析

通过 Pearson 相关性分析发现，制度支持与垂直网络之间的相关系数值为 0.147，并且呈现 0.01 水平下的显著性，说明制度支持与垂直网络之间存在显著的正相关关系，故 H1 得到初步验证。

感知行业增长和垂直网络之间的相关系数值为 0.265，并且呈现 0.01 水平的显著性，因而说明感知行业增长和垂直网络之间有着显著的正相关关系。感知行业增长和制度支持之间的相关系数值为 0.747，并且呈现出 0.01 水平的显著性，因而说明感知行业增长和制度支持之间有着显著的正相关关系。为 H3 提供了成立的可能性。具体见表 4-7。

在制度支持的个性影响因素方面，感知行业增长与性别、行业这两项之间的相关关系数值并不会呈现出显著性（p＞0.05），意味着感知行业增长与性别、行业这两项之间并没有显著的相关关系。而感知行业增长与年龄、学历、企业规模之间均呈现出负相关关系。一定程度上反映了资历越深、学历越高、公司越稳固，就越对行业变动处变不惊，从而肯定了 H_2。

表 4 - 7　变量间的相关关系

变量	1	2	3	4	5	6	7	8
感知行业增长	1							
垂直网络	.265**	1						
制度支持	.747**	.147**	1					
性别	−.04	−.022	−.041	1				
年龄	−.186**	.125**	−.181**	.296**	1			
学历	−.169**	−.052	−.128**	.145**	.128**	1		
行业	.012	.001	.029	−.11*	−.027	−.138**	1	
企业规模	−.106*	.172**	−.136**	−.004	.215**	.196**	.056	1

注：* $p < 0.05$，** $p < 0.01$

二、回归分析

1. 制度支持与垂直网络

回归分析的结果如表 4 - 8 所示，将制度支持作为自变量，而将垂直网络作为因变量进行线性回归分析（n＝464），模型 R^2 值为 0.022，意味着制度支持可以解释垂直网络的 2.2% 变化原因。模型通过 F 检验（F＝10.210，p＝0.001），制度支持的回归系数值为 0.249（t＝3.195，p＝0.001），意味着制度支持将会对垂直网络产生显著的正向影响关系。

表 4 - 8　总样本数据回归分析

	非标准化系数		标准化系数	t	sig.	R^2	F
	B	标准误	Beta				
常数	1.978	0.323	—	6.128	0**	0.022	F(1,464) =10.21
制度支持	0.249	0.078	0.147	3.195	0.001**		

因变量：垂直网络

注：* $p < 0.05$ ** $p < 0.01$

　　但是对样本进行筛选，使用企业性质为高科技行业的样本数据进行分析（n＝150），则回归结果如表 4-9 所示，模型 R^2 值为0.011，意味着制度支持可以解释垂直网络的 1.1％变化原因。模型并没有通过 F 检验（F＝1.702，p＝0.194），即说明对于高科技行业中的企业而言，制度支持并不会对垂直网络产生显著的影响，因而不能具体分析自变量对于因变量的影响关系。进一步筛选员工总数在 100 人以下的高科技行业企业的样本数据进行分析（n＝91），则回归结果如表 4-10 所示，模型 R^2 值为 0.013，意味着制度支持可以解释垂直网络的 1.3％变化原因。模型并没有通过 F 检验（F＝1.158，p＝0.285＞0.05），也即说明制度支持并不会对垂直网络产生明显的影响，并且显著水平较未筛选企业规模时更低，说明对新创小微科技型企业而言，建设垂直网络受制度支持影响更小。

表 4-9　高科技行业样本数据回归分析

	非标准化系数		标准化系数	t	sig.	R^2	F
	B	标准误	Beta				
常数	2.322	0.542	—	4.285	0**	0.011	F(1,150)＝1.702
制度支持	0.171	0.131	0.107	1.304	0.194		

因变量：垂直网络

注：* p＜0.05，** p＜0.01

表 4-10　小微科技型企业样本数据回归分析

	非标准化系数		标准化系数	t	sig.	R^2	F
	B	标准误	Beta				
常数	2.071	0.75	—	2.762	0.007**	0.013	F(1,91)＝1.158
制度支持	0.196	0.182	0.113	1.076	0.285		

因变量：垂直网络

注：* p＜0.05，** p＜0.01

表 4 - 11　中介效应模型检验

	感知行业增长				垂直网络				垂直网络			
	B	标准误	t	p	B	标准误	t	p	B	标准误	t	p
常数	1.268**	0.171	7.425	0	1.255**	0.436	2.88	0.004	0.452	0.447	1.011	0.312
R2AGE	−0.04	0.028	−1.412	0.159	0.198**	0.072	2.736	0.006	0.224**	0.07	3.176	0.002
R3EDU	−0.092*	0.04	−2.333	0.02	−0.179	0.101	−1.772	0.077	−0.121	0.099	−1.223	0.222
R8 Firm Size	0.016	0.027	0.592	0.554	0.272**	0.069	3.966	0	0.262**	0.067	3.937	0
制度支持	0.71**	0.031	23.254	0	0.307**	0.078	3.947	0	−0.142	0.111	−1.274	0.203
感知行业增长									0.633**	0.115	5.482	0
R^2	0.567				0.078				0.135			
调整 R^2	0.563				0.07				0.125			
F 值	$F_{(4,459)}=150.372, p=0$				$F_{(4,459)}=9.722, p=0$				$F_{(5,458)}=14.281, p=0$			

注: * $p < 0.05$, ** $p < 0.01$

2. 感知行业增长的中介作用

由于在相关性研究中发现感知行业增长与年龄、学历、企业规模具有相关关系，本研究为了更好解释感知行业增长的中介作用，控制了影响感知行业增长的其他变量，构建了以下模型：

$$PIG = \alpha_0 + \alpha_1 AGE + \alpha_2 EDU + \alpha_3 FS + \alpha_4 IS + \varepsilon \quad (1)$$

$$VN = \beta_0 + \beta_1 AGE + \beta_2 EDU + \beta_3 FS + \beta_4 IS + \varepsilon \quad (2)$$

$$VN = \gamma_0 + \gamma_1 AGE + \gamma_2 EDU + \gamma_3 FS + \gamma_4 IS + \gamma_5 PIG + \varepsilon \quad (3)$$

式(1)检验制度支持是否影响感知行业增长；式(2)检验制度支持对垂直网络的影响；式(3)检验制度支持是否通过影响感知行业增长从而影响垂直网络。

表 4 - 12　效应分析过程

效应	路径	Effect	SE	t	p	LLCI	ULCI
直接效应	制度支持⇒垂直网络	−0.142	0.111	−1.274	0.203	−0.36	0.076
间接效应	制度支持⇒感知行业增长	0.71	0.031	23.254	0	0.65	0.77
	感知行业增长⇒垂直网络	0.633	0.115	5.482	0	0.407	0.859
总效应	制度支持⇒垂直网络	0.307	0.078	3.947	0	0.155	0.46

备注：LLCI 指估计值 95％区间下限，ULCI 指估计值 95％区间上限

使用 Bootstrap 抽样检验法，进行中介作用检验，来验证是否最终存在中介效应，抽样次数为 5000，表 4 - 13 显示：研究制度支持对于垂直网络影响时，感知行业增长的中介作用检验的 95％区间并不包括数字 0(95％ CI：0.295~0.613)，说明制度支持对于垂直网络影响时，感知行业增长将具有中介作用。制度支持将会对感知行业增长起作用，继而通过感知行业增长再去作用于垂直网络。

表 4 - 13　间接效应分析

路径	Effect	BootSE	BootLLCI	BootULCI	z	p
制度支持⇒感知行业增长⇒垂直网络	0.449	0.082	0.295	0.613	5.468	0

注:BootLLCI 指 Bootstrap 抽样 95％区间下限,BootULCI 指 Bootstrap 抽样 95％区间上限。

第四节　本章小结

一、研究结论

本研究探讨了经济转型过程中,制度支持对于垂直网络的影响,以及在该决策过程中感知行业增长的中介作用。研究结果证实了:制度支持与垂直网络之间存在显著正相关,且回归分析显示对于科技型企业,两者之间不存在线性回归关系;感知行业增长在制度支持与垂直网络之间发挥中介作用。

二、理论贡献

本研究的贡献在于以下几个方面:

(1) 将制度支持作为自变量,从垂直网络建设自上而下的视角,指出制度支持与垂直网络是一个循环的过程。

(2) 揭示了感知行业增长在制度支持与垂直网络建设关系中的中介作用,进一步明确了自变量到因变量的决策过程。

(3) 讨论感知行业增长的客观性与主观性,为感知行业增长的研究提示了控制个人因素变量的问题。

(4) 对小微科技型企业单独讨论,进一步证实其在制度支持与建设垂直网络的关系中存在特殊性。

三、实践启示

完善政府功能。对政府而言，自上而下的制度支持能发挥降低企业负担、促进行业繁荣的作用，但是应当提高以下能力以避免制度支持带来的弊端：

（1）提高市场敏感度。制度支持往往倾向于那些感知增长旺盛的行业，为这些行业锦上添花，但是未能有足够的市场敏感度，探测那些潜在的增长行业，提前雪中送炭，为其成长提供养料。

（2）完善资源分配制度。完善资源分配制度有利于减轻企业逆向建设垂直网络带来的腐败风险，这是由于垂直网络本质上起到替代缺陷法律法规的作用。具体而言，政府应当平衡区域差异、企业性质差异等带来的资源分配不公平现象。

（3）拓展渠道为优质企业提供背书。社会主义市场经济尚未充分发展的当下，政治资源为企业背书仍大行其道，高管政治身份与垂直网络的建设能证明企业可靠性从而获得融资等诸多便利。为了降低其必要性，政府应提供更多渠道，如依靠金融科技技术、区块链技术等，为企业提供去中心化的证明，在增强可靠性的同时，为企业融资提供广阔平台。

（4）具体问题具体分析，关注特殊行业在不同阶段的不同需求。政策支持对于高新科技等行业而言，作用是存在阶段性的，行业发展初期阶段的政策支持有助于企业突破壁垒，但当行业进入成熟竞争阶段后，政策支持边际效用递减，同时这样的"溺爱"行为一方面损害行业核心竞争力，一方面也容易滋生资源分配不公等问题。

提升企业能力。对于企业及企业高管而言，垂直网络的建设是企业突破壁垒、谋求政策倾斜的一种方式，但是该决策的过程有以下注意点：

（1）改进决策思维。感知行业增长不仅与客观行业状况具有一致性，也受到个性因素影响，本研究表明资历越深、学历越高、公司越稳固,就越对行业变动处变不惊。此种态度有利有弊,故面对行业增长做出一系列扩张决策时,应适当剥离个人身份,以客观、理性、敏感的态度进行决策。

(2)不能主次颠倒。企业高管应当明确打造企业可持续发展的核心竞争力才是制度支持的最终目的,一味依赖制度支持将会产生扰乱企业战略、增加企业成本、带来法律风险等一系列问题。高新技术等强烈依靠核心竞争力生存的行业企业尤其需要注意这一点。

(3)把握底线。垂直网络的建设是存在法律与道德底线的,尽管谋求良好的对公关系是企业制度战略的重要组成部分,但是为企业利益不择手段的行为不仅会给政府廉政工作增加额外负担,也会给企业埋下"隐形炸弹"。垂直网络的建设仅是企业众多战略中的一环,若将其当作一步登天的快速通道,"天赋依赖"与"资源诅咒"也许会接踵而至。

四、研究局限及展望

本研究在获取样本数据的过程中,只聚焦于南京秦淮硅巷,而未选取不同地域的企业集群对比,虽然控制了影响垂直网络的区域性变量,但是该种控制是被动而非主动控制,无法获得不同行政辖区内企业对于建设垂直网络的不同态度。未来研究中可以进一步探索制度支持在不同区域对垂直网络的影响。

在研究中介变量的过程中,主要聚焦在企业高管感知行业增长这一领域,而未对其他可能的中介变量进行探索。在未来的研究中,如果研究其他中介变量,可以比较中介关系的强弱,以获得更加清晰的决策路径。

本研究在研究制度支持与垂直网络关联的过程中,只区分看待科技型企业与非科技型企业。尽管对科技型企业具体问题具体分析,但是未对其他行业做出分析判断。未来的研究可以将制度支持与垂直网络关联不明显的行业横向对比,观察其共性。

第五章　创业激情对于工作繁荣的影响：事件强度的调节作用

　　在快速变化的经济环境和市场背景下，一方面，企业响应时代的潮流，紧跟创新创业的步伐，不断推陈出新，以求在市场中争夺一席之地；另一方面，企业希望员工可以创造更多的价值而赋予员工许多要求和期望，但是繁重的工作需求也给员工带来很多压力，所以企业需要关注员工的主观体验，缓解员工的职业倦怠。在此背景下，工作繁荣作为积极组织行为学的新概念可以帮助企业从个人层面实现可持续性发展，所以受到了研究者们的关注。因此本研究基于工作繁荣的社会嵌入模型研究企业员工的创业激情对于工作繁荣的影响，并以"建设秦淮硅巷"这一事件为例研究事件强度属性的调节效应。对秦淮硅巷 545 位企业员工进行调查研究，结果显示创业激情对工作繁荣存在积极影响。而事件强度的新颖性没有显著的调节作用，其关键性和颠覆性则对创业激情与工作繁荣的关系存在调节作用。

第一节   理论模型

一、工作繁荣

Spreitzer 等(2005)认为工作繁荣描述了一个人对活力和学习状态的体验。活力是指情感建构,而学习是心理建构(Sia & Duari,2018)。也就是说,活力作为工作繁荣的情感成分与工作中的情绪有关。而学习作为工作繁荣的认知成分,与工作中的情绪联系较少(Basinska,2017)。活力代表着对能量的积极感受,是一种愉快的体验(Basinska,2017),这种活力就像火花一样,为自己甚至组织中的其他人提供能量(Spreitzer et al. ,2012)。学习则反映了一个人不满足于现状,并试图发现新事物、寻找发展的机会,从中获得知识和技能从而提高效率和能力,获得成长的状态(Spreitzer et al. ,2012)。这两个组成部分相辅相成且必不可少(Zhou et al. ,2019)。如果员工在工作中表现出充满活力、精力旺盛的状态,但是他们没有学习和成长的机会,那么随着时间的推移,这种活力很可能会消失(Paterson et al. ,2014),因为他们感到停滞不前(Spreitzer et al. ,2012),可能对自己的职业发展前景产生疑惑。相同地,那些在工作中渴求学习却缺乏活力的员工,随着时间的推移,会感到精力枯竭(Paterson et al. ,2014),对工作失去了兴奋和活力,他并没有享受到学习和成长带来的积极感受,而是感到自己的极限,并可能考虑离开企业,以消除他的倦怠(Spreitzer et al. ,2012)。所以,活力和学习如同人的双手一样,是工作繁荣的两个不可缺失的组成部分,它们相互作用,创造出了一种整体的前进动力和进步的感觉(Paterson et al. ,2014)。

Benson 和 Scales(2009)认为繁荣强调的是一个人的发展道路,

而不是他们目前在组织中所处的位置。工作繁荣是个人积极追求人生道路的表现，并且会产生有价值的行为，使人们走向理想化的人格。工作繁荣可以反映个人在技能、知识、信心和个人关系上的收获和增长（Carver，1998），这会使得员工体验到成长和势头（Carmeli & Spreitzer，2009），这种势头会让员工产生一种感觉，即他们在不断地进步和变得更好（Porath et al.，2012）。员工可以获得发展是因为工作繁荣是对持续困难或挑战的一种反应（Niessen et al.，2012），员工在企业中可以创造资源，而不仅仅是消耗资源（Spreitzer et al.，2012），并且他们善于从挑战中感知成长机会并为了胜利而持久地斗争（Carver，1998）。

工作繁荣作为一个较新的衡量员工心理状态的构念，与其他概念有着重要的区别。与工作参与相比，它们都涵盖了活力的维度，但工作繁荣更强调学习的重要性，而工作参与则强调奉献和吸收（Van der Walt，2018）。与主观幸福感相比，主观幸福感反映人们对自己总体状况的积极评价的程度，它可能包括其他非工作领域，而工作繁荣更具体，因为它衡量一个人在工作场所中的活力和学习感。而且，主观幸福感采用的是享乐主义的角度，而工作繁荣既利用了享乐主义的观点，也强调通过理性而积极生活带来幸福（Spreitzer et al.，2005）。与复原力相比，复原力强调个体对逆境的反弹能力，即如何从不愉快的事件中解脱出来，而工作繁荣不一定都产生于逆境中，困难和挑战并不是必要条件，其更专注于在平时的工作中增加学习和活力，从而发展自己（Spreitzer et al.，2005）。

二、理论模型和研究假设

由文献回顾可知，工作繁荣由活力和学习两个维度构成，是员工自身保持精力充沛、获得成长和发展的重要因素，并且对企业的可持续发展也具有积极影响，所以了解其形成机制对企业提高员工工作繁荣有重要意义。总结以往的实证研究，工作繁荣的前因变量研究在不断扩充、丰富,甚至延伸到了非工作领域的家庭因素。但是对积极的情感资源与工作繁荣之间的影响机制还比较笼统。因此本研究选择了其中一种积极情绪——创业激情进行更细致的研究,探讨创业激情与工作繁荣之间的影响机制以及事件强度的情境作用。本研究的理论模型如图 5-1 所示。

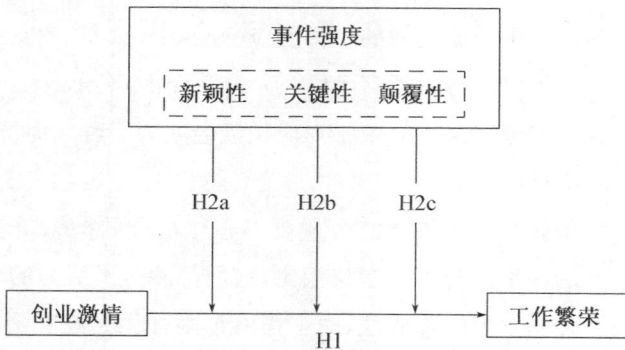

图 5-1   理论模型

1. 创业激情对工作繁荣的影响

对于创业激情的定义,早期有学者认为激情是成功领导者的一种特征(Baum et al.,2001),即创业激情是与生俱来的,不会随着时间改变。但是实际情况下,随着时间的推移,创业激情有很大的差异(Gielnik et al.,2015)。也有学者认为可以从动机视角定义创业激情。Vallerand 等(2007)认为和谐激情和内在动机一样,是因为喜欢某一项活动而产生的,可以引导个人自由选择从事活动(Rousseau et al.,2002);而强迫激情和外在动机一样,是为了获得活动之外的东西,比如获得创业之外的金钱、名誉等(Vallerand et al.,2007)。Chen 等(2019)认为参与工作的动机是定义激情的关键,所以创业激情也是个人从他们的创业活动中衍生出来的主观意义。Fesharaki(2019)提出创业激情作为一种强烈的动机来源,可以模拟创业活动中的思想、行动和坚持。但是研究者们最普遍认可的是将创业激情定义为一种情感体验，如 Rousseau 等（2002）认为激情是一种强烈的倾向，人们因为喜欢一种活动而在其中投入时间。Baum 和 Locke（2004）认为可以用爱、依恋和渴望来衡量创业激情。在回顾其他学者研究的基础上，Cardon 等（2009）总结并提出创业激情是一种强烈的积极情绪，并且认为创业激情包含三个关键要素。首先，创业激情来源于享受和识别与创业相关的活动（Cardon et al. , 2013），是一种在从事或思考某些活动时可能经历的情感现象。其次，创业激情与创业者的身份息息相关，Vallerand 等（2007）认为激情是一个人身份的中心特征，有助于定义一个人，也就是说激情会随着创业者身份的重要性而上升或下降（Murnieks et al. , 2014）。最后，创业激情伴随着认同感，创业者经常把他们的企业描述为"婴儿"，表达他们与企业的个人联系以及对企业的认同感（Cardon et al. , 2005）。创业者的身份认同感会促使他们脱离那些分散他们身份的活动，而参与那些可以证实或保持他们身份的活动（Cardon et al. , 2009）。国内的学者如谢雅萍等（2016）结合中国企业的情境也认可创业激情是一种强烈的积极情绪，并且认为创业激情包含身份认同、愉悦、心流、韧性、冒险五个维度。

　　Fesharaki（2019）认为创业活动由于外部环境的迅速变化、信息不确定性以及其他各种障碍会产生不确定性和模糊性。所以在此过程中，员工需要调动很多工作资源，包括知识、技能、情绪、财力、关系等来应对工作需求和工作压力（Van der Broeck et al. , 2008）。工作资源既可以激发个体学习和发展的内在动机，又可以作为外在激励为员工实现个人目标提供工具性和情感性的帮助与支持（吴江秋等，2015）。Spreitzer 等（2005）开发的工作繁荣的社会嵌入模型从定性的角度指出工作资源会影响员工的工作行为从而影响其工作繁荣，这些资源包含了知识资源、积极意义资源、积极的情感资源和关系资源。基于此模型，一些学者通过实证研究证实了工作资源和工作繁荣的相关性。而创业激情作为一种强烈的积极情绪（Cardon et al. ,

2009),也是创新创业环境下不可或缺的情感资源,会影响员工对工作的投入(Cardon et al. ,2005)、注意力(Ho et al. ,2011)、自我效能感(Baum & Locke,2004)以及创新思维(Cardon et al. ,2009)。而且,Forest 等(2011)通过实证研究发现,和谐激情与员工的活力呈正相关关系,所以创业激情可以帮助创业者在复杂的创业过程中依旧保持精力充沛。单标安等(2017)通过实证研究证明创业激情作为关键的创业情感因素,对创业学习会产生积极作用,所以员工在创业激情的驱使下可以不断学习、发展自我,从而变得更加稳重、坚强,实现最终的目标。基于此,本研究认为创业激情会影响工作繁荣。因此提出以下假设:

H1:创业激情与工作繁荣正相关。

2. 事件强度的调节作用

Morgeson 等(2015)提出了事件系统理论。该理论提出组织是动态的,这种动态性反映在重大事件的出现上,构成了工作和个人生活的"体验"。事件系统理论提出事件包含三个属性:事件空间、事件时间和事件强度。事件空间反映了事件起源的特定位置,即发生于内部还是外部。通常来说,发生在较高级别的事件相较于较低级别的事件对组织产生的影响更大。比如公司高管的离职相较于某一个普通员工的离职的影响更大。事件时间是指事件是有时间限制的,这使它们与工作环境的长期特征区分开来。有些事件的时长较短,而另一些事件可能会随着时间的流逝而持续下去,产生更大的影响。事件强度强调组织遇到的事件并非都是显著的,实体对不同强度的事件分配的注意、资源、行动等也是不同的。事件强度包含新颖性、颠覆性和关键性三个维度。当事件越新颖、越颠覆、越关键,则事件就越有可能改变或创造实体的行为和特征。新颖性代表了一种新的或意外的现象,反映了事件在多大程度上与当前和过去的行为、特征等存在不同。比如当组织引入新的工作程序,或是新的成员加入工作团队等。面对新颖事件,实体通常缺乏有效响应事件的一组规则或程序。所以需要改变或创建新的行为和特征，以便响应该事件。颠覆性反映了环境的不连续性，可能会阻止或改变正在进行的例程，并要求实体脱离其常规思维和响应模式，对信息进行深加工以便调整和适应。关键性反映了事件对实体的重要性或优先级的程度。越是关键的事件，就越有可能被认为是突出的并且需要特别关注和行动，组织也会投入更多宝贵的资源和精力。相反，当事件不是很关键时，实体可能不会关注或响应它们。

在解释个体的情绪、行为时，组织层面的环境因素是不容忽视的。首先，根据 Weiss 和 Cropanzano(1996)提出的情感事件理论，员工的情绪会受到工作环境中的各种事件的牵动，从而构成了"情感事件"，随后影响员工的工作态度和工作表现，并且最终会对员工的工作满意度、工作绩效等产生影响（段锦云等，2011)。其次，依据 Spreitzer 等(2005)提出的工作繁荣的社会嵌入模型，当个人处于特定的工作环境中时，他们更有可能茁壮成长。Morgeson 等(2015)将事件定义为外部环境或企业情境的一部分。因此，本研究从事件强度的角度出发，以"建设秦淮硅巷"这一事件为例研究其对创业激情与工作繁荣之间关系的调节效应。本研究认为事件强度能够有效调节创业激情对工作繁荣的影响。事件强度和创业激情的有机协同可以提高个人处理任务时投入的时间、注意力、能量，让员工体验到更高的活力和学习状态，即工作繁荣会更高涨。因此提出以下假设：

H2：事件强度（新颖性、关键性、颠覆性）对于创业激情与工作繁荣的关系具有显著调节作用。

H2a：新颖性对于创业激情与工作繁荣的关系具有显著的调节作用。

H2b：颠覆性对于创业激情与工作繁荣的关系具有显著的调节作用。

H2c：关键性对于创业激情与工作繁荣的关系具有显著的调节作用。

第二节　研究方法

一、研究设计

本研究采用定性分析与定量分析相结合的方式，主要包括：

文献回顾。主要针对工作繁荣的定义、理论模型和前因变量，通过查询国内外的相关文献对其进行梳理和回顾。并在此基础上，进一步探讨了创业激情、事件强度的含义及其与工作繁荣可能存在的关系，从而确定了理论模型，提出了理论假设。

问卷调查。根据理论模型以及相关文献中提出的变量量表，形成了调查问卷。此次研究选取了南京秦淮区城市硅巷中企业的高管创业者为研究对象，并通过现场发放问卷的形式进行采集。问卷上告知了调查对象所有资料只会用作本学术项目之用。

统计分析。利用 SPSS 21 和 SPSSAU 分析软件对数据进行处理，验证各个量表的信度和效度，对问卷进行描述性统计分析，并通过相关性分析、回归分析等方法验证相关的研究假设。

二、问卷设计

本研究采用的问卷调查中的创业激情、工作繁荣和事件强度的测量采用李克特 5 点评分的方法，1 表示"完全不同意"，5 表示"完全同意"。各个变量使用的量表如下所示。

1. 创业激情

本研究采用（谢雅萍等，2016）开发的基于中国情境的创业激情的量表，其通过文献回顾、深度访谈等方法提炼出了创业激情的五个维度，共 26 个题项。用 6 题测量身份认同维度，例如"我认为自己是一个创业者"；用 4 题测量愉悦维度，例如"我很享受创业过程"；用 6

题测量心流维度，例如"面对分享和挑战，我相信我可以应对"；用 5 题测量韧性维度，例如"为了实现创业目标，我能长时间坚持不懈"；用 5 题测量冒险维度，例如"我喜欢接受挑战并能承受环境中的不确定性"。

2. 工作繁荣

本研究采用 Porath 等（2012）开发的工作繁荣量表，包含 2 个维度，10 个题项。其中，用 5 题测量学习维度，例如"在工作中，我发现自己经常学习"；用 5 题测量活力维度，例如"在工作中，我觉得自己充满活力"。

3. 事件强度

本研究针对"建设秦淮硅巷"这一事件采用了 Morgeson 等（2015）开发的事件强度量表，包含 3 个维度，11 个题项。其中，用 4 题测量新颖性维度，例如"建设秦淮硅巷的方法是清晰可知的"；用 3 题测量关键性维度，例如"建设秦淮硅巷对于我事业的长期成功是重要的"；用 4 题测量颠覆性维度，例如"建设秦淮硅巷破坏了我的常规工作能力，使得工作无法完成"。值得注意的是，新颖性维度为反向打分。

4. 控制变量

本研究控制了可能会对创业激情、工作繁荣产生影响的个体特征，包括性别、年龄、学历以及在当前企业的工作年限。

三、研究对象和样本统计

此次研究选取了南京秦淮区城市硅巷中企业的高管创业者为研究对象，发放问卷 583 份，回收了 545 份，并且剔除了个人信息有缺失的以及问答部分有较多缺失值的问卷，对于有个别缺失值的问卷通过取该题项的平均值进行填补，最后获得了有效问卷 470 份，此次问卷的有效率是 86%。如表 5-1 显示的样本统计结果所示，在此次调研对象中男性占 51.9%。女性占 48.1%，比例较为均衡。从年龄上来看,21~30 岁的占 35.1%,31~40 岁的占 41.5%,41~50 岁的占 16.4%,50 岁以上的占 7%。从学历上来看,大专毕业的占 21.1%,本科毕业的占 62.8%,研究生及以上的占 14.9%,其他占 1.2%。从工作年限来看,在目前企业工作 5 年以下的占 57.5%,5~10 年的占 20%,10~15 年的占 9.1%,15~20 年的占 4.7%,20 年以上的占 8.7%。

表 5-1 样本特征

	特征值	频率	百分比(%)
性别	男	244	51.9
	女	226	48.1
年龄	21~30 岁	165	35.1
	31~40 岁	195	41.5
	41~50 岁	77	16.4
	50 岁以上	33	7
学历	大专毕业	99	21.1
	本科毕业	295	62.8
	研究生及以上	70	14.9
	其他	6	1.2
工作年限	5 年以下	270	57.5
	5~10 年	94	20
	10~15 年	43	9.1
	15~20 年	22	4.7
	20 年以上	41	8.7

第三节　研究结果

一、共同方法偏差检验

本研究采用自我报告的方式，可能存在共同方法偏差。即由于数据来源相同、评分者相同、测量环境相同、项目语境相同或是量表自身特征产生的系统误差。因此本研究采用验证性因子分析的方法，对所有自评题项进行共同方法偏差检验，如表 5 - 2 所示，当所有题项放入一个因子中时，模型的拟合度很差，$\chi^2/\mathrm{df}=14.832$、GFI＝0.261、RMSEA＝0.172、CFI＝0.554、NFI＝0.537、NNFI＝0.534，这些指标均没有达到标准值，说明研究量表的数据无法聚焦成一个因子，所以不存在严重的共同方法偏差问题。

表 5 - 2　验证性因子分析结果

常用指标	χ^2	df	p	卡方自由度比 χ^2/df	GFI
判断标准	—	—	＞0.05	＜3	＞0.9
值	15 336.52	1034	0	14.832	0.261

常用指标	RMSEA	RMR	CFI	NFI	NNFI
判断标准	＜0.10	＜0.05	＞0.9	＞0.9	＞0.9
值	0.172	0.148	0.554	0.537	0.534

二、信度分析

本研究采用 Cronbach's *a* 系数来衡量各个变量量表的信度。从表 5 - 3 的信度检验结果可以看到，创业激情的整体 Cronbach's *a* 系数为 0.983，说明该量表的内部一致性很高。工作繁荣的整体 Cronbach's *a* 系数为 0.884，说明该量表的信度较好。事件强度的三个维度的 Cronbach's *a* 系数分别为 0.955、0.864、0.949，且整体的 Cronbach's a 系数为 0.937,说明该量表具备较高的信度。

表 5-3　各个量表的信度检验结果

变量	维度	题项数目	各维度的 Cronbach's a	整体 Cronbach's a
创业激情		26		0.983
工作繁荣		10		0.884
事件强度	新颖性	4	0.955	0.937
	关键性	3	0.864	
	颠覆性	4	0.949	

三、效度分析

本研究利用验证性因子分析的方法进行效度检验。如表 5-4 所示,创业激情的 AVE 值为 0.738,工作繁荣的 AVE 值为 0.71,新颖性的 AVE 值为 0.844,关键性的 AVE 值为 0.82,颠覆性的 AVE 值为 0.825,均大于 0.5,且各个变量的 CR 值均大于 0.7,所以说明各个变量对应的量表题项的收敛效度较高。

表 5-4　变量收敛效度表

模型 AVE 和 CR 指标结果

变量	平均方差萃取(AVE)值	组合信度(CR)值
创业激情	0.738	0.986
工作繁荣	0.71	0.951
新颖性	0.844	0.956
关键性	0.82	0.924
颠覆性	0.825	0.949

并且通过表 5-5 发现,创业激情、工作繁荣、新颖性、关键性、颠覆性这 5 个变量的 AVE 平方根值大于该变量与其他变量之间的相关系数,所以说明变量间具有良好的区分效度。

表 5 - 5　变量区分效度表

区分效度：Pearson 相关与 AVE 平方根值

	创业激情	工作繁荣	新颖性	关键性	颠覆性
创业激情	0.859				
工作繁荣	0.596	0.842			
新颖性	0.477	0.596	0.919		
关键性	0.743	0.499	0.631	0.905	
颠覆性	0.696	0.365	0.379	0.847	0.908

注：斜对角线为 AVE 平方根值

四、控制变量分析

本研究在检验性别对创业激情与工作繁荣的影响时使用了独立样本 T 检验的方法，结果如表 5 - 6 所示，发现 t 检验中的 P 值均大于 0.05，所以创业激情与工作繁荣在不同的性别下均没有显著差异。

表 5 - 6　性别对创业激情与工作繁荣的影响

		方差方程的 Levene 检验		均值方程的 t 检验				
		F	Sig.	t	df	Sig.（双侧）	均值差值	标准误差值
创业激情	假设方差相等	7.649	.006	−.426	468	.670	−.04	.093
	假设方差不相等			−.424	447.612	.672	−.04	.065
工作繁荣	假设方差相等	.721	.396	.601	468	.548	.039	.065
	假设方差不相等			.599	456.626	.549	.039	.065

本研究在检验年龄、学历、工作年限对创业激情与工作繁荣的影响时使用了单因素方差分析的方法，结果如表 5 - 7 所示，所有的 P 值均小于 0.05，说明高管创业者的创业激情与工作繁荣会因为年龄、学历以及在当前企业的工作时间长短而存在显著差异。

表 5－7　年龄、学历、工作年限对创业激情与工作繁荣的影响

	年龄				学历				工作年限			
	Levene统计量	df1	df2	Sig.	Levene统计量	df1	df2	Sig.	Levene统计量	df1	df2	Sig.
创业激情	23.651	3	466	0	8.576	3	466	0	9.838	4	465	0
工作繁荣	5.366	3	466	.001	5.85	3	466	.001	4.224	4	465	.002

五、假设检验

1. 描述性统计及相关性分析

表 5－8 显示了各个变量之间的相关系数以及均值和标准差。创业激情的均值是 3.576，说明高管创业者对于自己的创业激情水平的评估略偏高。工作繁荣的均值是 3.783，说明高管创业者在一定程度上可以在工作中保持活力和学习的状态。"建设秦淮硅巷"这一事件的新颖性均值为 3.83，关键性的均值为 3.29，颠覆性的均值为 2.92，说明高管创业者认为这一事件是相对重要的，且有一定的

表 5－8　变量间的相关性分析

变量	1	2	3	4	5	6	7	8	9
1 性别	1								
2 年龄	.289**	1							
3 学历	.112*	.128**	1						
4 工作年限	.178**	.612**	.154**	1					
5 创业激情	.02	.037	−.092*	−.042	1				
6 新颖性	−.081	−.21**	−.084	−.307**	.476**	1			
7 关键性	−.079	−.099*	−.158**	−.23**	.742**	.631**	1		
8 颠覆性	−.055	−.036	−.149**	−.115*	.695**	.379**	.847**	1	
9 工作繁荣	−.028	−.089	−.094*	−.158**	.712**	.563**	.629**	.56**	1
均值	.52	1.95	1.96	1.87	3.576	3.83	3.29	2.92	3.783
标准差	.5	.892	.64	1.275	1.009	.856	1.159	1.35	.701

注：** p＜0.01，* p＜0.05。

新颖性和挑战性，但是并没有对高管创业者的工作方式、工作习惯等产生很大的影响。

除此以外，通过 Pearson 相关性分析发现，在控制变量中，性别与其他关键变量不存在相关关系，年龄与事件强度的新颖性、关键性呈负相关，学历与创业激情、工作繁荣、事件强度的关键性和颠覆性呈负相关，工作年限与工作繁荣、事件强度的新颖性、关键性和颠覆性呈负相关。工作繁荣与创业激情显著正相关（r＝0.712，P＜0.01），所以 H1 得到初步验证。而且工作繁荣与事件强度的新颖性、关键性、颠覆性的相关系数为 0.563、0.629、0.560（P＜0.01）。创业激情与事件强度的三个维度的相关系数分别为 0.476、0.742、0.695（P＜0.01）。

2. 创业激情与工作繁荣

回归分析的结果如表 5－9 所示，从模型 2 可以看出在控制了性别、年龄、学历和工作年限后，创业激情对工作繁荣有显著的正向影响（β＝0.493，P＜0.01），且与模型 1（R^2＝0.03）相比，模型 2 的拟合度更高（R^2＝0.526），因此 H1 再次得到检验。

表 5－9　回归分析

	工作繁荣	
	模型 1	模型 2
截距项	4.073**	2.218**
性别	.005	−.012
年龄	.012	−.043
学历	−.079	−.007
工作年限	−.086**	−.051*
创业激情		.493**
R^2	.03	.526
ΔR^2		.469
F 值	3.616**	102.999**

注：** p＜0.01，* p＜0.05。

3. 事件强度的调节效应

调节效应检验结果如表 5 - 10 所示,从模型 4 可以看出,创业激情与新颖性的交互项对工作繁荣不存在显著关系($\beta=0.033$,P>0.05),与模型 3($R^2=0.575$)相比较,模型 4($R^2=0.577$)的拟合度并没有显著变化,从图 5 - 2 中也可以看出当事件的新颖性处于不同水平时,创业激情对工作繁荣的影响没有产生太大的变化,因此 H2a 没有得到验证。从模型 6 可以看出,创业激情与关键性的交互项显著正向影响工作繁荣($\beta=0.109$,P<0.01),与模型 5($R^2=0.539$)相比较,模型 6($R^2=0.566$)的拟合度增加了 2.7%,从图5 - 3 中也可以看出当事件的关键性增强时,创业激情与工作繁荣之间的正向关系也明显增强,因此 H2b 得到验证。从模型 8 可以看出,创业激情与颠覆性的交互项显著正向影响工作繁荣($\beta=0.118$,P<0.01),与模型 7($R^2=0.532$)相比较,模型 8($R^2=0.577$)的拟合度增加了 4.5%,从图 5 - 4 中也可以看出当事件的颠覆性较强时,创业激情对工作繁荣的影响增大,因此 H2c 得到验证。

表 5 - 10　调节效应分析

	工作繁荣					
	模型 3	模型 4	模型 5	模型 6	模型 7	模型 8
截距项	1.594**	2.027**	2.124**	3.13**	2.212**	3.031**
性别	−.002	.001	.002	.007	−.005	0
年龄	−.028	−.028	−.045	−.026	−.044	−.008
学历	−.009	−.006	.005	.028	.001	.03
工作年限	−.016	−.015	−.032	−.027	−.047*	−.035
创业激情	.405**	.273*	.401**	.078	.443**	.16*
新颖性	.22**	.106				
创业激情×新颖性		.033				

(续表)

	工作繁荣					
	模型 3	模型 4	模型 5	模型 6	模型 7	模型 8
关键性			.11**	—.29**		
创业激情×关键性				.109**		
颠覆性					.054*	—.393**
创业激情×颠覆性						.118**
R^2	.575	.577	.539	.566	.532	.577
ΔR^2		.002		.027		.045
F 值	104.578**	89.970**	90.404**	86.201**	87.549**	90.091**

注：** $p < 0.01$，* $p < 0.05$。

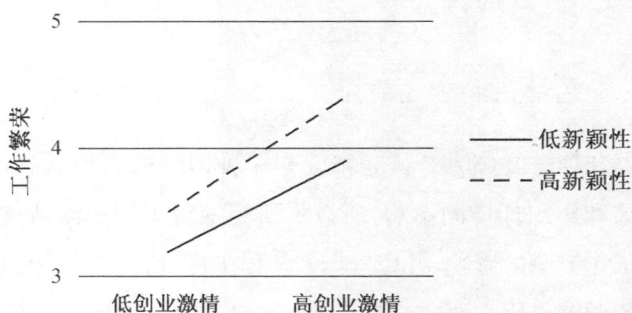

图 5-2 新颖性的调节效应图

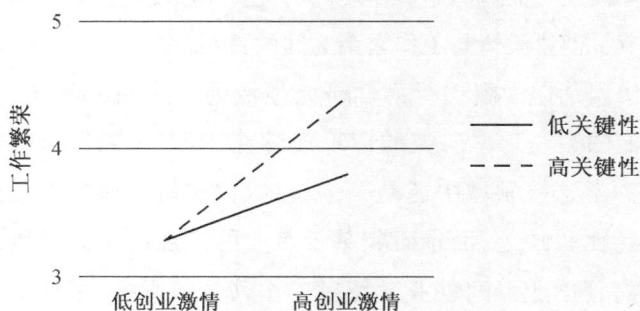

图 5-3 关键性的调节效应图

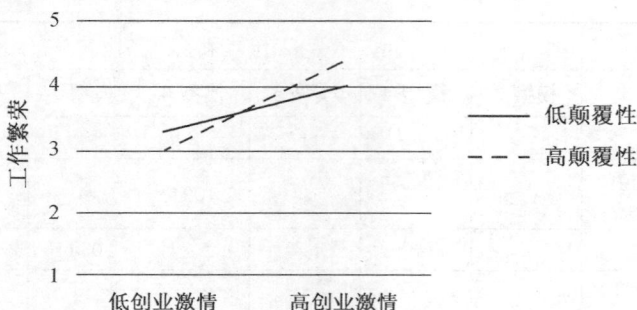

图 5 - 4　颠覆性的调节效应图

第四节　本章小结

一、研究结论和理论贡献

韩翼和魏文文(2013)认为繁荣是一种即时的心理状态,会受到个体情绪和组织环境的影响,所以本研究探讨了创业激情这一积极情绪对工作繁荣的影响,并以"建设秦淮硅巷"这一事件为例研究事件强度的调节作用。研究结果证实了:(1) 创业激情与工作繁荣存在正相关关系,并且与学习维度和活力维度均正相关。(2) 事件强度的新颖性没有显著的调节作用。(3) 事件强度的关键性和颠覆性正向调节了创业激情与工作繁荣之间的关系。

工作繁荣作为组织行为学研究领域的一个新的视角,日益受到学者们的关注。本研究的理论贡献在于:(1) 工作繁荣在积极组织行为学这一领域中还是一个新星,目前国内对工作繁荣的实证研究还比较缺乏,而本研究基于企业的发展需求以及管理困境探讨了高管创业者的创业激情对工作繁荣的影响,拓展了对工作繁荣的前因变量的研究,并且对积极情感资源与工作繁荣之间的关系进行了细化研究。（2）以往的研究较多采用个人因素作为调节变量，而本文从组织层面的角度引入事件强度作为调节变量，为研究方向提供了新的视角。

二、实践启示

员工是企业的重要人才资源，提升员工的工作繁荣水平对于他们自身来说可以在工作中保持活力，并且有利于实现高绩效的工作目标和个人发展目标；对于企业来说，这对于企业的可持续发展也具有重要意义。基于本研究，组织尤其是新创企业可以通过以下几个方法来激发员工的创业激情，从而提升员工的工作繁荣：（1）让员工有更多的机会参与创业活动，包括发明新的产品或服务、创建企业、发展企业（Cardon et al.，2017）。（2）认可员工的身份，让员工对自己的岗位角色有更强烈的认知。（3）通过员工培训、员工激励、团队建设等方法提高员工对组织的认同感。（4）创造一种鼓励创新创业的组织文化。当然，在企业面临各种各样的内部或外部事件时，可以通过创建或是强调其重要性和颠覆性来提高创业激情对工作繁荣的影响。

三、研究局限和展望

在理论方面，本研究涉及了三个概念，其中，工作繁荣和事件强度是比较新的概念。在国内对这三个变量的研究还不是很深入，而本研究主要是基于国外的研究了解这些概念的内涵和维度，可能并不适用于中国的组织情境。所以未来学者可以深层挖掘适用于中国组织情境的创业激情、工作繁荣和事件强度的内涵和量表。

在研究设计方面，首先，研究对象是秦淮硅巷企业的高管创业者，这可能限制了研究结果的进一步推广，未来可以增加不同地区的样本从而增强研究的外部效度。其次，本研究是基于问卷调查，是自我报告的数据，并不是客观指标，不能完全保证问卷的质量，可能会对数据产生一定的影响。未来研究可以采用自评、他评或是访谈结合的方式提高数据质量,从而提高研究的可靠性。而且采用"建设秦淮硅巷"这一事件研究事件强度的调节作用,可能存在局限性,未来可以通过不同的事件开展进一步研究。除此以外,本研究并没有考虑企业所处的发展阶段,但是随着企业发展阶段的不同,创业激情对工作繁荣的影响可能也会不同,所以未来的研究可以对企业进行长期跟踪,探索创业激情对工作繁荣的动态影响。

第六章 制度环境、高管创业者身份认同与公司创业的关系研究

创业和创新在知识经济时代越来越重要,但是公司创业的相关研究却发展得较为缓慢,公司创业领域的理论和经验知识以及公司创业行为仍然需要更深入的理解(Kuratko,2017)。先前关于公司创业的研究从内部和外部两个方面来解释影响公司创业的因素,内部包括管理层(如管理者类型、管理者层级等(Behrens & Patzelt,2015;Glaser et al.,2015))和公司层面(如组织结构、人力资源管理和组织规模等(Brown et al.,2001;Nason et al.,2015));外部则包括环境(如市场环境和制度环境(Gómez Haro et al.,2011;Puffer et al.,2010))和关系网络(Kreiser,2011;Thorgren et al.,2012)。其中关注最多的还是内部因素对于公司创业的影响。但是管理者和公司的行为在很多情况下并不仅仅基于理性分析,更多的是在外部制度因素和自我身份认知的作用下形成的(Meyer & Scott,1983)。正如大多数学者所认为的那样,创业的过程始于对机会的感知,或者是将资源结合起来获得潜在利润的情况,机会通常来自企业家经营环境的变化(Shane,2003)。因此,很多研究者们呼吁更多的研究关注创业环境(Hitt et al.,2011;Sakhdari,2016)。制度环境被定义为一个社会中引导、支持或限制商业活动的稳定规则、社会标准和认知结构(Scott,1995),对公司创业有着重要的影响。但是,关于制度环境对公司创业的影响过程的研究较少,研究者们呼

吁更多学者关注这个命题(Dorado & Ventresca,2013)。

因此,本研究根据认同理论,探讨制度环境在价值观、文化和共同观念的层面对公司创业的作用,并将管理者的"创业者身份认同"作为中介变量,以解释制度环境影响公司创业的过程,揭示其内在机制。在此基础上,从创业机会视角出发,讨论管理者社会关系网络在其中的调节作用。

第一节　理论模型

一、制度环境与创业者身份认同

根据认同理论,身份是随着时间的推移而获得的(Ryan & Deci,2003),在特定的社会政治环境中,人们发展出一种他们如何适应特定地点和时间的感觉。社会环境以多种方式影响身份认同。一种是使某些属性更加突出,并赋予它们特殊的意义;另一种是身份在多大程度上是固定的或模糊的(Clayton,2012)。制度环境被定义为社会中引导、支持或限制商业活动的稳定规则、社会标准和认知结构(Scott,1995)。进入制度环境会导致个人身份显著性等级的修正,因为制度上不适当的身份在主观上被压制,注意力集中在制度上许可的身份上(Heise & MacKinnon,2010)。即当管理者所处的制度环境支持和鼓励创业时,管理者的创业者身份就会被突出,管理者的注意力会放在创业者身份上。有研究指出自我效能感、结果期望甚至身份认同都是通过情境因素获得并受其影响的,例如:① 个人成就;② 从个人或家族企业、创业经历中学习经验;③ 社会信仰(关于创业的社会规范)(Pfeifer et al.,2016),即情境、教育的影响可能主要通过自我效能感、结果预期或身份认同来传递。在公司创业的制度环境中,规制环境是指法律法规和政策等对新业务提供支持,降低个人创业风险以及支持人们更好地获取资源；规范环境是一个国家的居民对创业活动的欣赏程度和对创新思维的重视程度；认知环境是在国家内部形成的关于创新的知识和技能的共享知识，它是特定的问题和知识体系制度化后的结果(Busenitz et al.，2000)，这些都可以促进管理者对自己创业者身份的认同。因此，本研究提出假设：

H1a：规制环境对创业者身份认同具有正向预测作用。

H1b：认知环境对创业者身份认同具有正向预测作用。

H1c：规范环境对创业者身份认同具有正向预测作用。

二、创业者身份认同的中介作用

有研究认为，创业者身份认同与创业行为之间有很强的联系(Hoang & Gimeno，2010)，但迄今为止，对这种关系的实证研究有限(Farmer et al.，2011)。目前相关领域的研究主要集中在理解创业者身份认同是如何形成的(Falck et al.，2012)，缺乏对创业者身份认同影响创业过程以及个人在发现创业机会时所采取的行为的研究。

根据角色认同理论，基于角色的身份描述了社会对相关行为的期望，既可以规范行为，也可以激励行为。在不同的角色中，人们被激励着以社会所认可的方式行事，以保持我们对他人和自己的积极的身份认同(Clayton，2012)。更重要的是，行为的动机与人们所期望的自我形象是一致的。研究表明，保持一致的愿望可能比积极评价自我的愿望更强烈。有学者指出既然公司创业是发现和利用机会的过程，在这种情况下，创业者内在化的行为期望是识别、评估和利用机会(Shane & Venkataraman，2000)，创业者采取一种创新的、积极主动的、以激情为导向的方式来考虑和选择机会，专注于以他们认为具有创新性或想象力的方式扩展现有业务(Mathias & Williams，2017)。

另外，身份认同可以影响注意力、激情和动机。Murnieks 等

(2014)发现,那些将创业者身份视为自身核心和重要因素的人会体验到更大程度的创业激情。因此,当一个人意识到作为一个创业者的角色比另一个角色更重要时,他会专注于这个角色并努力实现它(Farmer et al.,2011)。创业激情是机会认知的关键影响因素,因为它使企业家具有更强的能力,可以帮助他们创造性地解决问题。这种能力有助于企业家积极探索新事物和追求潜在的市场机会(Wilson & Stokes,2005)。还有学者指出,创业者身份认同是创业动机的重要预测变量,人们普遍认为,创业动机是创业研究的基石(McClelland et al.,2005),也是商业成功的关键要素(Timmons & Spinelli,2003)。

Lewis 等(2016)提出了创业者身份认同与机会开发的交互作用,在考虑创业行动时,企业家会过渡到可能强调需要采用以创业为导向的职业认同的角色(对许多人来说,这是一种新的职业认同)(Hoang & Gimeno,2010)。随着优先级、动机和行为被导向这种新的身份,这种转变会产生角色冲突。角色冲突和试图实现角色一致性的过程引发了心理、社会和行为压力,刺激了面向机会的行为,这个阶段被称为身份验证的阶段,创业者会通过关系网络去开发机会。随后是身份巩固阶段,创业者开始围绕个人、家庭和商业生活建立流程、边界和结构,从而强化和支撑了对机会和身份的追求。从初生创业者到新手创业者的转变可以归因于这些角色冲突和身份认同,而转型的失败可能根源于克服身份认同和角色冲突过程的无作为(Farmer et al.,2011)。身份认同、身份验证和身份巩固是影响机会发现、发展和利用的过程,这个过程反过来也会影响身份的认同、验证和巩固。

总结以往的研究结果,创业者身份认同从三个方面对公司创业产生影响:① 角色期望;② 创业激情和创业动机;③ 身份验证。综上所述,本研究认为创业者身份认同能显著影响公司创业,并且结合假设 1,本研究认为创业者身份认同能够中介制度环境与公司创业之间的关系。基于此,提出假设:

H2:创业者身份认同能够正向预测公司创业。

H3a:创业者身份认同在规制环境和公司创业的关系中有中介作用。

H3b:创业者身份认同在认知环境和公司创业的关系中有中介作用。

H3c:创业者身份认同在规范环境和公司创业的关系中有中介作用。

三、管理者社会关系的调节作用

首先,从角色认同理论的角度来看,有学者提出创业者身份认同伴随着角色冲突,角色冲突和试图实现角色一致性的过程引发了心理、社会和行为压力,创业者希望通过身份验证来强调自我感觉和社会对于创业者角色期望是一致的,在这个阶段,创业者通过与他人接触和互动(尤其是关系网络内的其他创业者),不仅开发了商业机会,而且也验证了他们的创业者身份(Lewis et al. , 2016)。

其次,管理者的人际关系和组织间关系被视为行动者获得其他行动者所拥有的各种资源的媒介。已有大量研究证实管理者社会关系能够为公司创业提供资源、合作伙伴和创业机会(Li & Zhou, 2010; Wong & Ellis, 2002)。此外,网络关系为企业承担风险提供了情感支持(Bruderl & Preisendorfer, 1998),而这反过来又能增强企业的持久性(Gimeno et al. , 1997)。以往的研究发现商业关系可以在几个方面促进机会的发现。其一,商业关系不仅可以为企业带来关于客户需求、市场竞争和供应链重组的信息,还可以促进重点企业与其商业伙伴之间的信息共享(Li & Zhou, 2010)。创业机会领域的研究指出机会等待着人们发现和识别,但有的人却能比别人更快地发现机会,主要的原因是:第一,他们有更好的信息;第二,他们能够更好地利用给定的信息(Shane, 2003)。其二,商业关系帮助企业获得发现机会所必需的关键资源,商业关系作为一种基于信任的网络关系,能获得更可靠的信息和资源(Li et al.,2008)。同样,政治关系也有助于发现机会。在经济转型期的国家,许多企业机会来自体制环境,而不是商业环境。政治关系使公司能够获得有关产业规划的政策和法规的信息,使企业处于有利地位,发现基于制度的商业机会(Guo et al.,2014)。此外,与政府官员的密切关系可能会帮助企业获得更多的制度支持,如有利地解释法规、执行合同、解决谈判、设置进入壁垒(Peng & Luo,2000)。因此,与政府的密切联系可以帮助企业获得一些稀缺资源,如土地、资本支持(Li et al.,2014)。

总之,管理者社会关系中存在机会和资源,需要管理者去搜寻和发掘。当管理者认同自己的创业者身份而在社会期待和身份验证的作用下寻找机会时,管理者社会关系就是最可靠和高层次的消息来源。在发现机会的过程中,管理者的创业者身份认同得到了加强,并且有力的关系网络能为公司创业提供更多的机会和资源,从而促进公司创业,因此本研究认为管理者社会关系能显著调节创业者身份认同与公司创业的关系。基于此,本研究提出假设:

H4:管理者社会关系能够显著调节创业者身份认同和公司创业的关系。

从假设 H3a 和 H4、假设 H3b 和 H4 以及假设 H3c 和 H4 可以进一步看出有调节的中介作用,即管理者社会关系调节了创业者身份认同在规制环境、认知环境以及规范环境与公司创业之间的中介作用。也就是说,当管理者社会关系越强,创业者身份认同与公司创业之间的关系越强,创业者身份认同就能更好地传递制度环境的三个维度对公司创业的影响效果。反之,当管理者社会关系越弱,创业者身份认同与公司创业之间的关系越弱,创业者身份认同则不能很好地传递制度环境的三个维度对公司创业的影响效果。基于此,本研究提出假设:

H5a:管理者社会关系调节创业者身份认同在规制环境与公司创业之间的中介作用。管理者社会关系越强,创业者身份认同的中介作用更强。

H5b：管理者社会关系调节创业者身份认同在认知环境与公司创业之间的中介作用。管理者社会关系越强，创业者身份认同的中介作用更强。

H5c：管理者社会关系调节创业者身份认同在规范环境与公司创业之间的中介作用。管理者社会关系越强，创业者身份认同的中介作用更强。

综上所述，本研究的理论模型如图 6-1 所示。

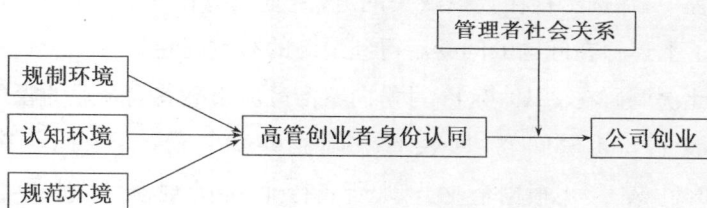

图 6-1 本研究的理论模型

第二节 研究方法

一、样本和数据收集程序

对制度环境影响的研究表明，选择一个具有相对同质的地理、文化、法律和政治特征的空间中的公司样本是很重要的(Ahlstrom & Bruton，2002)，因为一个基本前提是将公司嵌入了特定的制度环境里(Gómez Haro et al.，2011)。因此，本研究选取南京秦淮区城市硅巷中的企业作为具体的研究对象。南京秦淮区城市硅巷是区政府打造的集聚了各类创新资源的创新平台，由政府牵头改造老旧街道，引进创新企业、整合优质资源、促进企业间的合作，政府在其中起到规划指引、政策扶持和提供服务的作用。

在确定好研究对象之后,本研究的调研过程主要包括以下几个步骤。首先,在与秦淮硅巷负责人沟通确认的情况下,由白下高新区园区服务处牵头,组织召开了在巷企业服务座谈会。在座谈会上向各企业负责人介绍了此次研究的目的、内容、过程和对企业的意义等,鼓励企业认真参与问卷的填写。其次,向各企业负责人详细介绍了问卷的填写明细和相关注意事项,并再三强调了个人信息的保密性。之后由各企业负责人统一对问卷进行分发和对填写说明及保密性的强调。最后,对回收问卷进行问卷录入,并在问卷数据汇总和处理过程中,筛选出存在数据缺失问题、重复填写作答等的无效问卷,删除了上述存在问题的问卷后得到最终的有效问卷。

此次调研在 2019 年 11 月份向秦淮区城市硅巷内企业的管理人员发放了 583 份问卷,回收有效问卷共 507 份,有效回收率为86.96%。表 6-1 根据企业类型、所属行业、企业规模、性别、年龄和教育程度给出了样本的分布。

表 6-1　样本的主要特征

企业特征		企业数	百分比	高管特征		人数	百分比
企业类型	国有企业	211	41.6%	性别	男性	260	51.3%
	私营企业	263	51.9%		女性	236	46.5%
	外资企业	8	1.6%		缺失	11	2.2%
	其他	4	0.8%		总共	507	100%
	缺失	21	4.1%	年龄	21~30 岁	175	34.5%
	总共	507	100%		31~40 岁	209	41.2%
所属行业	高科技行业	162	32%		41~50 岁	82	16.2%
	非高科技行业	323	63.7%		50 岁以上	32	6.3%
	缺失	22	4.3%		缺失	9	1.8%
	总共	507	100%		总共	507	100%

（续表）

企业特征		企业数	百分比	高管特征		人数	百分比
企业规模	100 人以下	299	59%	教育程度	大专毕业	103	20.3%
	100～300 人	133	26.2%		本科毕业	309	61%
	300～500 人	13	2.6%		研究生及以上	69	13.6%
	500 人以上	44	8.7%		其他	3	0.6%
	缺失	18	3.5%		缺失	23	4.5%
	总共	507	100%		总共	507	100%

二、变量测量

调查问卷主要由四个变量组成,采用的问卷都是国内外成熟的量表,被国内外多数研究者采用,测量信度都很好,所有的问卷都采用李克特 5 点量表。

制度环境:采用 Busenitz 等(2000)的量表,并在其基础上结合秦淮硅巷的情境进行了一定的修改,包含"在秦淮硅巷,相关政府部门积极鼓励企业再创业;在秦淮硅巷,企业知道如何保护新业务;在秦淮硅巷,企业再创业人员得到广泛的尊重"等 13 个项目。

创业者身份认同:采用谢雅萍等人(2016)编制修改的量表,包括"我认为自己是一个创业者"等 7 个项目。

公司创业:本研究认同 Zahra 与 Covin(1995)对公司创业的维度划分和测量方法,将公司创业分为创新(innovation)、战略更新(strategic renewal)和风险投资(venturing)。该量表包括"推出了大量的新产品或服务"等共 16 个题项。

管理者社会关系:使用 Peng 和 Luo(2000)对管理者社会关系的量表,该量表测量的是管理者的商业关系和政治关系。量表包括"花费很多精力去培养和供应商、客户以及合作联盟的高管团队成员的私人关系"等 8 个题项。

本研究使用内部一致性系数(Cronbach's α)来衡量量表的信

度,根据以往的研究,量表的内部一致性系数越高,表明通过问卷量表测量得到的数据越可信。经检验,本研究使用的量表的 Cronbach's α 均大于 0.9,表明研究使用的量表具有很好的信度。同时,本研究采用验证性因子分析(CFA)的方法来检验量表的效度。数据结果显示,六因子模型的 CFI、TFI 都大于 0.9,其拟合度最好且达到了效度检验标准,说明六个变量之间具有很好的内部结构效度。

第三节   研究结果

表 6-2 总结了本研究所有变量的均值、标准差和皮尔逊相关系数。

对于假设检验,主要采用分层线性回归的方法进行。由表 6-3 可知,规制环境对创业者身份认同的影响不显著($\beta=0.018$,$P>0.05$),H1a 不成立;认知环境对创业者身份认同有正向预测作用($\beta=0.261$,$P<0.01$),H1b 成立;规范环境对创业者身份认同有正向预测作用($\beta=0.18$,$P<0.05$),H1c 成立;创业者身份认同对公司创业有积极的预测作用($\beta=0.607$,$P<0.01$),H2 成立。

图 6-2 显示了中介效应检验的结果,从图中可以看出,创业者身份认同在认知环境与公司创业关系中的中介效应显著,因此 H3b 成立;创业者身份认同在规范环境与公司创业关系中的中介效应显著,因此 H3c 成立。另外,由于规制环境对创业者身份认同的影响不显著,所以创业者身份认同在规制环境与公司创业之间不存在中介作用,因此 H3a 不成立。

表 6－2 变量的均值、标准差和皮尔逊相关系数

	性别	年龄	教育程度	企业类型	行业属性	公司规模	规制维度	认知维度	规范维度	创业者身份认同	管理者社会关系	公司创业
性别	1											
年龄	0.262**	1										
教育程度	0.129**	0.09	1									
企业类型	-0.06	-0.144**	-0.169**	1								
行业属性	-0.113*	0.001	-0.156**	0.034	1							
公司规模	0.012	0.225**	0.207**	-0.517**	0.047	1						
规制维度	-0.06	-0.14**	-0.131**	0.091*	-0.029	-0.115*	1					
认知维度	-0.038	-0.093*	-0.077	0.035	-0.012	-0.106*	0.744**	1				
规范维度	-0.028	-0.129**	-0.079	0.088	0.012	-0.123*	0.695**	0.773**	1			
创业者身份认同	0.063	0.042	-0.078	0.014	-0.068	-0.021	0.348**	0.425**	0.386**	1		
管理者社会关系	-0.03	0.126**	-0.065	-0.132**	-0.019	0.178**	0.149**	0.279**	0.2**	0.62**	1	
公司创业	-0.049	-0.123**	-0.165**	0.091*	-0.05	-0.116*	0.462**	0.573**	0.576**	0.602**	0.473**	1
均值	0.54	1.94	1.94	1.6	1.67	1.6	4.07	3.96	4.06	3.31	2.98	3.59
标准差	0.52	0.88	0.61	0.57	0.48	0.91	0.84	0.82	0.79	1.32	1.34	0.76

注：** $p<0.01$，* $p<0.05$。

表 6 - 3　线性回归模型(标准化系数)

变量类型	变量	创业者身份认同		公司创业	
		M1	M2	M3	M4
控制变量	性别	0.058	0.049	0.021	−0.014
	年龄	0.024	0.08	−0.133**	−0.148**
	教育程度	−0.129**	−0.097*	−0.165**	−0.087*
	企业类型	−0.004	−0.009	0.069	0.072
	行业属性	−0.123*	−0.111*	−0.076	−0.001
	公司规模	−0.007	0.027	−0.023	−0.019
解释变量	规制环境		0.018		
	认知环境		0.261**		
	规范环境		0.18*		
	创业者身份认同				0.607**
	R²	0.031	0.21	0.066	0.423
	ΔR²	0.031	0.179	0.066	0.357
	调整后的 R²	0.018	0.194	0.053	0.414
	F	2.374*	12.91**	5.188**	45.922**

注:** $p < 0.01$,* $p < 0.05$。

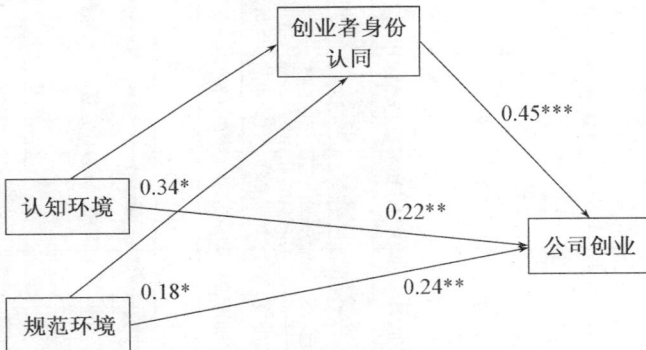

图 6 - 2　中介效应图

注:** $p < 0.01$,* $p < 0.05$。

　　进一步检验管理者社会关系的调节效应。从表 6-4 可以看出，管理者社会关系能够显著调节高管创业者身份认同与公司创业之间的关系（β＝0.27，p＜0.01）。同时根据简单坡度分析的方法，绘制管理者社会关系对创业者身份认同与公司创业之间关系调节效应图。由图 6-3 可知，管理者社会关系能够显著调节创业者身份认同与公司创业之间的关系，因此，H4 成立。

表 6-4　层级回归分析结果（标准化系数）

变量类型	变量	模型一：公司创业		模型二：创业者身份认同		模型三：公司创业	
		β	t	β	t	β	t
控制变量	性别	0.02	0.43	−0.03	−0.37	0	0.12
	年龄	−0.13	−2.7*	−0.17	−3.81*	−0.1	−2.5*
	教育程度	−0.17	−3.42*	−0.14	−2.27	−0.06	−1.54
	企业类型	0.07	1.27	0.13	1.67	0.07	1.82
	行业属性	−0.08	−1.61	0	−0.02	−0.04	−1.22
	企业规模	−0.02	−0.42	−0.02	−0.44	−0.01	−0.2
自变量	创业者身份认同			0.61	16.48**	0.59	12.35**
调节变量	管理者社会关系					0.17	3.77*
交互项	创业者身份认同*管理者社会关系					0.27	6.55**
	R^2	0.066		0.423		0.5	
	ΔR^2	0.066		0.357		0.077	
	F	5.188**		45.99**		48.52**	

注：** p＜0.01，* p＜0.05。

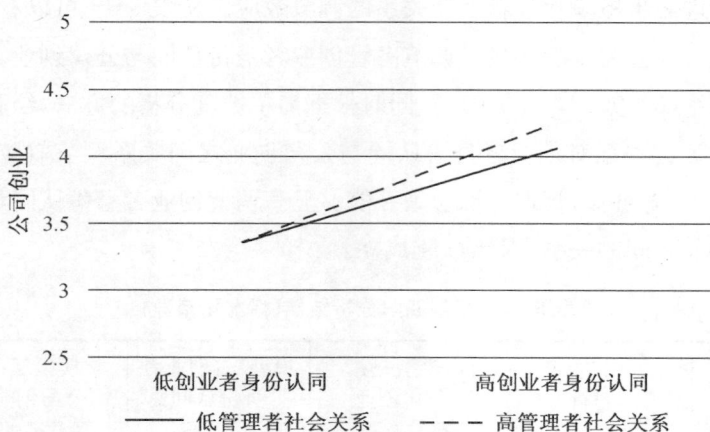

**图 6-3 管理者社会关系对创业者
身份认同与公司创业之间关系调节效应图**

在管理者创业者身份认同的中介效应和管理者社会关系的调节作用存在的基础上,进一步检验管理者社会关系对创业者身份认同的中介效应的调节作用。

表 6-5 显示了当自变量是认知环境时,模型在 PROCESS 中的回归结果,由方程 3 可以看出,创业者身份认同对公司创业的主效应显著($\beta=0.403$,$p<0.01$),且管理者社会关系与创业者身份认同交互项的效应显著($\beta=0.142$,$p<0.01$)。表 6-6 展示了通过 PROCESS 运算得到的在管理者社会关系不同取值下创业者身份认同的条件间接效应,管理者社会关系调节认知环境影响公司创业的间接效应的 INDEX 为 0.04(置信区间为[0.01,0.07]),置信区间不包括零,可以判断有调节的中介效应存在,H5b 成立。

表 6-5　有调节的中介模型检验(认知环境为自变量)

变量类型	变量	方程1：公司创业		方程2：创业者身份认同		方程3：公司创业	
		β	t	β	t	β	t
控制变量	性别	0.01	0.17	0.094	1.08	0.005	0.071
	年龄	−0.07	−1.45	0.091	1.734	−0.092	−2.253*
	教育程度	−0.21	−3.28*	−0.157	−2.169*	−0.103	−1.917
	企业类型	0.12	1.43	−0.016	−0.171	0.131	1.945
	行业属性	−0.14	−1.66	−0.237	−2.555*	−0.084	−1.208
	企业规模	0.02	0.5	0.029	0.519	−0.002	−0.045
	规制环境	0.32	5.13**	0.018	0.274*	−0.032	−0.649
	规范环境	−0.06	−0.94	0.177	2.517*	0.227	4.317**
自变量	认知环境	0.34	4.95**	0.263	3.421*	0.158	2.706*
中介变量	创业者身份认同					0.403	8.113**
调节变量	管理者社会关系					0.186	4.395**
交互项	创业者身份认同*管理者社会关系					0.142	3.748**
R²		0.39		0.21		0.581	
F		30.66**		12.91**		50.156**	

注：** p<0.01，* p<0.05。

表 6-6　有调节的中介效应 Bootstrp 检验(认知环境为自变量)

结果类型	调节变量	效应值	BootSE	Bootstrap 95%CI	
				下限	上限
有调节的中介效应	低管理者社会关系	0.07	0.02	0.03	0.11
	高管理者社会关系	0.14	0.04	0.07	0.23

（续表）

结果类型	调节变量	效应值	BootSE	Bootstrap 95%CI	
				下限	上限
效应差异		0.07	0.03	0.03	0.14
INDEX		0.04	0.01	0.01	0.07

注:高管理者社会关系代表均值加 1 个标准差,低管理者社会关系代表均值减 1 个标准差。

表 6-7 显示了当自变量是规范环境时,模型在 PROCESS 中的回归结果,方程 3 的结果显示,创业者身份认同对公司创业的主效应显著($\beta=0.403$,$p<0.01$),且管理者社会关系与创业者身份认同交互项的效应显著($\beta=0.142$,$p<0.05$)。表 6-8 展示了通过 PROCESS 运算得到的在管理者社会关系不同取值下创业者身份认同的条件间接效应,管理者社会关系调节规范环境影响公司创业的中介效应的 INDEX 为 0.03(置信区间为[0.01,0.05]),置信区间不包括零,可以判断有调节的中介效应存在,H5c 成立。

表 6-7   有调节的中介模型检验(规范环境为自变量)

变量类型	变量	方程1:公司创业		方程2:创业者身份认同		方程3:公司创业	
		β	t	β	t	β	t
控制变量	性别	0.01	0.17	0.094	1.08	0.005	0.071
	年龄	−0.07	−1.45	0.091	1.734	−0.092	−2.253*
	教育程度	−0.21	−3.28*	−0.157	−2.169*	−0.103	−1.917
	企业类型	0.12	1.43	−0.016	−0.171	0.131	1.945
	行业属性	−0.14	−1.66	−0.237	−2.555*	−0.084	−1.208
	企业规模	0.02	0.5	0.029	0.519	−0.002	−0.045
	规制环境	−0.06	−0.94	0.018	0.274	−0.032	−0.649
	认知环境	0.34	4.95**	0.263	3.421*	0.158	2.706*

（续表）

变量类型	变量	方程1:公司创业		方程2:创业者身份认同		方程3:公司创业	
		β	t	β	t	β	t
自变量	规范环境	0.32	5.13**	0.177	2.517*	0.227	4.317**
中介变量	创业者身份认同					0.403	8.113**
调节变量	管理者社会关系					0.186	4.395*
交互项	创业者身份认同*管理者社会关系					0.142	3.748*
R²		0.39		0.21		0.581	
F		30.66**		12.91**		50.156**	

注:** $p<0.01$,* $p<0.05$。

表6-8　有调节的中介效应 Bootstrp 检验(规范环境为自变量)

结果类型	调节变量	效应值	Boot SE	Bootstrap 95%CI	
				下限	上限
有调节的中介效应	低管理者社会关系	0.05	0.02	0.01	0.09
	高管理者社会关系	0.1	0.04	0.03	0.17
效应差异		0.05	0.02	0.01	0.1
INDIX		0.03	0.01	0.01	0.05

注:高管理者社会关系代表均值加1个标准差,低管理者社会关系代表均值减1个标准差。

综上,在检验了之前提出的研究假设之后,图6-4显示了本研究的最终研究模型图。

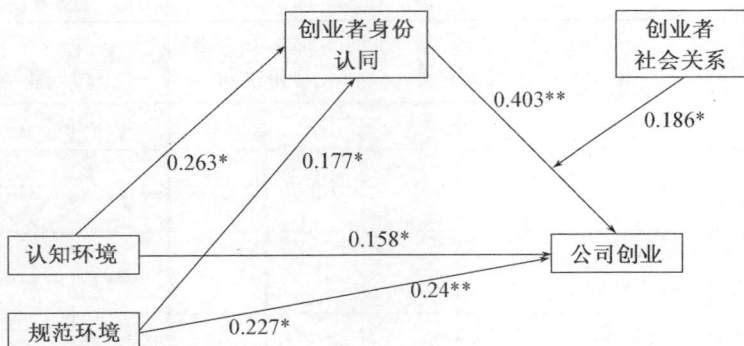

注:** p<0.01,* p<0.05。

图 6-4　有调节的中介模型

第四节　本章小结

一、研究结论

　　本研究基于身份认同理论提出创业者身份认同能够中介认知环境与公司创业以及规范环境与公司创业的关系,并引入了管理者社会关系作为情境因素,解释了在何种情况下创业者身份认同能更好地转化为行动。本研究的具体研究结果为:支持创业的制度环境能够有效地促进管理者的创业者身份认同,更具体地,规制环境对创业者身份认同的影响不显著,认知环境和规范环境都能正向预测创业者身份认同;创业者身份认同确实可以在制度环境与公司创业中发挥中介作用,具体而言,认知环境和规范环境能够通过影响企业管理者的创业者身份认同,最终促进公司创业;管理者社会关系在模型中的调节效应也得到了检验,它能对"创业者身份认同—公司创业"关系产生积极影响。当管理者社会关系比较强时,创业者身份认同正向预测公司创业的能力更强,反之,当管理者社会管理比较弱时,创业者身份认同正向预测公司创业的能力会被削弱；有调节的中介作用也得到了检验，当管理者社会关系比较强时，创业者身份认同的中介效果更强，反之，当管理者社会管理比较弱时，创业者身份认同的中介效果会被削弱。

二、理论意义

本研究验证了创业者身份认同对公司创业的促进作用，并且在认知环境与公司创业、规范环境与公司创业的关系中有明显的中介效应。首先，从身份认同理论的角度解释了制度环境对公司创业的作用机制，弥补了之前研究对制度环境的制度价值观、文化和共同观念相关方面的研究不足，证实了从该视角研究制度环境的可行性，希望能够引发其他研究者对该领域的研究的关注。研究还用实证检验的方式证实了创业者身份认同可以作为解释管理者做出公司创业行为的认知机制之一。管理者感知到制度环境中对于公司和自己的创业行为的期待，同时结合自己个人的经历形成创业者身份认同，推动管理者寻找和识别创业机会，进而推动公司创业活动。

其次，基于创业机会视角检验了管理者社会关系促进创业者身份认同的作用，这与 Lewis 等人（2016）提出的理论一致，创业者在寻找创业机会的过程中，通过与关系网络中的其他人接触（尤其是其他创业者），能增强创业者身份认同。同时也检验了管理者社会关系促进公司创业的作用，这与公司创业的其他研究结果一致，管理者社会关系能够为公司创业提供可靠的资源和机会。

本研究通过检验一个有调节的中介模型，将制度环境、管理者、管理者社会关系和公司创业行为有机地统一在一起。公司创业被描述为管理者将感知到的制度环境中的社会期待和价值观内化为自己的创业者身份认同，进而在验证身份的过程中从管理者社会关系中寻找创业机会，以推动公司创业的过程，较为完整地解释了公司创业的过程。

三、实践意义

从实践的角度来说,本研究考察了制度环境、管理者和关系网络三个方面对公司创业的影响,总的来说,希望本研究的研究结果对推动公司创业的政府和企业有一定的启示。

首先,政府在对公司创业制定支持性的制度的同时,需要考虑公司和管理者对制度的感知,根据本研究的研究结果,法律、制度、规定和政府政策等在促进企业高管的创业者身份认同方面没有显著的作用。人们对创业活动、价值创新思想的认可度和期待程度则显著地促进公司高管的创业者身份认同。创业者身份认同是公司创业动机的主要来源之一,因此政府不仅仅要在政策上对企业进行扶持,更要对企业、社会做好价值规范和引导。

其次,公司的管理者不能仅仅局限于被动接受制度上的帮助,安于现状,更要积极地认知和把握制度环境提供的资源和机会,在合法性范围内合理经营自己的关系网络,将外部的资源和机会转化为公司创业的推动力,不断地更新企业的竞争优势。

四、局限性和未来研究方向

第一,本研究的数据是一次性收集,且所有变量都是由企业管理者填写,没有事先避免同源方差的问题,这可能会导致变量之间的关系被放大。因此,在未来的研究中,需尽量避免类似问题,在问卷收集的时候通过干预,比如多阶段问卷收集和多渠道收集数据以使收集到的数据和研究结果更加可靠。

第二,本研究的样本数据是截面数据,反映了一个时间点上的情况,但是本研究的研究对象是公司创业,其基于的现实情况就是环境是不断且迅速变化的,不管是公司创业还是制度环境都是不断变化的,因此本研究使用截面数据来反映二者之间的关系可能不够可靠。如果未来有研究想要进一步了解制度环境与公司创业之间的关系,使用纵向的数据可能会更为稳妥。

第三,根据身份认同理论,创业者身份认同不仅受外部环境的影响,还与管理者的先前经验有关,本研究在设计问卷的时候没有更多地设计控制变量来减少干扰,可能放大了制度环境对创业者身份认同的影响,以后在有关创业者身份认同的研究中需要注意控制变量方面的选择。

总的来说,本研究虽然有许多的不足,但是尝试从认知过程解释制度环境影响公司创业的过程,这弥补了公司创业领域研究的一些空白,未来的研究可以更多地从这个视角出发展开讨论。

第七章　创业导向对利用式创新偏好的影响机制研究

　　当今企业经营所面对的外部环境变化逐渐加快。从我国当前实际情况来看,目前我国还处于经济转型的战略性关键时期,而这个时期最显著的一个特征就是企业经营环境的高度不确定性(顾研、周强龙,2018)。随着外部环境变化速度逐渐加快且捕捉具体变化的难度逐渐加大,创新创业对于企业的重要性也日益提高。各行各业的企业都希望通过创新创业活动一方面向市场投放新产品、提供新服务、吸引消费者的注意和兴趣,另一方面改善自身生产效率、缩减经营成本、在市场上深耕到底。这就意味着企业在落实具体创新活动过程中,需要平衡好探索式创新和利用式创新之间的投入,唯有如此才能在兼顾短期效益的同时帮助企业提高对变化环境的响应速度、取得长足发展。但在创业创新迅猛发展但又存在高水平失败风险的情况下,现实的情况是企业的创新创业活动是有选择性和倾向性的,即企业可能更倾向于进行那些渐进性的利用式创新活动,在维持现状的基础上进行小幅度调整和创新。这个现象产生的主要原因有企业的创新活动自身具有路径依赖性,企业可以用于创新活动的资源是有限的,探索式创新天然比利用式创新具有更大的劣势如更高的风险、更不确定的投资回报等。而在长期偏向利用式创新活动的影响下,企业会逐渐形成组织惯性,在当前主要经营领域形成核心能力刚性,逐渐失去对快速发展变化的环境的应变能力,逐渐被同行业其他企业赶超和抛弃。基于此现象,本研究重点关注了企业应该如何纠正其利用式创新偏好的问题,并从企业战略、企业所处制度环境、企业所处行业发展状况等微观和宏观层面提出下列相关的研究问题:

(1) 企业创业导向对其利用式创新偏好有什么影响,二者之间是什么关系?

(2) 创业导向和企业的政治网络搭建之间有什么关系? 企业政治网络的搭建又会对企业不同类型的创新活动产生什么影响,或者说对企业的利用式创新偏好有什么样的影响?

(3) 在创业导向和利用式创新偏好的关系中,中国情境下的制度环境发挥了什么样的作用? 政府在其中的角色如何? 是否能够作为两者关系的中间机制?

(4) 行业增长情况是否会对创业导向和政治网络的关系产生调节作用?

(5) 行业增长情况在创业导向和利用式创新偏好的间接关系中又发挥了怎样的作用? 是否会调节该间接关系的强度大小?

第一节　理论模型

一、利用式创新偏好

Duncan(1976)首次提出了"二元性组织"(ambidextrous organization)的概念。他在研究中指出,企业应该建立有机式组织结构来发起创新活动,并配合建立机械式组织结构来具体落实创新活动。March(1991)从组织学习的视角,提出组织的二元学习指的是探索式学习和利用式学习。随后,学者们将探索和利用这一对二元概念引入了企业技术创新的领域,由此产生了探索式创新和利用式创新的概念和相关研究(Danneels, 2002; Benner & Tushman,

2003；He & Wong，2004；Jansen et al.，2006）。目前，探索和利用
视角已被广泛运用于创新管理领域的研究（Almahendra & Ambos，
2015）。

在企业技术创新领域，结合 March 的研究，学者们提出了探索
式创新和利用式创新的概念，并给出了不同的定义（Danneels，
2002；Benner & Tushman，2003；He & Wong，2004；Jansen et
al.，2006），具体见表 7-1。

表 7-1　探索式创新和利用式创新的不同定义

学者	年份	定义依据	具体表达
Danneels	2002	目的 主要活动	探索式创新：为了满足新客户需求而进行的与重新定义顾客、创造新市场、改变旧有的管理体系、探索新知识、创造新产品有关的活动 利用式创新：为了满足现有客户需求而进行的与利用已有知识和拓展已有产品和服务有关的活动
Benner & Tushman	2003	目的 内容 特征	探索式创新：为了扩张市场和提升核心竞争力，而去引进新知识和新技术的行为，具有非持续性 利用式创新：为了使现有产品和技术更加成熟，而去对原有知识和技术进行深挖的行为，具有持续性
He & Wong	2004	目的	探索式创新：为了开创全新市场而开展的技术创新活动 利用式创新：为了改善现有市场地位而开展的技术创新活动
Jansen et al.	2006	差距	探索式创新：与现有产品、服务和技术差距较大的活动 利用式创新：与现有产品、服务和技术差距较小的活动

自 March(1991)提出探索和利用这对二元概念伊始，二者间的
关系就受到了广泛的关注和讨论，代表性观点主要有取舍观和平
衡观。

取舍观。该观点认为探索和利用是一个连续变量的两端,强调的是两种创新活动的天然不可共存性。在 March(1991)最初的研究中,他认为探索和利用两种学习行为之间,因为组织资源、惯性和结构三方面的问题,存在着很大的张力,二者之间是矛盾的。企业同时进行探索和利用是一件非常困难的事情,因而 March 建议需要在二者之间做出一个取舍(trade-off)。

平衡观。该观点认为探索和利用是两个相互独立的变量。在 Levinthal 和 March 的研究中(1993),他们指出,基于日益动荡的外部环境,企业如果只进行单一的一种行为,无论是探索式还是利用式,都是不利于企业的生存的。因企业既要开展充足的利用式活动以保障当下的生命力,又要投入足够的精力到探索式活动中以确保未来的活力,即企业需要在探索式活动和利用式活动中找到一个平衡(balance)(Levinthal & March,1993)。自此,企业需要在探索和利用中找到一个平衡的观点得到了多数学者的支持(Gibson & Birkinshaw,2004;March,2006;Lavie et al.,2010;蒋春燕,2011)。关于探索和利用之间的平衡,学者们将其描述为二元性(ambidexterity)。

将探索和利用的平衡观和企业的技术创新领域结合起来,学者们提出了创新二元性的概念,即认为企业应该同时追求探索式创新和利用式创新。尽管学界对于探索式创新和利用式创新的平衡的重要性已达成一致意见,但是关于该定义的具体含义和测量方式,现有研究却众说纷纭,没有达成统一。回到探索和利用这一二元概念产生之初,March(1991)提到了一个重要的问题,并将其命名为"探索的脆弱性"(the vulnerability of exploration)。他提出相较于利用活动带来的回报,探索活动带来的回报是更加不确定的,从时间上来说是更遥远的(即回报周期长),并且和组织的现状是存在更大距离的,并举了基础研究和产品改进两个例子进行分析。而由于在回报上和利用活动形成的这些巨大差距,组织的适应性(学习)过程通常更多地增加利用活动而不是探索活动,因此会出现增加利用活动而减少探索活动的倾向(tendencies to increase exploitation and reduce exploration)。不仅仅是 March 关注到了利用活动对探索活动的排挤效应,在其之后的许多研究学者也关注到了这个问题(Leonard-Barton, 1992; Christensen, 1997; Benner & Tushman, 2002; Bunderson & Sutcliffe, 2003; Uotila et al. , 2009;周密,盛玉雪和丁明磊,2014; Chen, 2017; Randall, Edelman, & Galliers, 2017;张庆垒等,2018),他们具体的研究结论见表7-2。基于上述这些学者的研究,本研究提出创新二元性领域的一个新名词,即"利用式创新偏好",其定义为:

企业在选择创新活动类型时,更加重视开展利用式创新活动而忽视探索式创新活动的倾向。

表 7-2　利用式创新偏好的相关研究

学者	年份	研究结论
Leonard-Barton	1992	利用式创新会排挤探索式创新
Christensen	1997	由于种种原因,企业会不愿意进行高水平的探索式活动
Bunderson & Sutcliffe	2003	强调探索和利用的对立性,并指出利用式创新是以牺牲探索式创新为代价的
Benner & Tushman	2002	因为利用式创新风险低且收益稳定,这使得企业更加关注且更乐意投资利用活动,因此会适当牺牲探索式创新
Uotila et al.	2009	有 80%的企业缺乏探索式活动而过度强调利用式工作
周密等	2014	现实中的创新型企业偏向利用式创新的占 69.82%,而偏向探索式创新的仅占 30.18%
Chen	2017	由于利用活动对探索活动的排挤,会出现企业对探索活动的管理不善问题

（续表）

学者	年份	研究结论
Randall et al.	2017	企业可能会改变当初制定的二元创新计划,将发展的焦点由探索活动转向利用活动,导致探索式创新计划的偏离
张庆垒等	2018	从组织学习理论、行为理论、代理理论的视角分析,提出企业会更倾向于将研发资源投入到具有短期效应的利用式创新上面

二、创业导向和利用式创新偏好

创业导向(entrepreneurial orientation)的研究最早出现于 20 世纪 70 年代。对创业导向定义及其内涵的研究归纳起来可以分为三个阶段,根据学者们对相关概念的定义可以划分为:① 初期探索阶段(Mintzberg,1973；Miller & Friesen,1982；Miller,1983)。此时学者只是进行了相关研究,并启发了该领域的后续研究,而并没有正式提出创业导向的概念和定义。② 创业战略姿态(entrepreneurial strategic posture)阶段(Covin & Slevin,1989,1991)。这个阶段的学者主要是站在企业整体战略的高度上,强调企业主动参与甚至是发起竞争的重要性,关注企业关于创业的倾向性的强度。③ 创业导向阶段(Lumpkin & Dess,1996)。这个阶段才是创业导向这个概念被正式提出的阶段,而且该阶段的学者最初主要通过区分创业导向（entrepreneurial orientation）和创业(entrepreneurship)两个概念,来指出创业导向其实是一种企业进行的与创业相关的动态的行为和行动。创业导向第三个研究阶段的代表学者 Lumpkin 和 Dess(1996)在其研究中更倾向于将创业导向看作是企业的一种行为。这区别于前两个阶段学者将创业导向看作是企业战略、倾向、态度的看法,也由此引发了后续学者对创业导向到底是一种战略态度还是一种具体行为的讨论。但在 Dess 和 Lumpkin(2005)的研究中,他们又更新了自己的认识,认为创业导向是企业在其发展过程中以及其组织文化中表现出来的"对于创业的一种看法和思维模式",这就更接近于将创业导向视为企业战略态度的观点。相较于将创业导向看作企业行为的观点,本研究在相关学者(李雪灵、姚一玮、王利军,2010;Covin & Lumpkin,2011;张骁、胡丽娜,2013;胡望斌、张玉利、杨俊,2014)的研究基础上更倾向于将创业导向视作企业的战略态度,提出创业导向如下定义:

企业在其动态的经营、实践和决策过程中表现出来的具有创新性、风险承担性和先动性的一种战略态度和倾向,属于企业的一种战略导向。

同时主要参照 Miller(1983)的三维度划分法,将企业的创业导向分为三个维度,分别是创新性、风险承担性和先动性,每个维度的具体定义、表现和本质见表 7-3。

表 7-3   创业导向三维度介绍

维度	定义	具体表现	本质
创新性 innovativeness	企业愿意支持创造性活动和试验,培养独特和新颖的思维方式的态度和意愿	引进新产品和服务 开发新的工艺 引进新的流程 提出新的方案 推动组织架构变化 实施技术领先战略等	企业愿意放弃当下的行为习惯,突破传统思维局限去尝试未知的新领域,以另辟蹊径的方式解决问题的程度
风险承担性 risk-taking	企业即使是在结果不确定的情况下,也愿意承诺对未知风险事业投入大量资源并承担由此产生的高不确定性和高风险的程度	承担巨额债务 过度投资 进入未知领域 开拓全新市场 开发新产品和服务等	企业认识到风险和报酬相对应后,想摆脱对"被验证的正确"行为的依赖,期望通过承担巨额风险以换取超额回报的意愿

（续表）

维度	定义	具体表现	本质
先动性 proactiveness	企业通过提前感知环境甚至主动塑造环境来识别新机会并付诸相应行动以谋取行业领导者而非跟随者地位的倾向	更早思考环境变化 更快感知和识别新机会 更果断地进行快速决策 更快引进新产品和服务 甚至是更快地退出饱和或衰退的市场等	企业在各个方面都比竞争对手更快一步的程度，而其关键在于能够获取并利用不对称的市场信息

　　创业导向具体反映了企业热衷于创新、愿意承担风险和渴望超越竞争对手取得行业领先者地位的程度。在战略上采取创业导向的企业明显区别于一般的传统企业，其战略决策风格和行为表现都更加激进、积极和有活力，更加向创业方向靠近（Wiklund & Shepherd，2005）。而创新被看作是创业活动的关键因素（Schumpeter，1912），因而有理由认为企业的创业导向会正向影响企业的创新行为。

　　创业导向和探索式创新。根据 Miller（1983）以及 Lumpkin 和 Dess（1996）对创新性维度的定义可以得知，创业导向的创新性主要强调的是企业愿意突破常规思维限制而去尝试新想法并且进行新试验的程度，而探索式创新恰恰关注的也是脱离已有的知识基础去探索新的知识、跳出熟悉的市场去摸索未知的市场、采用全新的方式解决问题等。所以企业创业导向的创新性会提高其探索式创新水平；另外，创业导向的风险承担性能够很好地支持企业接纳探索式创新的高风险，并支持其落实探索式创新活动。因为风险承担性意味着企业能够在不完全了解特定行为结果的情况下依然愿意为之做出承诺并付诸行动，而探索式创新活动其回报正好是不确定的、周期长的，也因此使其成为一种风险极高的活动，只有那些有勇气摆脱"被验证的正确"(Wiklund & Shepherd，2005)的企业才会投入其中。所以企业创业导向的风险承担性会支持企业更多地从事探索式创新活动；最后，创业导向的先动性强调企业对其行为追求时间上的领先顺序的强烈意愿，表现为企业争当第一、不甘落后的行为态度。在这种态度指引下，企业总是比竞争对手先一步采取行动，而探索式创新利用全新知识在未知领域内的探索意味着企业先于别人在该领域留下足迹，成为新领域的开创者，取得先发优势。综上，企业的创业导向有利于提高企业的探索式创新水平。

创业导向和利用式创新。利用式创新是基于已有的知识和技能，对企业熟悉的产品、服务和流程等进行一定程度的改进和完善，企业固有的路径依赖性会让其在这些熟悉的领域内培养出核心能力，时间长了之后这些核心能力会变成企业的刚性，培养出组织惯性从而难以做出改变。Gilbert(2005)在其研究中将组织刚性分为资源刚性(resource rigidity)和常规刚性(routine rigidity)，分别强调企业在资源重新配置上和资源使用流程上的僵化和低效。相对应地，Sanchez(1995)提出了资源柔性和协调柔性两种战略柔性，分别用于解决上面两种刚性。而创业导向能够促使企业提高两种柔性以克服利用式创新带来的两种组织刚性，相关研究已经指出创业导向程度高的企业会更加注重搭建有机灵活的资源系统和组织结构(裴云龙、江旭、刘衡，2013)，更加理智地根据外部市场变化调整自己的认知偏差以及资源使用方式和效率。基于此，企业使用知识和资源的方式将更加多样，不再仅仅局限在熟悉的特定使用方法上，组织惯性会得到有效抑制。所以，企业的创业导向能够削弱企业对利用式创新的依赖水平。

综上所述，企业的创业导向因其创新性、风险承担性和先动性特征，一方面会驱动企业从事更多的探索式创新行为，另一方面会通过减小组织惯性、提高组织柔性来减少对利用式创新的依赖，并通过两方面的综合作用来降低企业的利用式创新偏好。由此提出以下假设：

H1：企业的创业导向负向影响其利用式创新偏好。即创业导向水平越高，企业的利用式创新偏好水平越低。

三、政治网络的中介作用

对于企业政治网络（political networking）的研究，最早产生于社会学和人类学领域关于社会网络的研究。Barnes（1954）在其研究中正式提出社会网络一词，将其描述为跨亲缘的正式和非正式关系集合。随着该领域研究的深化和研究成果的日益丰富，社会网络逐渐演变成管理学研究领域的一种重要的理论范式。管理学领域学者对社会网络下了不同的定义（Birley，1985；Hansen，1995；Gilmore & Carson，1999；周冬梅，2011；刘东等，2016；吴绍玉等，2016），总的来说，这些定义强调的都是企业所有关系的集合。随着研究的深入，学者们对社会网络进行了不同的维度划分，划分的依据主要有四点：① 性质，如分为正式或非正式网络（Birley，1985）；② 程度，如分为强联系或弱联系网络（Granovetter，1973；蒋春燕、赵曙明，2008；Zou，Chen，& Ghauri，2010；朱秀梅、李明芳，2011）；③ 功能，如分为社会性、商业性、支持性网络（陈良兴，2012）；④ 对象，如分为横向、纵向网络（吴旭云、贺小刚、郝影利，2013），分为人际、商业、机构或政治网络（陈逢文、张玉利、蔡万象，2015），分为家庭、商业、政治网络（Peng & Luo，2000）等。政治网络正是诞生于学者们对企业社会网络的具体维度划分，并且产生自以对象为依据的划分分类中。从对象上来说，政治网络重点关注的是企业和政府及其官员之间的关系。本研究提出政治网络的如下定义：

企业形成的和各级政府及相关部门官员之间的非正式社会联系的总和。其中，各级政府及相关部门包括中央及各级地方政府、国有银行及其他政府金融机构、管理机构和相关规制部门如税务局、证券所等。

已有研究表明，在全球范围内，不管是发达国家还是发展中国家,企业致力于构建政治网络的现象都是广泛而普遍存在的,只是程度和水平上有所差异(Faccio et al. , 2006)。而造成不同国家和地区企业在构建政治网络方面水平差异的原因之一就是制度因素(Faccio et al. , 2006)。在中国的情境下,企业和政府机关及其官员的非正式关系非常普遍(Batjargal & Liu, 2004),它也是我国企业成功的根本保障要素(Robinson & Pearce, 1986)。而且中国当前正处于经济转型时期,转型期间企业的外部环境存在着众多不确定性,在这些不确定性中,会对企业产生最大、最复杂和最无法预测的影响的正是国家的规制体制环境(Tan & Litsschert, 1994)。

政府在经济活动中作用依然显著,那么可以自然地认为中国的企业因为其制度环境影响更有动机培养起和政府之间高质量的非正式关系(Qi, Roth, & Wald, 2010)。而本研究认为,制度因素之所以会影响企业政治网络搭建的动机,还需要与企业的战略和发展目标等因素结合起来考量。换句话说,企业正是因为想要实现其战略理想,才会关注到制度环境的作用,因而产生搭建政治网络的动机。具体来说:

对于以创业导向为重要战略方向的企业来说,它更加注重企业创新、更加愿意承担风险、更加希望比竞争对手更快地进入新领域以取得先动优势。而为了实现这些目标,企业必须拥有足够的资源去从事相应的活动。聚焦中国背景,政治关系是一种重要且有效的市场和法律替代机制(Bai, Lu, & Tao, 2006)。通过培育和政府之间的良好关系,企业能够从政府及其相关部门处获得许多资源,这些资源包括有形的物质资源,比如政府控制的战略性物资、税收优惠和减免、低成本融资和贷款、政府补贴、研发基金、政府项目、政府采购、行业准入等(Li & Atuahene-Gima, 2002; Khwaja & Mian, 2005;罗党论、刘晓龙,2009;徐业坤、钱先航、李维安,2013;毛新述、周小伟,2015);还有无形的非物质资源,比如更快的项目审批、更便捷的行政流程、更可靠的企业形象和外部声誉、更快的政府政策动态和风向信息、更有用的政府建议和意见、更少的制裁和行政处罚等(Zimmerman & Zeitz, 2002; Correia, 2014; Zhang et al., 2015)。政治网络带来的无形和非物质资源可以有效降低企业交易成本和经营风险,并且帮助企业发现新的商业机会和技术创新方向。

综上所述,政治网络能够给企业带来许多有形和无形的资源,且这些资源有利于企业的创新创业相关活动,所以追求创业导向的企业为了实现战略抱负,更有动机建立高质量的政治网络。由此提出以下假设:

H2:企业的创业导向正向影响其政治网络的搭建。即创业导向水平越高,企业的政治网络搭建水平也越高。

政治网络和探索式创新。不同于利用式创新,企业的探索式创新需要全新的技术相关知识和技能作为基础,面向的是全新而未知的领域,企业没有相关的过往经验可以参考(Wang & Chen, 2018);另外,探索式创新是一个长期的过程,可能需要企业不断地进行研发投入,进行重复的试验过程,而且与企业当前的经营重点相去甚远,需要企业从现有业务和注意力中有一定程度的剥离;最后,探索式创新给企业带来的回报是非常不可预测的,在时间周期上也是漫长的(Arend & Chen, 2012)。总的来说,探索式创新对于企业来说是一件需要不断投入资源却无法确定收益的事情,有学者如 Chen(2017)甚至直接指出探索式创新的成功率非常低。因为探索式创新的这些特点,企业在进行探索式创新决策时往往需要更大的勇气,而且更重要的是,必须有足够的资源支撑。而上面提及的政治网络能给企业带来的大量资源都有利于企业探索式创新活动的进行。例如政府给企业特许的经营垄断权和新领域的准入权等都可以帮助企业减少在这些新领域进行探索时碰到的阻碍力量,而且政府的低税、低成本信贷等可以减少企业探索时的交易成本,并且政府背书可以让企业集结到更多的科研资源和创新关系网络。政治网络的这些资源和帮助最终都会转化为企业在探索式创新活动中的投入,因此政治网络有助于提升企业的探索式创新水平。

政治网络和利用式创新。利用式创新关注的是企业现有产品、服务和流程的优化和改善，是在已有知识和能力的基础上不断进行的效率提升活动（March，1991），它对于企业来说是熟悉的和可把控的。也正是因为这种熟练性，企业通常愿意将自己局限在特定的领域和范围。但细究起来，企业之所以不敢跳出舒适圈，正是因为它没有足够的资源和动力。政治网络恰好能够弥补企业资源和动力上的不足。政治网络能给企业带来的有形物质资源自不必提，它们给企业带来足够的勇气；另一方面，政府对于企业在新领域和市场上经营许可的审批，可以使企业产生走出去看一看的动机，这就要求企业将其关注点从手头上专注的事情转到新鲜事情上。为了利用好政府特批的资源，企业不得不先放下或者减少在现有活动中的投入。从这点来看，政治网络有利于一定程度上减少企业的利用式创新活动。

综上所述，政治网络为企业提供的大量有形和无形资源给企业带来了探索式创新的物质、勇气和动机，并在一定程度上使其从利用式创新的关注点中转移出来，削弱了企业的利用式创新偏好。由此提出以下假设：

H3：企业的政治网络负向影响其利用式创新偏好。即政治网络搭建水平越高，企业的利用式创新偏好越低。

对于那些以创业导向为战略指导的企业来说，它们比一般保守企业更主动，对创业和创新行为的态度也越积极，创新动机也越强烈（任迎伟、林海芬，2010；孙燕、苏中锋，2015）。制度理论提出企业面临的外部制度环境会影响到企业的决策和行为。基于制度理论，本研究认为中国情境下的创业导向企业更有动力搭建起高质量的政治网络，并从政治网络中获取所需资源和信息来开展探索式创新活动，从而实现自己的创业导向战略。由此提出以下假设：

H4：政治网络中介了创业导向和利用式创新偏好的负向关系。即企业的创业导向是通过督促其提高政治网络建设水平来降低利用式创新偏好的。

四、行业增长的调节作用

行业增长(industrial growth)指的是特定行业"在未来一段时间内(一般是未来 3 年内)的发展速度"(Li & Atuahene-Gima,2002;张文红、赵亚普,2013;张文红、唐彬、赵亚普,2014),其集中反映了行业的吸引力和盈利水平、技术发展和演进阶段等方面的内容(McDougall et al.,1994;Luo,2003),因而是一个关于行业发展情况的强烈信号。对行业增长的研究一般是和产业生命周期以及行业发展阶段联系在一起的(Miller & Friesen,1984)。国内学者向吉英(2007)在国外学者研究的基础上,提出了产业生命周期的四个阶段,分别为初创期(幼稚期)、成长期、成熟期和衰退期。而行业增长率正是识别行业当前所处生命周期的重要指标之一。

创业导向的企业为了从政府处获取创新所需的资源等好处,有强烈的动机培育好和政府的关系,即提高自己的政治网络水平。这个逻辑背后有一个重要的条件,也就是企业在其所处行业中还有利可图。当企业判断在其外部市场上还存在着大量的需求和机会时,其创业导向将会指引它进行更多上下探索的行为;而如果企业认为其所处行业已经接近黄昏,消费者需求和行业利润都在骤降,这时的企业即使有创业导向也不会产生足够的动力去寻求资源和产生相关行为。所以,创业导向正向影响企业政治网络搭建的程度还会受到外部产业情况的影响。基于此,本研究引入产业生命周期理论,分析企业所处的行业增长对创业导向和政治网络正向关系的调节作用。具体来说:

当企业所处的行业正处在初创期或者成长期时,行业的增长率处于不断上升并将达到最高水平的过程中。在这个阶段,行业内的需求不稳定,可挖掘的市场空间大。同时,由于行业正在发展,产品和技术的标准尚待确定,企业有足够的余地去探索钻研。产业生命周期理论指出这两个时期内,由于进入门槛和壁垒较低,行业内的企业数量剧增,企业面临的竞争是最激烈的,所以在这个阶段,面临着巨大的竞争和大量潜在的商业机会,创业导向的企业会产生更加强烈的寻求政府资源和帮助的动机,也因此更加注重政治网络的搭建。

当企业所处的行业阶段是成熟期和衰退期时,行业增长率水平开始下降并达到史上最低。在这个阶段,市场上的消费者需求基本达到饱和,企业经营利润水平下降。企业内的技术手段和方法已经成型甚至僵化,企业可探索的空间被压缩。所以综合来看,在此阶段的企业因为利润空间的缩减,一方面会降低寻求政府资源的动机,另一方面会产生控制和削减成本的需求,更使得其进一步减少政治网络搭建行为。

综上所述,处于不同阶段的产业其行业增长水平是不一样的,这导致行业中企业的获利空间有所区别,企业支出和成本缩减方针也有所差异。行业增长水平会影响企业在创业导向指引下搭建政治网络的动机。同时影响到创业导向企业通过搭建政治网络来减小利用式创新偏好的间接关系。由此提出以下假设:

H5:行业增长正向调节创业导向和政治网络的正向关系。即行业增长水平越高,企业创业导向对政治网络搭建的正向影响也越大。

H6:行业增长正向调节创业导向通过政治网络影响利用式创新偏好的间接关系。即行业增长水平越高,创业导向通过政治网络对利用式创新偏好产生作用的强度也越大。

综上,本研究的理论模型主要强调了企业战略层面的创业导向会减轻其利用式创新偏好,并且根据制度理论关注了政治网络在上述主效应中发挥的中介作用,以及根据产业生命周期理论提出了行业增长在上述主效应和间接效应中的调节作用(见图 7-1)。

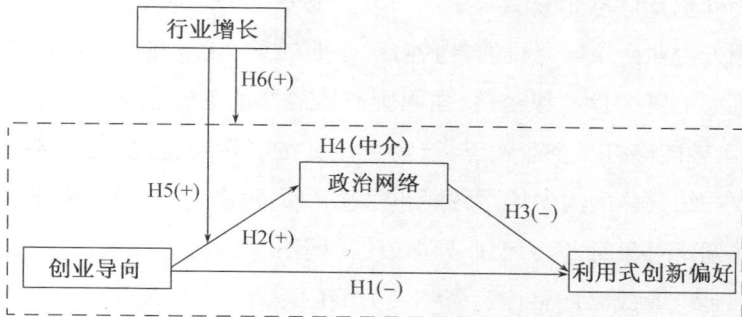

图 7 - 1 理论模型

第二节 研究方法

一、样本选取和数据收集

本次调研的样本是江苏省南京市秦淮硅巷项目中的相关企业。硅巷的地理位置主要以南京老城区秦淮区为中心向四周扩散,是一个无边界的创新园区。硅巷项目的主要目的是激活老城区的创新活力,主要方式有改造旧厂房、引进科创型孵化企业等。本研究的主要内容是企业战略层面的创业导向对于企业创新活动的影响,同时探寻政治网络在其中发挥的中介作用以及行业增长的相关调节作用,因此,由政府牵头的秦淮硅巷项目中的企业因其受创新政策的号召及政府支持等特点,和本研究的研究内容十分契合。基于此,本研究选定秦淮硅巷的企业作为研究样本。

选定样本后,调研过程主要分为以下几个步骤:首先,在进行相关文献回顾的基础上,选定研究变量创业导向、政治网络、行业增长和利用式创新偏好的相关量表,并进行调研问卷设计和最终问卷的确定;其次,联系相关政府部门阐明研究目的,并由白下高新区园区服务处根据硅巷企业名录组织召开在巷企业的座谈会,在座谈会上向相关企业介绍研究目的、内容、对企业的意义等,并再三强调对问卷答案的匿名性和保密性,强调所选答案仅是主观感受没有正误之分,希望能够打消企业顾虑、鼓励企业真实填答问卷,在此基础上向企业介绍具体的问卷填写方法和注意事项;再次,在选择研究样本的具体调研对象时,因为创业导向、政治网络、探索式创新和利用式创新都是企业战略或整体运营相关方面的信息,考虑到高管团队是最了解企业战略和整体运营的对象,所以本次调研的问卷主要由企业高管团队完成;最后,回收企业填答好的问卷,并进行相关的数据处理和分析。在数据汇总和处理过程中,通过筛选和去除有缺失值、重复作答等无效问卷,得到最终用于研究的有效问卷。

此次调研总共向秦淮硅巷企业发放纸质问卷 583 份,回收问卷 545 份,问卷回收率为 93.48%。通过具体筛选标准删除无效问卷后,得到的有效问卷达 346 份,问卷回收有效率为 63.49%,达到了数据统计和分析的标准。样本的具体情况如表 7-4 所示。

表 7-4 样本情况(N=346)

控制变量	类别	数量	比例
企业产权性质	国有企业	147	42.48%
	私营企业	193	55.78%
	外资企业	3	0.87%
	其他	3	0.87%
企业所属行业	高科技行业	112	32.37%
	非高科技行业	234	67.63%
企业规模(员工数)	100 人以下	211	60.98%
	100~300 人	82	23.7%
	300~500 人	10	2.89%
	500 人以上	43	12.43%

从样本分布来看,就企业产权性质而言,本次调研的企业主要为国有企业和私营企业,其中私营企业占比稍高于国有企业。外企和其他产权性质的企业数量很少;就企业所属行业而言,高科技行业占比32.37%,非高科技行业占比达67.63%,这反映了整体上秦淮硅巷企业更多的是待改造的传统行业,创新创业活力有待挖掘;就企业规模来说,调研中使用的指标是企业员工数量,样本中的企业绝大部分都属于小企业,员工数量在300人以下的总共占比84.68%。

二、变量测量

创业导向。创业导向是本研究的自变量,其测量量表主要参考Covin 和 Slevin(1989)的9题项量表,并有适当调整,最终形成了三个维度共7题项的内容。具体题项内容见表7-5。

表7-5 创业导向量表

题号	题项内容
1	重视推出新产品和新服务
2	重视对产品或服务的组合进行大幅变更
3	高度重视研发活动,追求技术或服务的领先与创新
4	更偏好那些可能获得高回报的高风险项目
5	当面对不确定性时,更倾向于采取大胆而迅速的行动
6	在业内常率先引入新产品、新服务、生产技术和管理思想等
7	总的来看,非常强调先于竞争者引入新产品或创意

政治网络。政治网络是本研究的中介变量,对其测量主要采用了 Xin 和 Pearce(1996)开发的4题项量表,其侧重于衡量企业和政府及相关部门官员的关系质量。具体内容见表7-6。

表7-6 政治网络量表

题号	题项内容
1	花费很多精力去培养和政府以及相关部门官员的私人关系
2	尽量与国有商业银行或其他政府金融机构的官员保持良好关系
3	花费很多资源保持与各级管理部门官员的良好关系
4	很擅长与政府官员保持良好关系

行业增长。行业增长是本研究的调节变量,不同于客观指标的测量方法,本研究对其测量更倾向于从高管主观感知的角度进行,因而采用的是量表法。具体采用的是 Li 和 Atuahene-Gima(2002)开发的 3 题项量表。具体内容见表 7-7。

表7-7 行业增长量表

题号	题项内容
1	行业的需求增长很快
2	行业为未来的增长提供了很多有吸引力的机会
3	行业的增长机会很多

利用式创新偏好。利用式创新偏好是本研究的因变量,而且是由本研究提出的一个新概念,因而没有过往的相关研究可以参考。而基于该概念的定义和由来,本研究采取的测量方法是用企业的利用式创新水平减去探索式创新水平,二者的差值即为利用式创新偏好水平。而关于探索式创新和利用式创新的测量,本研究主要参考的是由 He 和 Wong(2004)开发的成熟量表。其中,用于测量探索式创新和利用式创新的题项分别有 4 个,具体内容见表 7-8。

表7-8 探索式创新和利用式创新量表

题号	量表	题项内容
1	探索式创新	经常开拓全新的、尚无相关营销经验的细分市场
2		经常采用同行业其他公司没有采用过的经营战略/技术

（续表）

题号	量表	题项内容
3	探索式创新	经常运用不成熟、有一定风险的新技术/技能
4		经常开发全新的、根本性变革的产品/服务
5	利用式创新	努力提高已有的技术/技能在多个相关业务领域的适用性
6		经常利用已有的技术/技能来增加产品/服务的功能和种类
7		经常对已有的技术/技能进行改良，以适应当前需要
8		经常对公司积累的业务经验进行提炼，并应用于当前业务中

除了主要的研究变量外，本研究还测量了三个相关的控制变量，包括企业的产权类型（1＝国有企业、2＝私营企业、3＝外资企业、4＝其他）、企业所属行业（1＝高科技行业、2＝非高科技行业）以及企业规模（以员工数量来衡量，1＝100人以下、2＝100～300人、3＝300～500人、4＝500人以上）。

以下为量表信效度分析结果：

信度分析。本研究对量表信度的检验主要是通过测量Cronbach's α 值来衡量量表内部一致性。根据 Nunnally（1978）的观点，当 Cronbach's α 值在 0.5 以上时就代表量表可信度水平较高。由本研究数据分析结果来看，创业导向、政治网络、行业增长、探索式创新和利用式创新 5 个量表的信度都通过了检验，并且 Cronbach's α 值都高于 0.8 的水平，说明各量表可信度都处于相当高的水平。同时，总量表的 Cronbach's α 值达到了 0.938 的水平，表明整体量表具有很高的可信度。分量表的 Cronbach's α 值具体见表 7 - 9。

表 7 - 9   量表 Cronbach α 值

变量	题项数	Cronbach α 值
创业导向	7	0.935
政治网络	4	0.949
行业增长	3	0.827
探索式创新	4	0.887
利用式创新	4	0.940

效度分析。本研究的效度分析主要采用验证性因子分析的方法来进行。验证性因子分析结果具体的评价指标有:① 卡方和自由度的比值,小于 5 为良好(Jöreskog & Sörbom, 1993);② 近似误差均方根 RMSEA,不应大于 0.1(Browne & Cudeck, 1992);③ CFI 值和 TLI 值,都应在 0.9 以上(温忠麟、侯杰泰、马什赫伯特,2004);④ 标准化残差均方根指数 SRMR,应该小于 0.8(Hu & Bentler, 1999)。本研究也采取以上四种指标,一共做了五次验证性因子分析:五因子模型,这也是本研究的假设模型,对创业导向、政治网络、行业增长、探索式创新和利用式创新五个变量都做了区分;四因子模型,将探索式创新和利用式创新合为一个因子;三因子模型,在四因子模型的基础上将自变量创业导向和中介变量政治网络合为一个因子;两因子模型,在三因子模型的基础上将自变量创业导向、中介变量政治网络、调节变量行业增长都合为一个因子;单因子模型,将所有五个变量合为一个因子。数据结果显示,相比于其他四种模型,五因子模型的拟合度最好,卡方自由度之比 χ^2/df 为3.355,小于 5;RMSEA 为 0.082,小于 0.1;CFI 等于 0.932,TLI 等于 0.921,都大于 0.9;SRMR 为 0.054,小于 0.08,因此可以认为本研究模型的拟合度较好,且五个变量间的区分效度较好。具体数据结果见表 7 - 10。

表 7 - 10 验证性因子分析

模型	卡方值 χ^2	自由度 df	χ^2/df	RMSEA	CFI	TLI	SRMR
五因子	667.573	199	3.355	0.082	0.932	0.921	0.054
四因子	1129.279	203	5.563	0.115	0.865	0.847	0.089
三因子	2366.473	206	11.488	0.174	0.686	0.648	0.124
两因子	2750.165	208	13.222	0.188	0.631	0.59	0.134
单因子	3350.326	209	16.03	0.208	0.544	0.496	0.131

三、研究方法

文献研究法。通过搜索、阅读以及整理创业导向、政治网络、行业增长、探索式创新和利用式创新这些变量的经典研究和前沿研究，为全文的研究奠定理论基础，启发了本研究的研究角度和研究内容。

问卷调查法。该方法能够很好地为理论假设和构想提供来自现实企业的证据，通过选取合适的量表，设计好调研问卷并向相关目标企业发放问卷，可以了解到实际企业的创业导向水平、政治网络质量、行业增长情况以及两种创新投入的程度，从而更好地将理论分析和企业实践结合起来，提高研究的可靠性和现实意义。

实证分析法。通过对问卷调研收集的数据进行整理和分析，运用相关的数据处理工具如 SPSS 和 Mplus 等，以及相关数据分析方法如相关分析、回归分析、中介效应分析、有调节的中介效应分析等，探寻不同变量之间的相关关系，为文章的假设检验提供数据支持，从中得出可靠的研究结论并指导具体实践。

第三节　研究结果

一、描述性统计分析

本研究的主要变量是创业导向、政治网络、行业增长以及利用式创新偏好，其中利用式创新偏好的衡量是采用利用式创新减去探索式创新的差值。下面将介绍主要变量的情况：

从表 7-11 可以看出，与本研究观点一致，企业的利用式创新水平确实会高于探索式创新水平，前者平均数为 3.74，而后者只有 3.31，存在明显区别。而且就样本量来说，在通过用利用式创新得分减去探索式创新得分后得到的利用式创新偏好得分中，利用式创新偏好为负数即探索式创新水平高于利用式创新水平的样本只有 40 个，仅占总样本的 11.56%。这验证了本研究提出的利用式创新偏好的合理性。

表 7-11　变量的描述性统计分析（N＝346）

变量	平均数	方差	最小值	最大值
创业导向	3.50	0.57	1	5
政治网络	2.79	1.71	1	5
行业增长	3.87	0.57	1	5
探索式创新	3.31	0.76	1	5
利用式创新	3.74	0.63	1	5
利用式创新偏好	0.43	0.57	—2	4

二、共同方法偏差检验

由于本次调研中的问卷都是采取自我报告的形式，皆由企业高管完成，填写对象单一，且都集中在同一阶段完成，因而可能存在共同方法偏差的问题，需要进行相关检验。本研究采取的检验方法是

Harman 的单因素分析法（Podsakoff ＆ Organ，1986），采用的分析软件是 SPSS 22.0。具体做法是将研究变量的所有测量题项一起放进因子分析中，看未旋转时的因子分析结果。从结果来看，在总共 22 个变量题项中，因子分析析出了 5 个特征值大于 1 的因子，且第一个因子的方差解释率为 47.32%，没有占到大多数，因而可以认为问卷的共同方法偏差问题不严重，不会对数据结果的可靠性产生明显影响。

三、相关分析

在进行假设检验之前，需要先检验研究变量间的相关关系。由下表 7-12 可知，自变量创业导向和因变量利用式创新偏好之间存在显著负相关关系（$r = -0.127, p < 0.05$），和中介变量政治网络之间存在显著正相关关系（$r = 0.425, p < 0.01$）；中介变量政治网络和因变量利用式创新偏好之间存在显著负相关关系（$r = -0.184, p < 0.01$）；此外，调节变量行业增长和自变量创业导向显著正相关（$r = 0.531, p < 0.01$），和中介变量政治网络显著正相关（$r = 0.173, p < 0.01$）。还有，控制变量企业所属行业和因变量利用式创新偏好之间存在负相关关系（$r = -0.109, p < 0.05$）。以上这些相关关系为后面的回归分析和假设检验奠定了基础。

表 7-12　研究变量间的相关关系

变量	1	2	3	4	5	6	7
1 企业产权性质	1						
2 企业所属行业	-0.074	1					
3 企业员工数量	-0.569**	0.078	1				
4 创业导向	0.139**	-0.077	-0.179**	1			
5 政治网络	-0.121*	0.023	0.203**	0.425**	1		
6 行业增长	0.15**	-0.007	-0.171**	0.531**	0.173**	1	
7 利用式创新偏好	-0.054	-0.109*	-0.008	-0.127*	-0.184**	0.083	1

注：** $p < 0.01$，* $p < 0.05$。

四、假设检验

本研究采用分层线性回归的方式进行研究假设的检验。

主效应创业导向和利用式创新偏好关系的检验。本文的 H1 假设创业导向和利用式创新偏好之间存在显著的负相关关系。对此假设的检验具体分为两个步骤,首先以利用式创新偏好为因变量,加入企业产权性质、企业所属行业、企业规模(员工数量)三个控制变量进行回归,此为模型 M1;然后,再加入自变量创业导向进行回归,此为模型 M2。回归结果(见表 7-13)显示,在模型 M2 中,自变量创业导向和因变量利用式创新偏好之间显著负相关($\beta=-0.138$, $p<0.05$),并且对比模型 M1,R^2 变更为 0.018,表示模型得到改善。因此,H1 得到支持。

本研究对中介效应的检验主要采用了两种方式。首先根据 Baron 和 Kenny(1986)建议的方法,在检验中介效应是否存在前,在已有主效应检验的基础上,还需先检验自变量创业导向和中介变量政治网络、以及中介变量政治网络和因变量利用式创新偏好二者之间的关系是否显著。得到以上三种关系都显著存在的前提下,再将自变量创业导向和中介变量政治网络同时放入回归方程中,对因变量利用式创新偏好进行回归,看这时候中介变量政治网络的系数是否显著以及自变量创业导向的系数是否变得不显著或者变小来判断中介效应是否存在。而第二种方法则是采用 SPSS 中 PROCESS 插件里的模板 4 来进行 Bootstrap 检验。

创业导向和政治网络关系的检验。本文的 H2 假设创业导向和政治网络之间存在显著的正相关关系。同样按照上面的方法,先以政治网络为因变量,加入三个控制变量进行回归,形成模型 M3;然后添加自变量创业导向进行回归,形成模型 M4。由回归结果(见表 7-13)可知,在模型 M4 中,自变量创业导向和中介变量政治网络之间显著正相关($\beta=0.833$, $p<0.01$),R^2 变化为 0.222,模型有所改

善。基于此可以认为本研究的 H2 得到支持。

　　政治网络和利用式创新偏好关系的检验。本文的 H3 假设政治网络和利用式创新偏好之间存在显著的负相关关系。在前面模型M1 的基础上,添加中介变量政治网络进行回归,形成模型 M5。回归结果(见表 7-13)显示,模型 M5 中中介变量政治网络和因变量利用式创新偏好之间显著负相关($\beta = -0.11, p < 0.01$),R^2 变化为0.035,模型有一定改善,H3 得到支持。

　　政治网络的中介作用检验。本文的 H4 假设政治网络在主效应间发挥着中介作用。对其检验首先采用 Baron 和 Kenny(1986)的方法,具体做法是在前面回归分析模型 M1 和 M2 的基础上,再加入中介变量政治网络进行回归,形成模型 M6。回归结果(见表 7-13)表明,在以利用式创新偏好为因变量,分别加入控制变量、自变量创业导向和中介变量政治网络进行回归后,自变量创业导向对因变量利用式创新偏好的负相关关系变得不再显著($\beta = -0.061, p > 0.05$),而中介变量政治网络和因变量利用式创新偏好之间存在显著负向关系($\beta = -0.093, p < 0.01$),模型的 R^2 变化为 0.019,模型得到改善。由此可说明本研究的 H4 得到支持。另外,本研究还采用 Preacher和 Hayes(2004)的方法进行中介作用的 Bootstrap 检验。在 SPSS的 PROCESS 程序中,选择模板 4,设置好 5000 次的重复抽样次数和 95% 的置信区间水平后,得到的数据结果表明政治网络的中介作用显著存在:间接效应值为 -0.078,95% 的置信区间为(-0.148,-0.022),此区间不包含零,间接效应显著;而直接效应值为 -0.061,其 95% 的置信区间为(-0.182,0.061),此区间包含零,直接效应不显著。该结果再次验证了 H4。

表 7 - 13　主效应和中介效应检验

变量	因变量:利用式创新偏好				因变量:政治网络	
	M1	M2	M5	M6	M3	M4
企业产权性质	−0.124	−0.115	−0.127	−0.122	−0.021	−0.079
企业所属行业	−0.181*	−0.195*	−0.179*	−0.185*	0.019	0.102
企业员工数量	−0.038	−0.053	−0.01	−0.021	0.254**	0.344**
自变量:创业导向		−0.138*		−0.061		0.833**
中介变量:政治网络			−0.11**	−0.093**		
R^2	0.018	0.036	0.052	0.055	0.041	0.263
ΔR^2		0.018	0.035	0.019		0.222
调整后 R^2	0.009	0.024	0.041	0.041	0.033	0.254
F	2.035	3.164*	4.7**	3.953**	4.891**	30.394**

注:** $p < 0.01$,* $p < 0.05$。

第一阶段调节效应检验。本研究的 H5 假设行业增长会正向调节创业导向和政治网络之间的正向关系。对于该调节效应的检验,本研究采用的是 Baron 和 Kenny(1986)的方法,具体步骤如下:为了排除共线性问题对数据分析结果的干扰,首先将自变量创业导向和调节变量行业增长进行中心化处理,然后计算二者相乘得到的交互项创业导向×行业增长(Aiken & West, 1991);然后在前面模型 M3 和 M4 的基础上,依然以政治网络为因变量,分别加入调节变量行业增长以及交互项创业导向×行业增长进行回归,得到模型 M7 和 M8,主要看模型 M8 中交互项的系数是否显著来判断调节效应是否存在。回归结果(见表 7 - 14)显示,在模型 M8 中,交互项创业导向×行业增长和中介变量政治网络之间显著正相关($\beta = 0.268$, $p < 0.01$)。这说明行业增长确实会对创业导向和政治网络的正向关系进行正向调节,由此可知本研究的 H5 得到了支持。

表 7 - 14 第一阶段调节效应检验

变量	因变量:政治网络			
	M3	M4	M7	M8
企业产权性质	−0.021	−0.079	−0.074	−0.049
企业所属行业	0.019	0.102	0.107	0.09
企业员工数量	0.254**	0.344**	0.341**	0.323**
自变量:创业导向		0.833**	0.872**	0.848**
调节变量:行业增长			−0.076	−0.033
交互项:创业导向×行业增长				0.268**
R^2	0.041	0.263	0.264	0.282
ΔR^2		0.222	0.001	0.018
调整后 R^2	0.033	0.254	0.253	0.269
F	4.891**	30.394**	24.411**	22.186**

注: ** $p < 0.01$, * $p < 0.05$。

为了更好地显示行业增长的正向调节效应,本研究参考 Aiken 和 West(1991)的方法画出了调节效应图。由图 7 - 2 可知,当行业增长水平较高时,创业导向对政治网络的斜率更陡,也即创业导向和

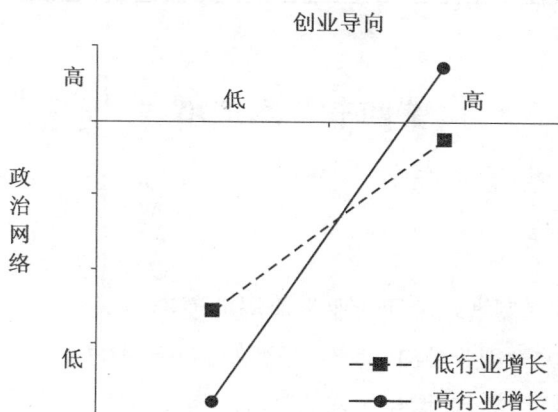

图 7 - 2 行业增长的调节效应

政治网络之间的正向关系越强;反之,当行业增长水平较低时,二者斜率较行业增长高时更平缓,这时候的创业导向和政治网络间的正向关系稍弱。调节效应图反馈的信息和 H5 一致,因此 H5 得到了进一步的支持。

有调节的中介效应的检验。本研究的 H6 假设行业增长会正向调节创业导向通过政治网络影响利用式创新偏好的间接关系。对于该有调节的中介效应的检验主要参考 Preacher 等(2007)的方法,使用 SPSS 22.0 中的 PROCESS 插件,选定模板 7,设置 Bootstrap 抽样次数为 5000、置信区间为 95% 之后,放入对应变量。数据结果(见表 7-15)显示,有调节的中介效应的确存在,效应值为 -0.025,而95% 的置信区间为(-0.066, -0.002),不包含零。由此可知,本研究的 H6 得到了支持。中介效应在调节变量不同水平下的具体情况如表 7-15 所示。

表 7-15　调节变量不同水平下的中介效应

	调节变量水平	效应值	SE	95%置信区间
被调节的间接效应	-1 标准差	-0.06	0.028	(-0.128, -0.016)
	+1 标准差	-0.098	0.041	(-0.191, -0.026)

第四节　本章小结

一、结论

本研究在制度理论和产业生命周期理论的基础上,通过文献回顾,提出了关于创业导向和利用式创新偏好关系的主效应、政治网络的中介效应以及行业增长的调节效应等相关假设。通过实证分析结果,六个研究假设都得到了支持。具体来说:

关于本研究的主效应,H1 认为创业导向会负向影响企业的利用式创新偏好,数据结果支持了该假设,也即企业的创业导向水平越高,其利用式创新偏好水平就越低。如果一家企业的创业导向水平越高,即表明其对创新创业相关活动的态度越积极,这样的企业会更加注重产品、服务和流程的创新,会关注用全新的思维和逻辑去解决问题,会不断更新企业的知识能力和技能库;而且它对于风险有更高的承受能力,甚至可能是偏好风险的,可以在即使对结果没有把握的情况下依然做出投入的承诺并推进相关的行动;这样的企业还有一个鲜明的特点,即非常注重抢占市场领先者的地位,不甘落后,积极争取先发优势。综合上述的创业导向企业的特点可以合理推断这样的企业在创新活动中,会更倾向于大幅度的探索式创新,而减少在利用式创新上的投入,由此可以有效纠正一般企业存在的利用式创新偏好,推动企业创新平衡发展。

关于政治网络的中介效应,本研究首先通过 H2 提出了创业导向对政治网络的正向作用,该假设得到了数据的支持,由此可知因为企业的战略倾向于采取激进的创新创业活动,为了推动该战略的实施,在中国转型经济中相关正式制度缺失的背景下,这样的企业不得不谋求和政府及其相关部门官员的高质量私人关系,逐步搭建起自己的政治网络,并将政治网络作为正式制度的替代,从中获取支持和推进企业创新创业的重要资源和非物质好处;H3 认为企业搭建起来的政治网络有利于减轻其利用式创新偏好,这主要是因为政治网络能够帮助企业获取大量的资源,而且即使企业失败了也能给予相应的扶持和帮助,在这种情况下,企业更有资源和意向去跳出常规活动的范围并进行探索式创新的尝试,而这自然会缩小企业在利用式创新和探索式创新上的资源投入和水平差距,利用式创新偏好由此得到减少;最后,在上述两个假设和分析的基础上,H4 正式提出政治网络的中介作用,数据结果的支持表明企业的创业导向确实会通过提高企业搭建政治网络的水平来降低企业的利用式创新偏好水平。这是关于创业导向和利用式创新偏好关系的作用机制的重要贡献，根据此结果，创业导向企业为了减小其利用式创新偏好，在创新活动上获得平衡健康发展，可以通过搭建政治网络的方式加以实现。

关于行业增长的调节效应，本研究主要关注到了创业导向正向影响政治网络、创业导向通过推动企业搭建政治网络来减轻利用式创新偏好两条路径的作用边界。在产业生命周期理论的基础上，本研究认为上述两条路径在不同的产业环境中作用强度是有所差异的，该假设得到了数据的支持。具体来说，在行业增长水平很高的情境中，企业会将高水平的行业增长解读为大量待满足的市场需求和待发掘的商业机会，企业在其中是有利可图的，这种解读会驱使创业导向的企业更进一步产生和政府发展好高质量私人关系的动机；而在行业增长水平低的情况下，企业会倾向于认为当前的市场已经达到或者接近饱和，消费者的需求得到满足，企业之间能够拉开差距赚取超额利润的机会正在减少或消失，企业不得不开始缩减成本、减少投入，这时候企业因为考虑到投入产出比的问题，认为花费大量金钱和时间成本去搭建企业的政治网络并不能得到预期的高额回报，反而还增加了企业的经营成本，使其在日益缩减的市场中举步维艰，那么自然地，即使企业以创业导向为战略方向，也会考虑压缩政治网络搭建的规模，由此创业导向对政治网络的正向作用得到一定的抑制。H5 的被支持正说明了这个问题。另外一方面，行业增长同样是创业导向到利用式创新偏好之间间接关系的边界条件，H6 得到支持也说明了在高增长的行业中，创业导向通过正向影响政治网络而负向影响利用式创新偏好的作用会更强，而在低增长的行业中，该作用会被削弱。但需要注意的一点是，本研究对于行业增长的测量侧重于企业高管的主观感知而不是客观的数据指标，因而与其说是真实外部环境会对主效应和间接效应产生调节作用，不如说是企业的感知在其中发挥了更重要的角色。

二、理论意义

本研究通过文献回顾提出因为企业的惯性和路径依赖、探索式创新在回报上天然逊色于利用式创新等问题,实际中企业会更加倾向于开展利用式创新活动而挤压探索式创新活动所需的资源,提出利用式创新偏好这一概念,对创新二元性的研究角度进行了补充,完善了创新二元性领域的研究。基于此,本研究认为若想号召企业做好两种创新的平衡,推动企业平衡健康发展,应该从减少利用式创新投入而增加探索式创新活动投入的角度出发,这更加具有现实意义;通过分析中国转型经济背景的特点,本研究提出了具体的帮助企业纠正利用式创新偏好的机制—政治网络。实证研究的结果也证明了政治网络在创业导向和利用式创新偏好关系中的中介作用;本研究关注到了企业利用式创新纠偏机制的边界条件。通过与产业生命周期理论结合,提出了企业感知的行业增长状况对上述纠偏机制的调节作用假设,认为利用式创新偏好的纠偏机制的作用取决于企业外部环境。由此将微观企业层面的企业战略和行为更好地和宏观层面的产业环境综合考虑起来,加强了相关领域研究的相关性和融合性。

三、实践意义

研究结果对现实生活中的企业产生了以下几点相关的管理启示:

1. 企业的创新活动不可偏废,需要平衡好探索式创新和利用式创新的投入程度,才能帮助企业在兼顾短期效益的同时能够保障长期发展。而要做到这一点,最重要的是纠正企业当前的利用式创新偏好,逐渐将往利用式创新倾斜的主要组织资源重新配置一部分到探索式创新活动中。

2. 为了纠正企业的利用式创新偏好,管理层应该从战略层面建立起对创业创新相关活动的积极态度和进取精神,也即应该以创业导向为指导,重视企业的创新活动,勇于承担未知的风险并在市场上争当第一。在该战略指导下,企业必然会更加重视探索式创新活动,使得利用式创新偏好受到一定程度的削弱。

3. 为了使创业导向更好地发挥推动探索式创新活动的作用,企业还应该重视搭建自己的政治网络,因为政治网络作为企业和政府官员间非正式关系的反映,能够给企业带来探索式创新活动所必需的资源、勇气和动机,可以弥补企业在正式市场机制中和法律机制中没有办法得到的资源和保护。

4. 最后一点需要企业关注的是,企业感知到的行业增长情况会调节企业创业导向对政治网络搭建的作用强度,还会影响到创业导向通过政治网络最终减少利用式创新偏好的水平,所以企业在对外部行业增长情况进行分析时,应该尽可能地收集多方信息,培养外部环境分析能力,对外部行业环境做出精准判断,避免企业因判断失误后的无所作为而错失发展良机。

四、局限性和未来方向

立足于本研究的不足之处,相对应地提出未来研究可能需要关注的方向。

首先是问卷调研方法方面存在的问题。本研究的问卷填写对象主要为企业的高管,问卷内容全由该单一来源以自我报告的方式完成,并且问卷集中在一个阶段发放,测量的是一个特定时间节点的情况,可能会导致共同方法偏差问题,影响数据结果的可靠性。未来的研究应该考虑使用纵向的分时间段的数据收集方式,将变量在不同时间段内的情况进行对比,这样可以更好地探寻变量变化情况背后反映出来的相关关系。此外,对于研究变量的测量,未来可以考虑将客观和主观方法结合起来,或者分不同对象对不同变量进行测量。比如创业导向量表可以依然由高管团队完成,可是关于探索式创新和利用式创新的具体落实情况可以由相关技术部门或者业务单元的领导完成。

其次是变量定义和研究方法方面存在的问题。本研究提出全新的利用式创新偏好的概念,是基于文献回顾和以往学者的相关研究,可是这些研究的背景并不一致,它们来自不同的国家,样本零散地分布在不同的行业,调研的企业在产权、年龄和规模上都有所区别。所以在提出利用式创新偏好概念的时候可能需要更加慎重,需要结合多种研究方法去判断利用式创新偏好是普遍现象还是某些行业中具有特定特点的企业独有的情况。基于此,未来关于利用式创新偏好的研究应该尽可能多地涵盖不同行业和不同类型的企业,一方面依然通过问卷调研等主观方式去测量企业利用式创新偏好的程度,另一方面也应该结合多样的研究方法如访谈法、文本分析法等,通过公开数据库等多种来源收集相应的数据。这样一来,企业利用式创新偏好这个概念可以得到更有效的验证,并且其研究方法也将变得更加多样化,数据结果和研究结论也会更加可靠和具有推广性。

再次是关于本研究自变量创业导向的问题。此研究将企业的创业导向看作是一个整体概念,认为其三个维度创新性、风险承担性和先动性对于企业利用式创新偏好的作用和影响是可叠加的。也有研究指出这三个维度之间是相互独立的,其对企业发挥的作用大小可能是有所区别的(Lumpkin & Dess, 1996)。所以,未来关于创业导向影响企业利用式创新偏好的研究可以从三个维度各自的独特贡献入手,进行更加细化的分析。

最后是企业利用式创新偏好其他纠偏机制相关的问题。本研究首先提出了企业利用式创新偏好的概念,并对其纠偏机制进行了尝试性的研究,重点关注了企业战略在其中发挥的作用。可是,除了企业战略之外,必然还存在众多其他可能影响企业利用式创新偏好程度的因素。未来研究可以对企业利用式创新偏好纠偏机制进行多种可能的探索,例如关注企业组织结构、企业吸收能力和技术能力、企业学习和适应、企业领导甚至是个体员工在其中发挥的作用。同时,还可以尝试从不同的理论角度对纠偏机制进行研究。

参考文献

中文

[1] 陈逢文,张玉利,蔡万象.社会网络与创业型企业经营绩效关系研究——基于中国民营经济的证据[J].科技进步与对策,2015,32(12):99-103.

[2] 陈良兴.社会网络、社会资本与创业绩效的关系研究[D].浙江大学,2012.

[3] 陈玉光.关于大城市空间扩展的几个问题[J].北京行政学院学报,2010(05):18-22.

[4] 邓智团.创新街区研究:概念内涵、内生动力与建设路径[J].城市发展研究,2017,24(08):42-48.

[5] 邓智团.空间正义、社区赋权与城市更新范式的社会形塑[J].城市发展研究,2015,22(08):61-66.

[6] 杜德斌.全球科技创新中心动力与模式[M].上海人民出版社,2015.

[7] 段锦云,傅强,田晓明,孔瑜.情感事件理论的内容、应用及研究展望[J].心理科学进展,2011,19(04):599-607.

[8] 冯延超.中国民营企业政治关联与税收负担关系的研究[J].管理评论,2012,24(06):167-176.

[9] 顾研,周强龙.政策不确定性、财务柔性价值与资本结构动态调

整[J].世界经济,2018,41(06):102-126.

[10] 郭剑花,杜兴强.政治联系、预算软约束与政府补助的配置效率——基于中国民营上市公司的经验研究[J].金融研究,2011(02):114-128.

[11] 韩翼,魏文文.员工工作繁荣研究述评与展望[J].外国经济与管理,2013,35(08):46-53+62.

[12] 何乐.走进纽约的硅巷[J].群众,2019(04):65-67.

[13] 胡旭阳.民营企业家的政治身份与民营企业的融资便利——以浙江省民营百强企业为例[J].管理世界,2006(05):107-113+141.

[14] 胡望斌,张玉利,杨俊.同质性还是异质性:创业导向对技术创业团队与新企业绩效关系的调节作用研究[J].管理世界,2014(06):92-109+187-188.

[15] 姜琴,陆红姝.从纽约硅巷经验谈南京硅巷建设建议[J].科技和产业,2019,19(02):41-45.

[16] 蒋春燕,赵曙明.组织学习、社会资本与公司创业——江苏与广东新兴企业的实证研究[J].管理科学学报,2008,11(06):61-76.

[17] 蒋春燕.中国新兴企业自主创新陷阱突破路径分析[J].管理科学学报,2011,14(04):36-51.

[18] 李文增.美国硅巷发展模式对中国国家高新区的启示——以天津高新区的发展为例[J].中国高新区,2015(01):48-51.

[19] 李雪灵,姚一玮,王利军.新企业创业导向与创新绩效关系研究:积极型市场导向的中介作用[J].中国工业经济,2010(06):116-125.

[20] 林奇,张壬癸.借鉴美国硅巷模式打造深圳东部高新区[J].宏观经济管理,2017(S1):350-351.

[21] 林亚清,赵曙明.政治网络战略、制度支持与战略柔性—恶性竞争的调节作用[J].管理世界,2013(04):82-93+188.

[22] 刘东,刘军. 事件系统理论原理及其在管理科研与实践中的应用分析[J]. 管理学季刊,2017(2):64-90.

[23] 刘东,郑鑫,周小虎,何德慧. 创业乐观中介下社会网络对新创企业绩效的影响[J]. 科技进步与对策,2016,33(15):68-75.

[24] 刘海建. 红色战略还是灰色战略——针对我国制度转型中企业战略迷失的实证研究[J]. 中国工业经济,2012(07):147-159.

[25] 卢柯,孙翘. 从全球趋势谈上海建设全球科技创新中心的空间布局与策略思考[J]. 上海城市规划,2015(02):1-6.

[26] 罗党论,刘晓龙. 政治关系、进入壁垒与企业绩效——来自中国民营上市公司的经验证据[J]. 管理世界,2009(05):97-106.

[27] 毛新述,周小伟. 政治关联与公开债务融资[J]. 会计研究,2015(06):26-33+96

[28] 潘红波,夏新平,余明桂. 政府干预、政治关联与地方国有企业并购[J]. 经济研究,2008(4):41-52.

[29] 潘越,戴亦一,李财喜. 政治关联与财务困境公司的政府补助——来自中国 ST 公司的经验证据[J]. 南开管理评论,2009,12(05):6-17.

[30] 裴云龙,江旭,刘衡. 战略柔性、原始性创新与企业竞争力—组织合法性的调节作用[J]. 科学学研究,2013,31(03):446-455.

[31] 任迎伟,林海芬. 管理创新引进决策模型构建[J]. 管理世界,2010(03):180-181.

[32] 单标安,于海晶,费宇鹏. 创业激情对新企业成长的影响研究——创业学习的中介作用[J]. 南方经济,2017(8):84-99.

[33] 沈强. 基于决策神经科学的风险决策机理研究[D]. 浙江大学,2011.

[34] 孙秀丽,赵曙明,白晓明. 制度支持、高管团队冒险倾向与公司创业关系研究[J]. 科研管理,2018,39(12):123-130.

[35] 孙燕,苏中锋. 组织学习对管理创新和技术创新的影响研究:创

业导向的调节作用[J].中国科技论坛,2015(01):33－38.

[36] 王翠翠.基于决策神经科学的从众与反从众行为研究:对比财产类决策和健康类决策情景[D].浙江大学,2014.

[37] 温忠麟,侯杰泰,马什赫伯特.结构方程模型检验:拟合指数与卡方准则[J].心理学报,2004,36(02):186－194.

[38] 温忠麟,张雷,侯杰泰,刘红云.中介效应检验程序及其应用[J].心理学报,2004,36(5):614－620.

[39] 吴江秋,黄培伦,严丹.工作繁荣的产生及其对创新绩效的影响——来自广东省高科技企业的实证研究[J].软科学,2015,29(07):110－113.

[40] 吴绍玉,王栋,汪波,李晓燕.创业社会网络对再创业绩效的作用路径研究[J].科学学研究,2016,34(11):1680－1688.

[41] 吴文锋,吴冲锋,芮萌.中国上市公司高管的政府背景与税收优惠[J].管理世界,2009(03):134－142.

[42] 吴旭云,贺小刚,郝影利.创业导向、网络嵌入与创业型企业成长关系研究[J].科技进步与对策,2013,30(05):78－84.

[43] 向吉英.产业成长及其阶段特征——基于"S"型曲线的分析[J].学术论坛,2007(05):83－87.

[44] 谢雅萍,陈小燕,叶丹容.创业激情有助于创业成功吗?[J].管理评论,2016,28(11):170－181.

[45] 徐业坤,钱先航,李维安.政治不确定性、政治关联与民营企业投资——来自市委书记更替的证据[J].管理世界,2013(05):116－130.

[46] 姚成二.硅巷是什么?且看南京雄心[J].决策,2019(04):46－48.

[47] 于帆,宋英华,霍非舟,方丹辉.城市公共场所拥挤踩踏事故机理与风险评估研究——基于EST层次影响模型[J].科研管理,2016,37(12):162－169.

[48] 于蔚.规模扩张和效率损失:政治关联对中国民营企业发展的

影响研究[D]. 浙江大学,2013.

[49] 余明桂,回雅甫,潘红波. 政治联系、寻租与地方政府财政补贴有效性[J]. 经济研究,2010,45(3):65-77.

[50] 余明桂,潘红波. 政治关系、制度环境与民营企业银行贷款[J]. 管理世界,2008(08):9-21.

[51] 余泳泽. 政府支持、制度环境、FDI 与我国区域创新体系建设[J]. 产业经济研究,2011(01):47-55.

[52] 张成. 硅巷:美国新科技首都[J]. 宁波经济(财经视点),2014(02):51.

[53] 张净. 从硅谷到硅巷[J]. 城乡规划,2018(04):33-40.

[54] 张庆垒,乔均,刘春林,汤恩义. 转型经济下研发强度对利用式创新和探索式创新的影响研究[J]. 软科学,2018,32(10):1-4+33.

[55] 张文红,唐彬,赵亚普. 地理跨界搜索对企业创新影响的实证研究[J]. 科学学与科学技术管理,2014,35(11):172-180.

[56] 张文红,赵亚普. 转型经济下跨界搜索战略与产品创新[J]. 科研管理,2013,34(09):54-63.

[57] 张祥建,郭岚. 政治关联的机理、渠道与策略:基于中国民营企业的研究[J]. 财贸经济,2010(09):99-104.

[58] 张骁,胡丽娜. 创业导向对企业绩效影响关系的边界条件研究——基于元分析技术的探索[J]. 管理世界,2013(06):99-110+188.

[59] 赵程程,秦佳文. 美国创新生态系统发展特征及启示[J]. 世界地理研究,2017,26(02):33-43.

[60] 周冬梅. 创业资源获取与创业网络关系动态演化研究[D]. 电子科技大学,2011.

[61] 周密,盛玉雪,丁明磊. 后发新兴大国、创新型企业与组织双元性研究——基于国家级创新型企业的实证分析[J]. 科学学与

科学技术管理,2014,35(03):126－134.

[62] 朱松,杜雯翠,高明华.行业景气程度、政府支持力度与企业扩张决策——基于中小企业调查问卷的分析[J].财经研究,2013,39(10):133－144.

[63] 朱秀梅,李明芳.创业网络特征对资源获取的动态影响——基于中国转型经济的证据[J].管理世界,2011(06):105－115＋188.

英文

[1] Ahlstrom D. , Bruton G. D. An institutional perspective on the role of culture in shaping strategic actions by technology-focused entrepreneurial firms in China[J]. Entrepreneurship Theory and Practice, 2002, 26(4): 53－68.

[2] Aiken L. S. , West S. G. Multiple regression: Testing and interpreting interactions [M]. Newsburg Park, CA: Sage, 1991.

[3] Aldrich H. E. , Wiedenmayer G. From traits to rates: An ecological perspective on organizational founding [M]. Greenwich, CT: JAI Press, 1993.

[4] Almahendra R. , Ambos B. Explorative and exploitative: A 20 - year review of evolution and reconceptualization[J]. International Journal of Innovation Management, 2015, 19(1): 1－31.

[5] Arend R. J. , Chen Y. Entrepreneurship asdynamic, complex, disequilibrious: A focus that benefits strategic organization [J]. Strategic Organization, 2012, 10(1): 85－95.

[6] Asheim B. T. , Isaksen A. Regional innovation systems: The integration of local 'sticky' and global 'ubiquitous' knowledge [J]. Journal of Technology Transfer, 2002, 27(1): 77－86.

[7] Bacharach S. B. , Bamberger P. A. 9/11 and New York city firefighters' post hoc unit support and control climates: A context theory of the consequences of involvement in traumatic work-related events[J]. Academy of Management Journal, 2007, 50(4): 849 - 868.

[8] Bai C. , Lu J. , Tao Z. Property rights protection and access to bankloans: Evidence from private enterprises in China[J]. Economics of Transition, 2006, 14(4): 611 - 628.

[9] Barnes J. A. Class and committees in a Norwegian Island parish[J]. Human Relations, 1954(7): 39 - 58.

[10] Baron R. M. , Kenny D. A. The moderator-mediator variable distinction in social psychological research: Conceptual, strategic, and statistical considerations[J]. Journal of Personality and Social Psychology, 1986, 51(6): 1173 - 1182.

[11] Batjargal B. , Liu M. Entrepreneurs' access to private equity in China: The role of social capital[J]. Organization Science, 2004, 15(2): 159 - 172.

[12] Basinska B. A. Thriving in a multicultural workplace[M]// Intercultural interactions in the multicultural workplace. Springer, Cham, 2017: 109 - 121.

[13] Baum J. R. , Locke E. A. The relationship of entrepreneurial traits, skill, and motivation to subsequent venture growth [J]. Journal of Applied Psychology, 2004, 89(4): 587 - 598.

[14] Baum J. R. , Locke E. A. , Smith K. G. Amultidimensional model of venture growth [J]. Academy of Management Journal, 2001, 44(2): 292 - 303.

[15] Baumol W. J. Entrepreneurship: Productive, unproductive, and destructive[J]. Journal of Business Venturing, 1996, 11

(1): 3 - 22.

[16] Behrens J. , Patzelt H. Corporate entrepreneurship managers' project terminations: Integrating portfolio-level, individual-level, and firm-level effects[J]. Entrepreneurship Theory and Practice, 2015, 4(40): 815 - 842.

[17] Benner M. J. , Tushman M. L. Exploitation, exploration, and process management: The productivity dilemma revisited[J]. Academy of Management Review, 2003, 28(2): 238 - 256.

[18] Benner M. J. , Tushman M. L. Process management and technological innovation: A longitudinal study of the photography and paint industries[J]. Administrative Science Quarterly, 2002, 47(4): 676 - 706.

[19] Benson P. L. , Scales P. C. The definition and preliminary measurement of thrivingin adolescence [J]. The Journal of Positive Psychology, 2009, 4(1): 85 - 104.

[20] Birley S. The role of networks in the entrepreneurial process [J]. Journal of business venturing, 1985, 1(1): 107 - 117.

[21] Brown T. E. , Davidsson P. , Wiklund J. An operationalization of Stevenson's conceptualization of entrepreneurship as opportunity-based firm behavior[J]. Strategic Management Journal. 2001, 22 (10): 953 - 968.

[22] Browne M. W. , Cudeck R. Alternative ways of assessing model fit[J]. Sociological Methodsand Research, 1992, 21 (2): 230 - 258.

[23] Bruderl J, Preisendorfer P. Network support and the success of newly founded businesses[J]. Small Business Economics, 1998(10): 213 - 225.

[24] Bruyaka O. , Philippe D. , Castaer X. Run away or stick

together? The impact of organization-specific adverse events on alliance partner defection[J]. Academy of Management Review, 2017, 43(3): 445 - 469.

[25] Bunderson J. S. , Sutcliffe K. M. Management team learning orientation and business unit performance[J]. Journal of Applied Psychology, 2003, 88(3): 552 - 560.

[26] Busenitz L. W. , Gomez C. , Spencer J. W. Country institutional profiles: Unlocking entrepreneurial phenomena[J]. Academy of Management Journal, 2000, 43(5): 994 - 1003.

[27] Cardon M. S. , Glauser M. , Murnieks C. Y. Passion for what? Expanding the domains of entrepreneurial passion[J]. Journal of Business Venturing Insights, 2017, 8(C): 24 - 32.

[28] Cardon M. S. , Gregoire D. A. , Stevens C. E. , Patel P. C. Measuring entrepreneurial passion: Conceptual foundations and scale validation[J]. Journal of Business Venturing, 2013, 28(3): 373 - 396.

[29] Cardon M. S. , Wincent J. , Singh J. , Drnovsek M. The nature and experience of entrepreneurial passion[J]. Academy of Management Review, 2009, 34(3): 511 - 532.

[30] Cardon M. S. , Zietsmab C. , Saparitoc P. , Matherned B. P. , Davise C. A tale of passion: New insights into entrepreneurship from a parenthood metaphor[J]. Journal of Business Venturing, 2005, 20(1): 23 - 45.

[31] Carmeli A. , Spreitzer G. M. Trust, connectivity, and thriving: Implications for innovative behaviors at work[J]. Journal of Creative Behavior, 2009, 43(3): 169 - 191.

[32] Carver C. S. Resilience and thriving: Issues, models, and linkages[J]. Journal of Social Issues, 1998, 54(2): 245 -266.

[33] Chen P. , Lee F. , Lim S. Loving thy work: Developing a measure of work passion[J]. European Journal of Work and Organizational Psychology, 2019, 29(1): 140 - 158.

[34] Chen Y. Dynamic ambidexterity: How innovators manage explorative and exploitative[J]. Business Horizons, 2017, 60 (3): 385 - 394.

[35] Christensen C. M. The innovator's dilemma: When new technologies cause great firms to fail[M]. Boston: Harvard Business School Press,1997.

[36] Clayton S. D. Environment and Identity [M]. Oxford University Press, 2012.

[37] Correia M. M. Political connections and SEC enforcement[J]. Journal of Accountingand Economics, 2014, 57(2 - 3): 241 - 262.

[38] Covin J. G. , Lumpkin G. T. Entrepreneurial orientation theory and research: Reflections on a needed construct [J]. Entrepreneurship Theory and Practice, 2011, 35(5): 855 - 872.

[39] Covin J. G. , Slevin D. P. A Conceptual Model of Entrepreneurship as Firm Behavior [J]. Entrepreneurship Theory and Practice, 1991, 16(1): 7 - 26.

[40] Covin J. G. , Slevin D. P. Strategic management of small firms in hostile and benign environments [J]. Strategic Management Journal, 1989(10): 75 - 87.

[41] Danneels E. The dynamics of product innovation and firm competences[J]. Strategic Management Journal, 2002, 23 (12): 1095 - 1121.

[42] De Clercq D. , Danis W. M. , Dakhli M. The moderating effect of institutional context on the relationship between association activity and new business activity in emerging

economies [J]. International Business Review, 2010, 19(1):
85 - 101.

[43] Dess G. G. , Lumpkin G. T. The role of entrepreneurial
orientation in stimulating effective corporate entrepreneurship
[J]. Academy of Management Executive, 2005, 19(1): 147 -
156.

[44] Djankov S. , La Porta R. , Lopez-de Silanes F. , Shleifer A.
The regulation of entry[J]. Quarterly Journal of Economics,
2002, 117(1): 1 - 37.

[45] Dorado S. , Ventresca M. J. Crescive entrepreneurship in complex
social problems: Institutional conditions for entrepreneurial
engagement[J]. Journal of Business Venturing, 2013, 1(28):
69 - 82.

[46] Duncan R. B. The ambidextrous organization: Designing dual
structures for innovation[J]. Management of Organization
Design, 1976(1): 167 - 188.

[47] Faccio M. , Masulis R. W. , Mcconnell J. J. Political
connections and corporate bailouts[J]. Journal of Finance,
2006, 61(6): 2597 - 2635.

[48] Falck O. , Heblich S. , Luedemann E. Identity and entrepreneur-
ship: Do school peers shape entrepreneurial intentions? [J]. Small
Business Economics, 2012, 1(39): 39 - 59.

[49] Farmer S. M. , Xin Y. , Kung-Mcintyre K. The behavioral
impact of entrepreneur identity aspiration and prior
entrepreneurial[J]. Experience Entrepreneurship Theory and
Practice, 2011, 2(35): 245 - 273.

[50] Fesharaki F. Entrepreneurial passion, self-efficacy, and
spiritual intelligence among Iranian SME owner-managers[J].

Psychological Studies, 2019, 64(4): 429 - 435.

[51] Forest J. , Mageau G. A. , Sarrazin C. , Morin E. M. "Work is my passion": The different affective, behavioural, and cognitive consequences of harmonious and obsessive passion toward work [J]. Canadian Journal of Administrative Sciences, 2011, 28(1): 27 - 40.

[52] Gibson C. B. , Birkinshaw J. The antecedents, consequences, and mediating role of organizational ambidexterity [J]. Academy of Management Journal, 2004, 47(2): 209 - 226.

[53] Gielnik, M. M. , Spitzmuller, M. , Schmitt, A. , Klemann, D. K. , Frese, M. I put in effort, therefore I am passionate: Investigating the path from effort to passion in entrepreneurship [J]. Academy of Management Journal, 2015, 58(4): 1012 - 1031.

[54] Gilbert C. G. Unbundling the structure of inertia: Resource versus routine rigidity[J]. Academy of Management Journal, 2005,48(5), 741 - 763.

[55] Gilmore A. , Carson D. Entrepreneurial marketing by networking[J]. New England Journal of Entrepreneurship, 1999, 2(2): 31 - 38.

[56] Gimeno J. , Folta T. B. , Cooper A. C. , et al. Survival of the fittest? Entrepreneurial human capital and the persistence of underperforming firms[J]. Administrative Science Quarterly, 1997(42): 750 - 783.

[57] Glaser L. , Fourné S. P. , Elfring T. Achieving strategic renewal: The multi-level influences of top and middle managerss' boundary-spanning [J]. Small Business Economics, 2015, 2(45): 305 - 327.

[58] Gnyawali D. R., Fogel D. S. Environments for entrepreneurship development: Dimensions and research implications [J]. Entrepreneurship Theory and Practice, 1994, 18(4): 43 - 62.

[59] Gómez Haro S., Aragón Correa J. A., Cordón Pozo E. Differentiating the effects of the institutional environment on corporate entrepreneurship [J]. Management Decision., 2011, 10(49): 1677 - 1693.

[60] Granovetter M. S. The strength of weak ties[J]. American Journal of Sociology, 1973, 78(6): 1360 - 1380.

[61] Guo H, Xu E, Jacobs M. Managerial Political Ties Institutional Transitions: An Analysis Of Mediating Mechanisms[J]. Journal Of Business Research. 2014, 2(67): 116 - 127.

[62] Hansen E. L. Entrepreneurial networks and new organization growth[J]. Entrepreneurship Theory and Practice, 1995, 19 (4): 7 - 19.

[63] He Z. L., Wong P. K. Exploration vs. exploitation: An empirical test of the ambidexterity hypothesis [J]. Organization Science, 2004, 15(4): 481 - 494.

[64] Heise D., Mackinnon N. Self, identity, and social institutions[M]. Palgrave Macmillan VS, 2010.

[65] Hitt M. A., Ireland R. D., Sirmon D. G., et al. Strategic entrepreneurship: Creating value for individuals, organizations, and society [J]. Academy of Management Perspectives, 2011, 2(25): 57 - 75.

[66] Ho V. T., Wong S., Lee C. H. A Tale of Passion: Linking Job Passion and Cognitive Engagement to Employee Work

Performance[J]. Journal of Management Studies, 2011, 48 (1): 26 - 47.

[67] Hoang H., Gimeno J. Becoming a founder: How founder role identity affects entrepreneurial transitions and persistence in founding[J]. Journal of Business Venturing, 2010, 1(25): 41 - 53.

[68] Hu, L., Bentler P. M. Cutoff criteria for fit indexes in covariance structure analysis: Conventional criteria versus new alternatives[J]. Structural Equation Modeling, 1999, 6 (1): 1 - 55.

[69] Jansen J. J. P., Van den Bosch, F. A. J., Volberda H. W. Exploratory innovation, exploitative innovation, and performance: Effects of organizational antecedents and environmental moderators[J]. ERIM Report Series Research in Management, 2006, 52(11): 1661 - 1674.

[70] Jöreskog K. G., Sörbom D. LISREL 8: Structural equation modeling with the SIMPLIS command language [M]. Scientific Software International, 1993.

[71] Kahneman D. Thinking, fast and slow[M]. Farrar, Straus and Giroux, 2011.

[72] Khwaja A. I., Mian A. Do lenders favor politically connected firms: Rent provision in an emerging financial market[J]. Quarterly Journal of Economics, 2005, 120(4): 1371 - 1411.

[73] Koopmann J., Lanaj K., Bono J., Campana K. Daily shifts in regulatory focus: The influence of work events and implications for employee well-being [J]. Journal of Organizational Behavior, 2016, 37(8): 1293 - 1316.

[74] Kostova T. Country institutional profiles: Concept and

measurement. [J]. Academy of Management Annual Meeting Proceedings, 1997, 1997(1): 180 – 184.

[75] Kreiser P. M. Entrepreneurial orientation and organizational learning: The impact of network range and network closure [J]. Entrepreneurship Theory and Practice, 2011, 5(35): 1025 – 1050.

[76] Kuratko D. F. Corporate entrepreneurship 2. 0: Research development and future directions [J]. Foundations and Trends in Entrepreneurship, 2017, 6(13): 441 – 490.

[77] Lavie D. , Stettner U. , Michael L. Exploration and exploitation within and across organizations[J]. Academy of Management Annals, 2010, 4(1): 109 – 155.

[78] Leonard-Barton D. Core capabilities and core rigidities: A paradox in managing new product development[J]. Strategic Management Journal, 1992(13): 111 – 125.

[79] Levinthal D. A. , March J. G. The myopia of learning[J]. Strategic Management Journal, 1993(1): 95 – 112.

[80] Lewis K. V. , Ho M. , Harris C. Becoming an entrepreneur: Opportunities and identity transitions[J]. International Journal of Gender and Entrepreneurship, 2016, 8(2): 44 – 68.

[81] Li H. , Atuahene-Gima K. The adoption of agency business activity, product innovation, and performance in Chinese technology ventures [J]. Strategic Management Journal, 2002, 23(6): 469 – 490.

[82] Li H. , Meng L. , Zhang J. Why do entrepreneurs enter politics? Evidencefrom China[J]. Economic Inquiry, 2006, 44 (3): 559 – 578.

[83] Li J. J. , Poppo L. , Zhou K. Z. Do managerial ties in China

always produce value? Competition, uncertainty, and domestic vs foreign firms[J]. Strategic Management Journal. 2008, 4(29): 383 – 400.

[84] Li J. J. , Zhou K. Z. How foreign firms achieve competitive advantage in the Chinese emerging economy: Managerial ties and market orientation[J]. Journal of Business Research, 2010, 8(63): 856 – 862.

[85] Li Y, Chen H, Liu Y. Managerial ties, organizational learning and opportunity perspective, capture a social capital[J]. Asia Pacific Journal of Management. 2014, 1(31): 271 – 291.

[86] Lumpkin G. T. , Dess G. G. Clarifying the entrepreneurial orientation construct and linking it to performance[J]. The Academy of Management Review, 1996(21): 135 – 172.

[87] Luo Y. Industrial dynamics and managerial networking in an emerging market: The case of China [J]. Strategic Management Journal, 2003, 24(13): 1315 – 1327.

[88] Madhavan R. , Koka B. R. , Prescott J. E. Networks in transition: How industry events (re) shape interfirm relationships[J]. Strategic Management Journal, 1998, 19 (5): 439 – 459.

[89] March J. G. Exploration and exploitation in organizational learning[J]. Organization Science, 1991, 2(1): 71 – 87.

[90] March J. G. Rationality, foolishness, and adaptive intelligence[J]. Strategic Management Journal, 2006, 27(3), 201 – 214.

[91] Mathias B. D. , Williams D. W. The impact of role identities on entrepreneurs' evaluation and selection of opportunities [J]. Journal of Management, 2017, 3(43): 892 – 918.

[92] McCarthy, D., Puffer S., Naumov A. Partnering with Russia's new entrepreneurs: Software tsarina olga Kirova[J]. European Management Journal, 1997, 15(6): 648 - 657.

[93] McClelland E., Swail J., Ibbotson P. Following the pathway of female entrepreneurs: A six-country investigation [J]. International Journal of Entrepreneurial Behaviour and Research, 2005, 2(11): 84 - 107.

[94] McDougall P. P., Covin J. G., Robinson R. B., Herron L. The effects of industry growth and strategic breadth on new venture performance and strategy content [J]. Strategic Management Journal, 1994, 15(7): 537 - 554.

[95] Meyer J. W., Peng M. W. Probing Theoretically into central and eastern Europe: Transactions, resources, and institutions [J]. Journal of International Business Studies, 2005, 36(6): 600 - 621.

[96] Meyer J. W., Scott W. R. Organizational environments: Ritual and rationality[J]. Administrative Science Quarterly, 1983, 30(2): 774 - 775.

[97] Meyer J. W., Rowan B. Institutionalized organizations: Formal structure as myth and ceremony[J]. American Journal of Sociology. 1977, 83(2): 340 - 363.

[98] Miller D. The correlates of entrepreneurship in three types of firms[J]. Management Science, 1983, 29(7): 770 - 791.

[99] Miller D., Friesen P. Innovation in conservative and entrepreneurial firms: Two models of strategic momentum [J]. Strategic Management Journal, 1982(3): 1 - 25.

[100] Miller D., Friesen P. H. A longitudinal study of the corporate life cycle[J]. Management Science, 1984, 30(10):

1161 - 1183.

[101] Mintzberg H. Strategy-making in three modes [J]. California management review, 1973, 16(2): 44 - 53.

[102] Morgeson F. P. , Mitchell T. R. , Liu D. Event system theory: An event-oriented approach to the organizational sciences[J]. Academy of Management Review, 2015, 40 (4): 515 - 537.

[103] Morgeson F. P. , DeRue D. S. Event criticality, urgency, and duration: Understanding how event disrupt teams and influence team leader intervention [J]. The Leadership Quarterly, 2006, 17 (3): 271 - 287.

[104] Morgeson F. P. The external leadership of self-managing teams: Intervening in the context of novel and disruptive events[J]. Journal of Applied Psychology, 2005, 90 (3): 497 - 508.

[105] Murnieks C. Y, Mosakowski E, Cardon M. S. Pathways of passion: Identity centrality, passion, and behavior among entrepreneurs[J]. Journal of Management. 2014, 6 (40): 1583 - 1606.

[106] Nason R. S. , Mckelvie A. , Lumpkin G. T. The role of organizational size in the heterogeneous nature of corporate entrepreneurship[J]. Small Business Economics, 2015, 2 (45): 297 - 304.

[107] Niessen C. , Sonnentag S. , Sach F. Thriving at work-A diary study[J]. Journal of Organizational Behavior, 2012, 33(4): 468 - 487.

[108] Nunnally J. C. Psychometric Theory [M]. New York: McGraw-Hill, 1978.

[109] Paterson T. A. , Luthans F. , Jeung W. Thriving at work: Impact of psychological capital and supervisor support[J]. Journal of Organizational Behavior, 2014, 35(3): 434 – 446.

[110] Peng M. W. , Sun S. L. , Pinkham B. , et al. The institution-based view as a third leg in a strategy tripod [J]. Academy of Management Perspectives, 2009, 23(3): 63 – 81.

[111] Peng M. W. Institutional transitions and strategic choices[J]. Academy of Management Review, 2003, 28(2): 275 – 296.

[112] Peng M. W. , Heath P. S. The growth of the firm in planned economies in transition: Institutions, organizations, and strategic choice[J]. Academy of Management Review, 1996, 21(2): 492 – 528.

[113] Peng M. W. Luo Y. Managerial ties andfirm performance in a transition economy: The nature of a micro-macro link[J]. The Academy of Management Journal, 2000, 43 (3): 486 – 501.

[114] Pfeifer S. , Šarlija N. , Zekić Sušac M. Shaping the entrepreneurial mindset: Entrepreneurial intentions of business students in Croatia[J]. Journal of Small Business Management, 2016, 1(54): 102 – 117.

[115] Podsakoff P. M. , Organ D. W. Self-reports in organizational research: Problems and prospects[J]. Journal of Management, 1986, 12(4): 531 – 544.

[116] Pollock T. G, Rindova V. P. Media legitimation effects in the market for initial public offerings [J]. Academy of Management Journal, 2003, 46(5): 631 – 642.

[117] Porath C. , Spreitzer G. , Gibson C. , Garnett F. G. Thriving at work: Toward its measurement, construct

validation, and theoretical refinement [J]. Journal of Organizational Behavior, 2012, 33(2): 250 – 275.

[118] Preacher K. J., Hayes A. F. SPSS and SAS procedures for estimating indirect effects in simple mediation models[J]. Behavior Research Methods Instrumentsand Computers, 2004, 36(4): 717 – 731.

[119] Preacher K. J., Rucker D., Hayes A. F. Addressing moderated mediation hypotheses: Theory, methods, and prescriptions[J]. Multivariate Behavioral Research, 2007, 42(1): 185 – 227.

[120] Puffer S. M., Mccarthy D. J., Boisot M. Entrepreneurship inRussia and China: The impact of formal institutional voids [J]. Entrepreneurship theory and practice, 2010, 3(34): 411 – 467.

[121] Qi Y., f Roth L., Wald J. K. Political rights and the cost of debt[J]. Journal of Financial Economics, 2010, 95 (2): 202 – 226.

[122] Randall C., Edelman L., Galliers R. Ambidexterity lost? Compromising innovation and the exploration/exploitation plan [J]. Journal of High Technology Management Research, 2017, 28(1): 1 – 16.

[123] Robinson R. B., Pearce J. A. Product life-cycle considerations and the nature of strategic activities in entrepreneurial firm [J]. Journal ofBusiness Venturing, 1986, 1(2): 207 – 224.

[124] Rousseau F. L., Vallerand R. J., Ratelle C. F., Mageau G. A., Provencher P. J. Passion and gambling: On the validation of the gambling passion scale (GPS)[J]. Journal

of Gambling Studies，2002，18(1)：45－66.

[125] Ryan R. M. ，Deci E. L. On assimilating identities to the self：A self-determination theory perspective on internalization and integrity within cultures[M]. The Guilford Press，2003.

[126] Sakhdari K. Corporate entrepreneurship：A review and future research agenda[J]. Technology Innovation Management Review，2016，6(8)：5－18.

[127] Sanchez R. Strategic Flexibility in product competition[J]. Strategic Entrepreneurship Journal，1995，16(51)：135－139.

[128] Schumpeter J. A. The theory of economics development [M]. Cambridge，MA：Harvard University Press，1912.

[129] Scott W. R. Institutions and organizations[M]. Thousand Oaks，CA：Sage Publications，1995.

[130] Shane S，Venkataraman S. The promise of entrepreneurship as a field of research[J]. Academy of Management Review. 2000，1(25)：217－226.

[131] Shane S. A. A general theory of entrepreneurship：The individual-opportunity nexus[M]. Edward Elgar Publishing，2003.

[132] Sia S. K. ，Duari P. Agentic work behaviour and thriving at work：Role of decision making authority[J]. Benchmarking：An International Journal，2018，25(8)：3225－3237.

[133] Spreitzer G. ，Porath C. L. ，Gibson C. B. Toward human sustainability：How to enable more thriving at work[J]. Organizational Dynamics，2012，41(2)：155－162.

[134] Spreitzer G. ，Sutcliffe K. ，Dutton J. ，Sonenshein S. ，Grant A. M. Asocially embedded model of thriving at work

[J]. Organization Science, 2005, 16(5): 537 - 549.

[135] Tan J. J., Litsschert R. J. Environment-strategy relationship and its performance implications: An empirical study of the Chinese electronics industry [J]. Strategic Management Journal, 1994, 15(1): 1 - 20.

[136] Thorgren S., Wincent J., Örtqvist D. Unleashing synergies in strategic networks of SMEs: The influence of partner fit on corporate entrepreneurship [J]. International Small Business Journal, 2012, 5(30): 453 - 471.

[137] Tilcsik A., Marquis C. Punctuated generosity: How mega-events and natural disasters affect corporate philanthropy in U. S. communities[J]. Administrative Science Quarterly, 2013, 58(1): 111 - 148.

[138] Timmons J., Spinelli S. New venture creation: Entrepreneurship for the 21st century [M]. Singapore: McGraw-Hill, 2003.

[139] Uotila J., Maula M., Keil T., Zahra S. A. Exploration, exploitation, and financial performance: Analysis of S&P 500 corporations[J]. Strategic Management Journal, 2009, 30(2): 221 - 231.

[140] Vallerand R. J., Salvy S. J., Mageau G. A., Elliot A. J., Denis P. L., Grouzet F. M. E., Blanchard C. On therole of passion in performance[J]. Journal of Personality, 2007, 75(3): 505 - 534.

[141] Van den Broeck A., Vansteenkiste M., De Witte H., Lens W. Explaining the relationships between job characteristics, burnout, and engagement: The role of basic psychological need satisfaction[J]. Workand Stress, 2008, 22(3): 277 -

294.

[142] Van der Walt F. Workplace spirituality, work engagement and thriving at work [J]. SA Journal of Industrial Psychology, 2018, 44(1): 1 - 10.

[143] Veciana J. M. , Urbano D. The institutional approach to entrepreneurship research introduction [J]. International Entrepreneurship and Management Journal, 2008, 4 (4): 365 - 379.

[144] Wang T. , Chen Y. Capability stretching in product innovation[J]. Journal of Management, 2018, 44(2): 784 - 810.

[145] Weiss H. M. , Cropanzano R. Affective events theory: a theoretical discussion of the structure, causes and consequences of affective experiences at work[J]. Research in Organizational Behavior, 1996. 18(3):1 - 74.

[146] Wiklund J. , Shepherd D. Entrepreneurial orientation and small business performance: A configurational approach[J]. Journal ofBusiness Venturing, 2005, 20(1): 71 - 91.

[147] Wilson N. , Stokes D. Managing creativity: The challenge for cultural entrepreneurs[J]. Journal of Small Business, 2005, 3(12): 366 - 378.

[148] Wong P. L. K. , Ellis P. Social ties and partner identification in Sino-Hong Kong international joint ventures[J]. Journal of International Business Studies, 2002, 2(33): 267 - 289.

[149] Xin K. R. , Pearce J. L. Guanxi: Connections as substitutes for formal institutional support [J]. Academy of Management Journal, 1996, 39(6): 1641 - 1658.

[150] Zahra S. A. , Covin J. G. Contextual influences on the

corporate entrepreneurship performance relationship: A longitudinal analysis [J]. Journal of Business Venturing, 1995, 10(1): 43 – 58.

[151] Zellmer-Bruhn M. E. Interruptive events and team knowledge acquisition [J]. Management Science, 2003, 49 (4): 514 – 528.

[152] Zhang M. , Su J. , Sun Y. , Zhang W. , Shen N. Political connections and corporate diversification: An exploration of Chinese firms [J]. Emerging Markets Financeand Trade, 2015, 51(1): 234 – 246.

[153] Zhou J. , Jiang Y. , Nielsen I. Workplace thriving in China [J]. International Journal of Manpower, 2019, 40(5): 979 – 993.

[154] Zimmerman M. A. , Zeitz G. L. Beyond survival: Achieving new venture growth by building legitimacy [J]. The Academy of Management Review, 2002, 27(3): 414 – 431.

[155] Zou H. , Chen X. , Ghauri P. Antecedents and consequences of new venture growth strategy: An empirical study in China [J]. Asia Pacific Journal of Management, 2010, 27 (3): 393 – 421.

附 录

秦淮硅巷建设现状调查问卷
（A）

多谢阁下参与这项关于秦淮硅巷建设现状的研究。这是一项独立的调查研究，所有资料只会用作本学术项目之用。

当完成问卷后，请确定您已回答了每一部分的每项问题，调查人员将于日内收回，谢谢您的合作。

秦淮硅巷课题组
2019 年 11 月

问卷编号：＿＿＿＿＿＿＿＿＿＿＿＿

以下是关于建设秦淮硅巷的一些表述,请根据实际情况圈选您的同意程度。"1"代表完全不同意,"5"代表完全同意:

甲．在秦淮硅巷:

	完全不同意			完全同意
1.）相关政府部门积极鼓励企业再创业	1	2	3	4 5
2.）对企业再创业都有特殊的优惠政策	1	2	3	4 5
3.）对企业再创业有各种各样的资助	1	2	3	4 5
4.）对再创业失败的企业也会有各种各样的帮助	1	2	3	4 5
5.）政府采购合同会优先考虑有再创业项目的企业	1	2	3	4 5
6.）企业知道如何保护企业的新业务	1	2	3	4 5
7.）企业认识到开展新业务会有很大的风险	1	2	3	4 5
8.）企业知道如何应对新业务的高风险	1	2	3	4 5
9.）企业能够获得关于新产品/业务的各种信息	1	2	3	4 5
10.）企业把创意变成具体业务的行为受到高度尊敬	1	2	3	4 5
11.）创新和创意是企业获得成功的关键因素	1	2	3	4 5
12.）企业再创业人员受到广泛的尊重	1	2	3	4 5
13.）员工都以再创业人员为学习对象	1	2	3	4 5
14.）会帮助创业者创办自己的企业	1	2	3	4 5
15.）会为创业者的小企业提供一些政府合同（订单）	1	2	3	4 5
16.）会为愿意创办自己企业的人提供特殊的鼓励政策	1	2	3	4 5
17.）会资助那些帮助新企业成长的组织	1	2	3	4 5
18.）会帮助创业失败的企业家重新开始	1	2	3	4 5
19.）创业者知道如何采用法律手段保护新企业	1	2	3	4 5
20.）创业者知道如何应对高风险	1	2	3	4 5
21.）创业者知道如何应对管理上的风险	1	2	3	4 5
22.）多数创业者知道到何处寻找产品市场相关的信息	1	2	3	4 5

	完全不同意			完全同意
23.）将一个想法变成一个企业是令人羡慕的职业途径	1	2	3	4	5
24.）创新和创造性思想被看作是成功的途径	1	2	3	4	5
25.）创业者受到羡慕	1	2	3	4	5
26.）人们倾向于羡慕那些开办自己公司的创业者	1	2	3	4	5
27.）妇女能获得足够的社会支持	1	2	3	4	5
28.）妇女创业是社会认可的职业选择	1	2	3	4	5
29.）社会鼓励妇女自我雇佣或创业	1	2	3	4	5
30.）男性和女性拥有同等的良好创业机会	1	2	3	4	5
31.）男性和女性具备同等水平创办新企业的知识和技能	1	2	3	4	5

乙. 在秦淮硅巷：

	完全不同意			完全同意
1.）有充足的权益资金（企业依法筹集并长期拥有、自主支配的资本）提供给初创和成长型企业	1	2	3	4	5
2.）有充足的债务资金（债权人为企业提供的短期贷款和长期贷款）提供给初创和成长型企业	1	2	3	4	5
3.）有充足的政府补助提供给初创和成长型企业	1	2	3	4	5
4.）有充足的个人（非创始人）资金提供给初创和成长型企业	1	2	3	4	5
5.）有充足的创业资本提供给初创和成长型企业	1	2	3	4	5
6.）有充足的首次公开发行（IPO）的融资渠道给初创和成长型企业	1	2	3	4	5
7.）政府（如公开采购）一直对初创和成长型企业有优惠政策	1	2	3	4	5
8.）政府在制定政策优惠时优先考虑扶持初创和成长型企业	1	2	3	4	5

	完全不同意			完全同意
9.）初创企业可以在一周内获得所需的准许和许可证	1	2	3	4	5
10.）税务不构成初创和成长型企业的负担	1	2	3	4	5
11.）政府对初创和成长型企业的税务和其他管制是可预见和稳定的	1	2	3	4	5
12.）初创和成长型企业在应对政府机构、规章制度及许可证需求方面不是特别困难	1	2	3	4	5
13.）初创和成长型企业可以通过单一代理机构获得广泛的政府支持	1	2	3	4	5
14.）科技园和企业孵化器给初创和成长型企业提供了有效的支持	1	2	3	4	5
15.）有足够数量的政府项目提供给初创和成长型企业	1	2	3	4	5
16.）政府机关人员的工作能够有效支持初创和成长型企业	1	2	3	4	5
17.）几乎所有想从政府项目中获得帮助的初创和成长型企业都可以获得它们所需要的帮助	1	2	3	4	5
18.）对初创和成长型企业而言，政府的支持项目是有效的	1	2	3	4	5
19.）大学和科研院所鼓励创新、自主和个人原创	1	2	3	4	5
20.）大学和科研院所提供了充分的市场经济原理的指导	1	2	3	4	5
21.）大学和科研院所充分关注创业	1	2	3	4	5
22.）大学和科研院所为初创和成长型企业提供了充分的支持	1	2	3	4	5
23.）商业和管理教育体系为初创和成长型企业提供了充分的支持	1	2	3	4	5
24.）职业教育和再教育体系为初创和成长型企业提供了充分的支持	1	2	3	4	5
25.）新技术、新科学和其他知识能够迅速从高校、公共研究机构向初创和成长型企业转移	1	2	3	4	5
26.）初创和成长型企业拥有和大型成熟公司同样的机会接触新技术、新研究	1	2	3	4	5

	完全不同意			完全同意
27.）初创和成长型企业负担得起将最新技术商业化的成本	1	2	3	4	5
28.）政府充分资助初创和成长型企业获取新技术	1	2	3	4	5
29.）至少在某一领域，科技基础（科技人力、物力和财力资源）能够有效地为世界水平的新技术创业提供支持	1	2	3	4	5
30.）工程师和科学家有能力支持初创和成长型企业将研究成果商业化	1	2	3	4	5
31.）初创和成长型企业有能力独立完成科技成果的转化工作	1	2	3	4	5

丙. 在秦淮硅巷：

	完全不同意			完全同意
1.）知识产权保护法是完备的	1	2	3	4	5
2.）知识产权保护法的实施是有效的	1	2	3	4	5
3.）非法销售盗版软件、音像和其他版权、商标权产品是不普遍的	1	2	3	4	5
4.）初创和成长型企业相信他们的专利、版权和商标是能得到尊重的	1	2	3	4	5
5.）社会广泛认为发明者的发明权应得到尊重	1	2	3	4	5
6.）有足够的分包商、供应商和咨询机构为初创和成长型企业提供帮助	1	2	3	4	5
7.）初创和成长型企业能负担得起分包商、供应商和咨询机构的费用	1	2	3	4	5
8.）初创和成长型企业容易找到好的分包商、供应商和咨询机构	1	2	3	4	5
9.）初创和成长型企业容易得到好的、专业的法律和会计服务	1	2	3	4	5
10.）初创和成长型企业容易得到好的银行服务	1	2	3	4	5

	完全不同意			完全同意
11.）工商注册登记过程简单、效率高	1	2	3	4	5
12.）面向消费者的产品市场和服务市场每年变化很大	1	2	3	4	5
13.）面向企业的产品市场和服务市场每年变化很大	1	2	3	4	5
14.）初创和成长型企业能够很容易进入新市场	1	2	3	4	5
15.）初创和成长型企业能够负担得起市场进入成本	1	2	3	4	5
16.）成熟公司没有设置不公平的壁垒阻碍初创和成长型企业的进入	1	2	3	4	5
17.）基础设施（道路、设备、通信、污染处理）为初创和成长型企业提供了良好的支持	1	2	3	4	5
18.）初创和成长型企业可以比较廉价地获得通信服务	1	2	3	4	5
19.）初创和成长型企业可以在一周内开通通信服务	1	2	3	4	5
20.）初创和成长型企业可以负担得起水、电、气等基础服务费用	1	2	3	4	5
21.）初创和成长型企业可以在一个月内获得水、电、气等基础服务	1	2	3	4	5
22.）文化非常鼓励个人通过努力获得成功	1	2	3	4	5
23.）文化提倡自立、自治和个人原创	1	2	3	4	5
24.）文化鼓励创业冒险	1	2	3	4	5
25.）文化鼓励创造和创新	1	2	3	4	5
26.）文化一直鼓励创业，没有小富即安思想	1	2	3	4	5
27.）文化对创业失败很宽容	1	2	3	4	5

丁．关于建设秦淮硅巷：

	完全不同意			完全同意
1.）建设秦淮硅巷的方法是清晰可知的	1	2	3	4	5

	完全不同意				完全同意
2.）建设秦淮硅巷的程序步骤是易于理解的	1	2	3	4	5
3.）可以依靠成型的程序与措施来应对秦淮硅巷的建设	1	2	3	4	5
4.）当秦淮硅巷的建设开始之后，有规则、程序或者指南来跟进建设	1	2	3	4	5
5.）建设秦淮硅巷对于我事业的长期成功是重要的	1	2	3	4	5
6.）建设秦淮硅巷是我工作的首要事件	1	2	3	4	5
7.）建设秦淮硅巷是我工作的重要事件	1	2	3	4	5
8.）建设秦淮硅巷影响了我已有的工作能力，使得工作无法完成	1	2	3	4	5
9.）建设秦淮硅巷的号召使我思考如何应对硅巷建设这件事	1	2	3	4	5
10.）建设秦淮硅巷改变了我惯常的应对方法	1	2	3	4	5
11.）建设秦淮硅巷需要我改变以前的工作方式	1	2	3	4	5

戊. 关于您所服务的秦淮硅巷：

	完全不同意				完全同意
1.）企业所在行业的需求增长很快	1	2	3	4	5
2.）企业所在行业为未来的增长提供了许多有吸引力的机会	1	2	3	4	5
3.）企业所在行业的增长机会很多	1	2	3	4	5
4.）很难预测企业所在行业的技术将如何变化	1	2	3	4	5
5.）企业竞争对手的行为是高度不可预测的	1	2	3	4	5
6.）企业的产品市场（需求）变化很快	1	2	3	4	5
7.）我很满意秦淮硅巷的生活居住环境	1	2	3	4	5
8.）我很满意秦淮硅巷的医疗和保健服务	1	2	3	4	5

	完全不同意			完全同意
9.）我很满意秦淮硅巷的学校	1	2	3	4	5
10.）在秦淮硅巷，我能获得足够多的收入	1	2	3	4	5
11.）我很满意秦淮硅巷的购物设施	1	2	3	4	5
12.）我很满意秦淮硅巷的娱乐设施和项目	1	2	3	4	5
13.）我很满意秦淮硅巷的社区整体物理面貌	1	2	3	4	5

己. 个人与单位资料：

1. 您的性别是：□女□男

2. 您的年龄是：□21～30　　□31～40　　□41～50　　□50以上

3. 您的教育程度：□大专毕业　　□本科毕业　　□研究生及以上　　□其它（请指明）：

4. 您的工作单位：＿＿＿＿＿＿＿＿＿＿＿＿＿＿＿

5. 您的工作部门：＿＿＿＿＿＿＿＿＿＿＿＿＿＿＿

6. 您的职位：＿＿＿＿＿＿＿＿＿＿＿＿＿

7. 您在本单位工作至今有多久：＿＿＿年＿＿＿个月（例如：2 年 3 个月）

8. 您在本单位担任目前职位至今有多久：＿＿＿年＿＿＿个月

9. 针对秦淮硅巷过去的发展过程、目前的配套服务，您认为还存在哪些问题？未来需要怎么改进？

《问卷结束-谢谢》

秦淮硅巷建设现状调查问卷
（B）

多谢阁下参与这项关于秦淮硅巷建设现状的研究。这是一项<u>独立的调查研究</u>，所有资料只会用作本学术项目之用。

当完成问卷后，<u>请确定您已回答了每一部分</u>的每项问题，调查人员将于日内收回，谢谢您的合作。

秦淮硅巷课题组

2019 年 11 月

问卷编号：＿＿＿＿＿＿＿＿＿＿＿＿

以下是关于建设秦淮硅巷的一些表述，请根据实际情况圈选您的同意程度。"1"代表<u>完全不同意</u>，"5"代表<u>完全同意</u>：

庚. 在秦淮硅巷：

	完全不同意			完全同意
1.）相关政府部门积极鼓励企业再创业	1	2	3	4	5
2.）对企业再创业都有特殊的优惠政策	1	2	3	4	5
3.）对企业再创业有各种各样的资助	1	2	3	4	5
4.）对再创业失败的企业也会有各种各样的帮助	1	2	3	4	5
5.）政府采购合同会优先考虑有再创业项目的企业	1	2	3	4	5
6.）企业知道如何保护新业务	1	2	3	4	5
7.）企业认识到开创新业务会有很大的风险	1	2	3	4	5
8.）企业知道如何应对新业务的高风险	1	2	3	4	5

	完全不同意				完全同意
9.）企业能够获得关于新产品/业务的各种信息	1	2	3	4	5
10.）企业把创意变成具体业务的行为受到高度尊敬	1	2	3	4	5
11.）创新和创意是企业获得成功的关键因素	1	2	3	4	5
12.）企业再创业人员得到广泛的尊重	1	2	3	4	5
13.）员工都以再创业人员为学习对象	1	2	3	4	5
14.）会帮助创业者创办自己的企业	1	2	3	4	5
15.）会为创业者创办的小企业提供一些政府合同(订单)	1	2	3	4	5
16.）会为愿意创办自己公司的人提供特殊的鼓励政策	1	2	3	4	5
17.）会资助那些帮助新企业成长的组织	1	2	3	4	5
18.）会帮助创业失败的企业家重新开始	1	2	3	4	5
19.）创业者知道如何采用法律手段保护新企业	1	2	3	4	5
20.）创业者知道如何应对高风险	1	2	3	4	5
21.）创业者知道如何应对管理上的风险	1	2	3	4	5
22.）多数创业者知道到何处寻找产品市场相关的信息	1	2	3	4	5
23.）将一个想法变成一个企业是令人羡慕的职业途径	1	2	3	4	5
24.）创新和创造性思想被看作是成功的途径	1	2	3	4	5
25.）创业者受到羡慕	1	2	3	4	5
26.）人们倾向于羡慕那些开办自己公司的创业者	1	2	3	4	5
27.）政府及其他相关部门能为企业提供必要的信息和技术	1	2	3	4	5
28)政府及其他相关部门积极帮助企业融资	1	2	3	4	5
29.）政府及其他相关部门帮助企业获得各种许可	1	2	3	4	5
30.）政府及其他相关部门很少干涉企业的经营	1	2	3	4	5
31.）行业的需求增长很快	1	2	3	4	5
32.）行业为未来的增长提供了许多有吸引力的机会	1	2	3	4	5

	完全不同意			完全同意
33.）行业的增长机会很多	1	2	3	4	5
34.）很难预测行业的技术将如何变化	1	2	3	4	5
35.）行业竞争对手的行为是高度不可预测的	1	2	3	4	5
36.）行业产品市场（需求）变化很快	1	2	3	4	5
37.）行业的技术变化非常快	1	2	3	4	5
38.）行业的技术变化为企业提供了许多机会	1	2	3	4	5
39.）行业的技术创新促进了大量新产品的开发	1	2	3	4	5
40.）行业经历了一系列重要的技术进步	1	2	3	4	5
41.）客户需求和产品偏好变化非常快	1	2	3	4	5
42.）客户对新产品的需求很大	1	2	3	4	5
43.）从来不购买我们产品的客户也可能对我们的产品产生需求	1	2	3	4	5
44.）新客户的产品需求与现有客户的产品需求十分不同	1	2	3	4	5
45.）与行业内的其他竞争对手相比,本企业技术水平要高得多	1	2	3	4	5
46.）与行业内的其他竞争对手相比,本企业获得新技术的速度快得多	1	2	3	4	5
47.）与行业内的其他竞争对手相比,本企业的技术很难被模仿	1	2	3	4	5
48.）与行业内的其他竞争对手相比,本企业更擅长结合内外部技术	1	2	3	4	5
49.）与行业内的其他竞争对手相比,本企业能更成功地将技术商品化,并到达消费者市场	1	2	3	4	5
50.）与行业内的其他竞争对手相比,本企业能更成功地运用现有的技术进入新的市场	1	2	3	4	5

辛. 贵公司的高层管理团队成员:

	完全不同意				完全同意
1.) 花费很多精力去培养和政府以及相关部门官员的私人关系	1	2	3	4	5
2.) 尽量与国有商业银行或其他政府金融机构的官员保持良好关系	1	2	3	4	5
3.) 花费很多资源保持与各级管理部门官员的良好关系	1	2	3	4	5
4.) 很擅长与政府官员保持良好关系	1	2	3	4	5
5.) 花费很多精力去培养和供应商、客户以及合作联盟的高管团队成员的私人关系	1	2	3	4	5
6.) 尽量与供应商、客户以及合作联盟的高管团队成员保持良好的私人关系	1	2	3	4	5
7.) 花费很多资源保持与供应商、客户以及合作联盟的高管团队成员的私人关系	1	2	3	4	5
8.) 很擅长与供应商、客户以及合作联盟的高管团队成员搞好关系	1	2	3	4	5
9.) 对高风险的项目有很强的偏好	1	2	3	4	5
10.) 普遍倾向于采取大胆行为	1	2	3	4	5
11.) 常常在行动之前做仔细的分析	1	2	3	4	5
12.) 只对试验过后被认为有效的项目感兴趣	1	2	3	4	5
13.) 倾向于采取跟随竞争对手的策略而不是首先推出新产品	1	2	3	4	5
14.) 倾向于让行业内的其他企业承担产品创新和过程创新的风险	1	2	3	4	5
15.) 团队成员的薪酬基于企业两年以上的目标实现程度	1	2	3	4	5
16.) 团队成员的薪酬基于短期的企业绩效(如一年或半年)	1	2	3	4	5
17.) 团队成员的薪酬体现出长期绩效比短期绩效更重要	1	2	3	4	5
18.) 自企业成立以来推出了很多新产品、新服务	1	2	3	4	5
19.) 自企业成立以来对产品或服务组合进行了大幅变更	1	2	3	4	5

	完全不同意			完全同意
20.）高度重视研发活动,追求技术或服务的领先与创新	1	2	3	4	5
21.）管理团队更偏好那些可能获得高回报的高风险项目	1	2	3	4	5
22.）当面对不确定性时,管理团队更倾向于采取大胆而迅速的行动	1	2	3	4	5
23.）企业在业内常率先引入新产品、新服务、生产技术和管理思想等	1	2	3	4	5
24.）总的来看,企业的创业和管理团队非常强调先于竞争者引入新产品或创意	1	2	3	4	5
25.）管理团队总是根据环境变化不断调整战略	1	2	3	4	5
26.）管理团队总是根据环境变化不断调整资源配置	1	2	3	4	5
27.）柔性是本企业竞争战略的主要特征	1	2	3	4	5
28.）管理团队试图以一种灵活的方式来安排生产	1	2	3	4	5
29.）企业的竞争战略有了很大的变化	1	2	3	4	5
30.）管理团队经常使用不同的营销策略来达成相似的目标	1	2	3	4	5
31.）管理团队经常改变运营和投资活动来获得更多的资金	1	2	3	4	5

壬．在过去的三年里,贵公司:

	完全不同意			完全同意
1.）推出了大量的新产品或服务	1	2	3	4	5
2.）比主要的竞争对手取得了更多的专利	1	2	3	4	5
3.）在本行业的突破式创新上起领头羊的作用	1	2	3	4	5
4.）在产品或服务提升方面花费了远远高于行业平均的精力	1	2	3	4	5
5.）舍得在新产品或服务上投资	1	2	3	4	5

	完全不同意				完全同意
6.）进入了新的市场领域	1	2	3	4	5
7.）创立了新的企业	1	2	3	4	5
8.）在现有的市场上找到了新的立足点	1	2	3	4	5
9.）对新的商业机会舍得投资	1	2	3	4	5
10.）创立了新的半自动化和自动化部门	1	2	3	4	5
11.）剥离了一些不盈利的部门	1	2	3	4	5
12.）改变了一些部门的竞争战略	1	2	3	4	5
13.）为了加强部门之间的合作和交流重组了一些部门	1	2	3	4	5
14.）重新定义了公司所在的行业	1	2	3	4	5
15.）引进了创新的人力资源管理体系	1	2	3	4	5
16.）在行业内率先引进新的商业概念和实践	1	2	3	4	5
17.）着眼未来，预先准备各种条件	1	2	3	4	5
18.）愿意为了长远目标牺牲短期的盈利	1	2	3	4	5
19.）强调那些能为公司带来未来竞争优势的投资项目	1	2	3	4	5
20.）不断试图投放新品牌或新产品到市场上	1	2	3	4	5
21.）在政府规定不清晰的方面，总是积极带头尝试	1	2	3	4	5
22.）对各种可能的机会迅速作出反应	1	2	3	4	5
23.）重视利用各种计划方法和信息系统	1	2	3	4	5
24.）全面评估各种可能的后果并找出各种可供选择的解决方法	1	2	3	4	5
25.）寻找那些已经被证明有成功希望的机会	1	2	3	4	5
26.）集中于高风险高收益的投资项目	1	2	3	4	5
27.）不顾结果的不确定性，寻找大机会，喜欢大胆的决策	1	2	3	4	5
28.）采用分阶段而不是"一揽子"方式来进行新项目	1	2	3	4	5
29.）强调利用成本控制系统来监控工作绩效	1	2	3	4	5
30.）不断改进技术水平来获得效率	1	2	3	4	5

	完全不同意			完全同意
31.）强调遵守政府规章，所作的重要改变都是规章所明确允许的	1	2	3	4	5
32.）与合作伙伴之间合作很频繁	1	2	3	4	5
33.）与重要的合作伙伴之间相互信任	1	2	3	4	5
34.）非常认同重要合作伙伴的战略	1	2	3	4	5
35.）重要合作伙伴对公司的业务发展提供了很大的帮助	1	2	3	4	5
36.）经常开拓全新的、尚无相关营销经验的细分市场	1	2	3	4	5
37.）经常采用同行业其他公司没有采用过的经营战略/技术	1	2	3	4	5
38.）经常运用不成熟、有一定风险的新技术/技能	1	2	3	4	5
39.）经常开发全新的、根本性变革的产品/服务	1	2	3	4	5
40.）努力提高已有的技术/技能在多个相关业务领域的适用性	1	2	3	4	5
41.）经常利用已有的技术/技能来增加产品/服务的功能和种类	1	2	3	4	5
42.）经常对已有的技术/技能进行改良，以适应当前需要	1	2	3	4	5
43.）经常对公司积累的业务经验进行提炼，并应用于当前业务中	1	2	3	4	5

癸. 关于您对自己的认知：

	完全不同意			完全同意
1.）我可以识别出具有潜力的市场领域	1	2	3	4	5
2.）我能够评估潜在商业机会的优势和劣势	1	2	3	4	5
3.）我能够抓住高质量的商业机会并进行实施	1	2	3	4	5
4.）我可以忍受工作中的各种压力和意想不到的变动	1	2	3	4	5
5.）即使面临逆境我也会坚持下来	1	2	3	4	5

	完全不同意			完全同意
6.）我将遵守诺言，在市场活动和企业管理中做到公平，开明和诚实	1	2	3	4	5
7.）我能够将相关想法、问题和从不同资源中的观察联结在一起	1	2	3	4	5
8.）我能够及时调整公司的战略目标和经营思路	1	2	3	4	5
9.）我能够准确对企业在市场中的地位进行再定位	1	2	3	4	5
10.）我能够开发有效途径进行融资	1	2	3	4	5
11.）我能够利用各种方式进行融资	1	2	3	4	5
12.）我能够顺利获得政府的政策性财务扶持	1	2	3	4	5
13.）我能够有效的领导、监督和激励员工	1	2	3	4	5
14.）我能够合理配置企业内部人、财、物等各种资源	1	2	3	4	5
15.）我能够与有关键资源的人物建立、维持关系	1	2	3	4	5
16.）我能够及时采取补救措施来解决公司运营的问题和困难	1	2	3	4	5
17.）我认为自己是一个创业者	1	2	3	4	5
18.）我常常思考创业的相关事情	1	2	3	4	5
19.）如果我被迫放弃创业，我会感到失落	1	2	3	4	5
20.）当别人在想我是谁的时候，认识我的人会首先说到我是创业者	1	2	3	4	5
21.）我的同事和员工认为我是创业者	1	2	3	4	5
22.）我给别人的印象是创业者	1	2	3	4	5
23.）我很享受创业过程	1	2	3	4	5
24.）我喜欢创业	1	2	3	4	5
25.）创业让我感到兴奋	1	2	3	4	5
26.）创业对我而言是惊心动魄的	1	2	3	4	5
27.）面对分享和挑战，我相信我可以应对	1	2	3	4	5
28.）我很清楚地知道我想要什么	1	2	3	4	5

	完全不同意			完全同意
29.）我很清楚地知道我自己的表现	1	2	3	4	5
30.）我的注意力完全集中在与创业相关的活动中	1	2	3	4	5
31.）我不在乎别人如何看我	1	2	3	4	5
32.）当我投入创业活动时，我完全忘记了时间	1	2	3	4	5
33.）为了实现创业目标，我能长时间坚持不懈	1	2	3	4	5
34.）即使创业过程中遇到很大的困难，我也会坚持到最后	1	2	3	4	5
35.）只要我尽最大的努力，我相信自己能解决创业过程中遇到的大多数难题	1	2	3	4	5
36.）我是一个不到最后决不放弃的人	1	2	3	4	5
37.）我相信伟大是熬出来的，坚持就是胜利	1	2	3	4	5
38）我喜欢接受挑战并能承受环境中的不确定性	1	2	3	4	5
39.）我的成功很大程度上是因为勇敢和冒险	1	2	3	4	5
40.）面对难题我喜欢尝试大胆的新的方案	1	2	3	4	5
41.）我是一个雄心勃勃的人	1	2	3	4	5
42.）我喜欢开拓未知领域	1	2	3	4	5
43.）能够找到新方法来满足市场需求并将该方法商业化，我认为是激动人心的	1	2	3	4	5
44.）我认为创造新的产品或服务非常愉悦	1	2	3	4	5
45.）我常常有动力去改进现有的产品或服务	1	2	3	4	5
46.）从周围环境中发现新的机遇，经常让我感到兴奋	1	2	3	4	5
47.）创造性地解决问题构成我很重要的一部分	1	2	3	4	5
48.）创建一个新公司使我感到兴奋	1	2	3	4	5
49.）拥有自己的公司使我倍感激励	1	2	3	4	5
50.）孕育一个新的业务并见证它的成功对我而言是快乐的	1	2	3	4	5
51.）成为一项业务的创始人构成我很重要的一部分	1	2	3	4	5

	完全不同意				完全同意
52.）我非常喜欢将我的产品或服务推销给合适的人	1	2	3	4	5
53.）召集合适的人为我的业务工作是一件令人兴奋的事	1	2	3	4	5
54.）我和我的员工为了公司变得更好而努力工作，这种精神激励着我	1	2	3	4	5
55.）孕育和发展一个公司构成我很重要的一部分	1	2	3	4	5
56.）我能设身处地为别人考虑	1	2	3	4	5
57.）我可以在与他人相处时令多数人感到舒服和轻松	1	2	3	4	5
58.）我很容易与大多数人建立友好的关系	1	2	3	4	5
59.）我善解人意	1	2	3	4	5
60.）我很善于让大家积极响应我	1	2	3	4	5
61.）我尽力去寻找与别人的共同点	1	2	3	4	5
62.）我能够预见到我的决定和行动会带来的政治和社会后果	1	2	3	4	5
63.）不管我掌握的信息有多少，我都能为别人梳理局势中的利害关系	1	2	3	4	5
64.）即使没有足够信息，我也能做决定和提建议	1	2	3	4	5
65.）我能估计出本部门作为或不作为会对社会公众产生何种影响	1	2	3	4	5
66.）在其他部门提出要求前，我能够预先判断他们所需的关键信息	1	2	3	4	5
67.）我能恰如其分地让他人知道我的工作进展	1	2	3	4	5
68.）即使在千钧一发的紧急时刻，我也能做好决策，给出建议	1	2	3	4	5
69.）我能预估我的决定或建议会带来多少伤害或后果	1	2	3	4	5
70.）在紧急突发情况下，我会立即调整常规工作安排	1	2	3	4	5
71.）在工作中，我发现自己经常学习	1	2	3	4	5
72.）在工作中，我持续学习了越来越多的东西	1	2	3	4	5

	完全不同意			完全同意
73.）在工作中,我看到了自己在不断进步	1	2	3	4	5
74.）在工作中,我没有学习	1	2	3	4	5
75.）在工作中,我已经成长了很多	1	2	3	4	5
76.）在工作中,我觉得自己充满活力	1	2	3	4	5
77.）在工作中,我有精力和精神	1	2	3	4	5
78.）在工作中,我觉得精力不太充沛	1	2	3	4	5
79.）在工作中,我感到警觉和清醒	1	2	3	4	5
80.）在工作中,我期待着新的一天	1	2	3	4	5

11. 关于社区及身边的创业者:

	完全不同意			完全同意
1.）我很满意秦淮硅巷的生活居住环境	1	2	3	4	5
2.）我很满意秦淮硅巷的医疗和保健服务	1	2	3	4	5
3.）我很满意秦淮硅巷的学校教育	1	2	3	4	5
4.）在秦淮硅巷,我能获得足够多的收入	1	2	3	4	5
5.）我很满意秦淮硅巷的购物设施	1	2	3	4	5
6.）我很满意秦淮硅巷的娱乐设施和项目	1	2	3	4	5
7.）我很满意秦淮硅巷的社区整体物理面貌	1	2	3	4	5
8.）我认为大部分创业者都在想办法来绕过政府规定	1	2	3	4	5
9.）我认为在不违法的前提下,大部分创业者会为了利益而违反规定	1	2	3	4	5
10.）我认为周围有许多人为了自己的利益在从事非法活动	1	2	3	4	5
11.）我认为,为了个人或企业利益而违反法律并没有错	1	2	3	4	5
12.）我认为,商业活动和伦理道德本来就是矛盾的事情	1	2	3	4	5

12. 关于建设秦淮硅巷：

	完全不同意				完全同意
1.）建设秦淮硅巷的方法是清晰可知的	1	2	3	4	5
2.）建设秦淮硅巷的程序步骤是易于理解的	1	2	3	4	5
3.）可以依靠成型的程序与措施来应对秦淮硅巷的建设	1	2	3	4	5
4.）当秦淮硅巷的建设开始之后,有规则、程序或者指南来跟进建设	1	2	3	4	5
5.）建设秦淮硅巷对于我事业的长期成功是重要的	1	2	3	4	5
6.）建设秦淮硅巷是我工作的首要事件	1	2	3	4	5
7.）建设秦淮硅巷是我工作的重要事件	1	2	3	4	5
8.）建设秦淮硅巷影响了我已有的工作能力,使得工作无法完成	1	2	3	4	5
9.）建设秦淮硅巷的号召使我思考如何应对硅巷建设这件事	1	2	3	4	5
10.）建设秦淮硅巷改变了我惯常的应对方法	1	2	3	4	5
11.）建设秦淮硅巷需要我改变以前的工作方式	1	2	3	4	5

13. 关于贵公司与下列公司及机构的关系密切程度：

	完全没有				非常多
1.）技术服务公司（即技术商业化和经纪业务）	1	2	3	4	5
2.）会计和金融服务公司	1	2	3	4	5
3.）律师事务所	1	2	3	4	5
4.）人才搜索公司（如猎头公司等人才服务公司）	1	2	3	4	5
5.）产业联盟（如物联网产业）	1	2	3	4	5
6.）社会团体中的学会和研究会（如"中国电子学会"）	1	2	3	4	5

	完全没有			非常多
7.）从事科学研究的高校院所（如南航大、南理工、55 所、28 所等）	1	2	3	4	5
8.）从事科学研究的新型企业研发机构（如中电芯谷高频器件产业技术研究院等）	1	2	3	4	5
9.）从事科学研究的民办非企业单位	1	2	3	4	5

14. 去年您在多大程度上参与了以下与工作相关的活动：

	很小程度			很大程度
1.）那些让您自身积累了大量经验的活动	1	2	3	4	5
2.）那些用现有产品来服务现有（内部）客户的活动	1	2	3	4	5
3.）那些您清晰地知道该怎么做的活动	1	2	3	4	5
4.）那些主要聚焦于短期目标的活动	1	2	3	4	5
5.）用您当前的知识就能够恰当执行的活动	1	2	3	4	5
6.）那些明确符合现有公司政策的活动	1	2	3	4	5
7.）寻找关于产品/服务、过程或市场的新机遇	1	2	3	4	5
8.）评估关于产品/服务、过程或市场的多种不同观点	1	2	3	4	5
9.）专注产品/服务或过程的更新	1	2	3	4	5
10.）那些对您的适应性有所要求的活动	1	2	3	4	5
11.）那些需要您学习新技能或新知识的活动	1	2	3	4	5

15. 个人与企业资料：

　　1. 您的性别是：□女　　　□男

　　2. 您的年龄是：□21～30　　　□31～40　　　□41～50
□50 以上

　　3. 您的教育程度：□大专毕业　　　□本科毕业　　　□研究生及以上　　□其它（请指明）：

4. 您在本公司工作至今有多久：＿＿年＿＿个月（例如：2 年 3 个月）

5. 您在本公司担任目前职位至今有多久：＿＿年＿＿个月

6. 您所在公司属于何种性质：

□国有企业　　　□私营企业　　　□外资企业　　　□其它（请指明）：

7. 您所在公司属于何种行业：

□高科技行业　　　□非高科技行业

8. 您所在公司的员工总数：

□100 人以下　　　□100～300 人　　　□300～500 人 □500 人以上

9. 针对秦淮硅巷过去的发展过程、目前的配套服务，您认为还存在哪些问题？未来需要怎么改进？

《问卷结束-谢谢》

后 记

　　上一次写后记已经是十年前了,这十年是自己从象牙塔走入社会的十年。十年前的自己最欣赏的是管理大师马奇论一个真正学者的追求——真理、美、正义与学问:如果我们只在不被辜负的时候去信任,只在有所回报的时候去爱,只在学有所用的时候去学习,那么我们就放弃了为人的本质特征——愿意在自我概念的名义下行动,不管结果如何。对研究和学问而言,只有在它们信奉随心所欲而非冀图效用的时候,它们才名副其实。高等教育是远见卓识,不是精打细算;是承诺,不是选择;学生不是顾客,是侍僧;教学不是工作,是圣事;研究不是投资,是见证。现在的自己,通过这十年,见证了国家和企业的高速发展,作为近十五年来南京大学商学院最早的留学归国青年学者,更深切地体会到习总书记"心系国家事,肩扛国家责"的殷切期望,必须在坚定文化自信、讲好中国故事上争做表率,为全面建设社会主义现代化国家、实现中华民族伟大复兴的中国梦积极贡献智慧和力量。

　　本研究怀着这样的初心,基于南京新时代中国特色社会主义发展研究院 2019 的重点课题《城市硅巷的功能特征、投融资模式、运行机制及发展对策建议研究》,从 2019 年 6 月—12 月对秦淮硅巷进行了半年的调查研究,涉及的部门包括区委办、政府办、组织部、发改委、科技局等十多个相关职能部门,以及几十家巷内企业集团、科研院所和科创孵化机构,发放回收问卷 500 多份。结合全球创业观察

GEM 模型、新制度经济学和产业组织理论全面分析对比了城市硅巷的功能特征和运行机制，为城市硅巷高效利用市区空间载体，激活创新资源提供了积极可行的对策建议。

这里我首先要感谢时任南京市秦淮区书记的林涛书记和姜宸副书记，没有他们真挚地邀请我加入课题团队，我也不会获得这么多宝贵的一手资料！与他们相识让我改变了自己的刻板印象，我们的基层领导非常努力地在各条战线上"报效国家，服务人民"，让我明白"纸上得来终觉浅，绝知此事要躬行"！其次，我要感谢我秦淮班的那群学生们，说是学生，其实我只教过他们一天的课程（南京大学商学院 EDP 课程），但真的是"向来缘浅，奈何情深"：抗洪救灾的堤坝上；扫雪的街头；新冠疫情抗疫的第一线……处处都有他们的身影，因为他们，让我这句"谢谢"有了厚实的载体，我为生命中有这样一群学生而感到自豪！还要真挚地感谢江苏省委党校布成良教授和南京市委党校刘喜发教授对课题的指导和宝贵建议！当然还要感谢我的研究团队：黄庆、梓暖、常淼、霞林、梦璇等，此次调研和研究对她们也是很好的学习机会。感谢南京大学出版社张婧好女士细致耐心的编辑工作，她的周到与热情让本书得以顺利付梓。

最后还要感谢我的家人，他们无私的爱和支持使我能够心无旁骛地做自己喜欢的研究。生逢伟大时代是人生之幸，"天行健，君子当自强不息"，我将以报效国家、服务人民为自觉追求，在坚持立德树人、推动科技自立自强上再创佳绩。

蒋春燕

2022 年 7 月 8 日

于南京大学安中楼